华东师范大学哲学系学科发展建设经费资助

“中国诠释学”上海市社会科学创新研究基地的阶段性成果

Understanding and Method:

Investigations into the Problem of Methodology from the Hermeneutic Perspective

理解与方法

诠释学视域中的方法论之辨

牛文君◎著

人民出版社

序　作为方法论的诠释学与精神科学

潘德荣

牛文君副教授的《理解与方法：诠释学视域中的方法论之辨》即将出版，遵嘱为她的新作写序。

初识文君于2003年，光阴如箭，倏忽间已二十载。那时文君就读于安徽师范大学，经国内知名诠释学专家彭启福先生介绍认识。坐落在芜湖的安师大虽非重点大学，但其建校已近百年，办学历史悠久，校风与学风在整体上都很好。我应彭先生之邀常来安师大讲学，也为硕士生讲授诠释学课程。学生们朴实、好学，给我留下了深刻的印象，文君是其中的佼佼者。她于2007年考取华东师范大学哲学系博士生，在我的指导下继续研习西方诠释学。我鼓励她去德国留学，那里是西方诠释学的策源地与重镇。我相信，经过德国大学严格的学术训练，学生更易于深入西方哲学的核心。我把文君推荐给了我的老朋友、时任耶拿大学哲学系主任的Klaus Vieweg教授，她于2008年9月启程赴耶拿大学，师从Vieweg教授攻读博士学位。文君负笈德国求学，凡四年有余，于2012年以优异的成绩获得博士学位，回国效力，任教于华东师范大学哲学系。

就治学而言，我很羡慕年轻一辈的学子，他们在应该读书的年纪能够扎扎实实地完成学业，在知识结构上比我更为完整、合理。比如说，对于外国哲学研究领域非常重要的外语知识,我的一些留学海外的学生,不仅能熟练使用德语、英语或法语,而且大都学习了古希腊语和拉丁语,在处理西方古代文献时显然比我更有底气。而我这一代人,年轻时经历过三年自然灾害、“文革”、上山下乡,即便当时是意气风发、锐意进取的青年,也都荒废学业多年。

无论是在学习期间还是回国任教的岁月里,文君的专注力始终聚焦于理解领域,探索诠释问题。她的博士学位论文就是从伽达默尔的视角讨论诠释方法问题。众所周知,伽达默尔的《真理与方法》(1960年)甫一问世,为数不少的西方学者便对该书颇有微词:认定伽达默尔将真理与方法对立起来,选择真理而舍弃方法(利科、H. Turk);布伯纳(R. Bubner)宣称伽达默尔此书讲述的是“真理与非方法”(Wahrheit und nicht Methode)①;利科甚至建议,《真理与方法》若改为《真理或方法》更为妥当;赫施则戏言,伽达默尔此书标题是有意制造“一种诙谐的气氛”,他其实是认为“实际上不会有任何一种解释文本的方法论的存在”②。如此等等。

相比之下,中国学者大都认同伽达默尔的本体论诠释学立场。根据帕尔默,现代诠释学有三部经典:瓦赫的《理解》(共三卷,分别出版于1926、1929、1933年)、贝蒂的《作为精神科学方法论的普遍解释理论》(意大利文版1955年,德文版1962年)和伽达默尔的《真理与方法》(1960年)。但是,到目前为止唯有《真理与方法》出版了中译本,而另外两部方法论传统的诠释学经典却乏人问津。我曾以“国人好玄”来解释这种状况,不过细细想来,伽达默尔基于理解本体论之变革的哲学诠释学,“玄”得新颖且有说服力,才是它能在中国大行其道的更为深层的原因。强调理解主体、个人胸臆之抒发,皆被赋予了某种合理性,比起坚守方法论传统追求经文原义、皓首穷经始能言经,不知有

---

① Vgl. Ulrich Nassen, “Hans-Georg Gadamer und Jürgen Habermas: Hermeneutik, Ideologiekritik und Diskurs”, in: Ulrich Nassen (Hrsg.), *Klassiker der Hermeneutik*, Paderborn, München, Wien, Zürich: Schöningh, 1982, S.302.

② 赫施:《解释的有效性》,王才勇译,生活·读书·新知三联书店1991年版,第283页。

趣多少。

本体论诠释学能在当代中国学界异军突起，自然有其理论上不容忽视的合理性与优势。但是，这绝不意味着，方法论诠释学从此便可弃之如敝屣。恰恰相反，诠释学的方法论传统在西方一直是诠释学的主流，而本体论诠释学并没有被学界普遍接受。这一点，我们也可以从当代方法论诠释学对伽达默尔的批评得到佐证。

综观方法论与本体论这两种不同旨趣的诠释学，我们应将其视为诠释学整体中的两个具有互补性的构成部分。显然，诠释学的这种内在的互补性被我们忽略了，正如我们所看到的，西方诠释学家基于方法论的思考对伽达默尔的批评，或者中国学者反其道而行之，张扬本体论的诠释理念而淡化了方法论，皆是囿于自己的诠释理念而摒弃了对立面的理论立场。事实上，作为实践哲学的诠释学之真正优势，正在于其方法论与本体论的互补性之中。质言之，正是这种互补性才能实现诠释学双重意义上的实践功能，即：思维的实践（通过主体的思维活动作用于精神世界）和作为主体的活动之实践（思维的力量通过主体之行为而作用于周围世界）。

《理解与方法》一书，观其标题，使读者很容易联想起伽达默尔的《真理与方法》。两者确实存在着某种意义关联，但是《理解与方法》的思维进路，既不同于伽达默尔，亦非简单地沿袭传统的方法论诠释学之立场，而是在一个更为广阔的视野中检视诠释学的方法论与本体论问题，对“理解”与“方法”之关系问题做出了富有成效的新探索。作者把这个问题置于诠释学与整个现代科学方法论之关系中进行考察，厘清两者之间的关联、张力与冲突，据此重新定位诠释学，殊为难得。在这一视角下，诠释学在人文科学、精神科学奠基过程中的作用得以凸显出来；古今中西的诠释传统之差异与融合，以及由此而引发的关于诠释学发展的未来走向之思，也都以一种新的风貌呈现于世人面前。

西方诠释学界批评伽达默尔舍弃甚至反对方法论，走向理解的相对主义，几成定论。但是，在本书中，文君为伽达默尔做出了一定的辩护，并挖掘其内在的方法论面向。事实上,伽达默尔创立本体论诠释学,在阐发理解本体论方面自然着墨甚多,但是他并未放弃方法论。在与贝蒂的论战中,伽达默尔明确申明,他并不否认诠释学方法论的重要意义。在《真理与方法》第二版序言中,他还特意表明了自己方法论立场:“我的书在方法论上是立足于现象学基础上的,这一点没有疑义。”

中国学界有一种看法,认为伽达默尔诠释学使用了现象学和辩证法两大方法。泛泛而言,此说亦可。但是在本书中,则提供了一种更有说服力的见解:“伽达默尔并不是把现象学的方法直接移植到诠释学之中,他弱化甚至取消了胡塞尔的现象学直观方法,他并不寻求原初的被给予性(Gegebenheit),理解的前结构恰恰表明,事情本身的显现不可能达到那种原初的被给予性,而是一个效果历史事件。”在原初的直观中被给予的东西,与在理解过程中展现出来的“事情本身”并非同一的东西。从中也可看出,现象学之方法与基于现象学基础上的诠释方法,亦非同一的方法。诠释的方法,是一种“内在的方法”。

古语有言:工欲善其事,必先利其器。这几乎成了自古至今颠扑不破的至理名言。称手的工具、适用的方法,乃是成其“事”的先决条件。更为直接易懂的套话:没有金刚钻,不揽瓷器活。但我们注意到,这里说的“器”(工具、方法)与“事”,所指的完全是两类事物。对于作为目的的“事”而言,“器”是外在的、能够作用于“事”的工具,可称之为“外在的方法”。这种方法往往具有外在性与形式性的意义。然而,这样理解的“方法”并不能准确刻画诠释的方法。相对于外在的方法,黑格尔称之为“内在的方法”,在伽达默尔那里,便转化成为“诠释的方法”。据黑格尔所说,这种方法“不是外在形式,而是内容的灵魂和概念”。在这里,方法与内容一时俱显。理解与诠释的目标是意义。这不是说,意义在某处业已存在,有待于我们通过理解与诠释将其昭示天下;而是说,理解与诠释的过程正是意义的生成过程。

这本研究诠释学的新著对诠释学的贡献无疑是多方面的。书中关于“经典与经典意识”的审思，在前人探讨的基础上更进了一步。通过不同的语言中相似的术语之比较研究，常常会收到出乎意料的效果。不仅厘清了德语“klassisch”一词所包含的两层含义——即“classical”（古典的）和“classic”（经典的）——之内在联系与区别，也指出了“古典”的本质与尺度在于“经典”，“经典”标志着历史性与规范性的统一。正因如此，在大多数语境中应将“klassisch”译为“经典的”。进而言之，“古典”是古代的典籍，但并非所有古代的典籍都属于“经典”，只有在历史中流传下来并持续地起着社会规范作用的才能被称为经典。就此而言，“经典”之桂冠一定是后人追授的。古今中外，概莫能外。最有说服力的证据当属“六经”。虽然“六经”古已有之，但在孔子删订诗书之前，不可称之为“经”，甚至无“经”之名。孔子之后，方有“六经”之名，始见于《庄子·天运篇》。此后，冠“经”之名的书目屡有增删，西汉时，六经仅存五经，至东汉增至七经，唐代增至十二经，宋代已达十三经。

审视这一过程，我们不难得出这样一个结论：中华文化传统中始终蕴含着某种独特的“经典意识”——对于经典之必要性以及经典之规范性的清晰意识。这种意识是独特的吗？难道西方诠释传统中没有这种意识？确切地说，西方诠释传统中当然有“经典意识”，并且被一直保留在解经学中。就作为学科的诠释学而言，这种意识在现代诠释学那里中断了。在现代诠释学的奠基人施莱尔马赫的理解理论中，“经典”已然被“文本”概念所取代，尽管他自己用作解释范例的例证都取自“经典”，即圣经。他的一般诠释学，之所以称为“一般”（allgemein），最重要的标志就是将诠释的对象从圣经扩展到一般意义上的语言性文本。在当代，这种观念甚至被赋予了一种泛化的政治诉求：一切文本都是“平等”的，有如人人生而平等一样。但是，如果我们认真反思自己的阅读经验，谁又会认同所有作品都是“平等”的呢？就如同一个绘画大师，其集几十年功力的精心之作，难道与幼童之信手涂鸦一般无二？流传了千百年的经典与初学者的习作无高下之判？事实上，这种抽象的、令人神往的“平等”观，掩盖了真正的“不平等”。消解了内含于作品的技艺、境界、价值之别，将经典视同泛泛之作,难道不是对经典的不平等、不公正吗?经典是时代精神的结晶,包含着一个民族的历史记忆,也蕴含着我们关于未来的理念。倘若我们对经典的景仰之情消失殆尽,人类就不再有希望。

我以为,中国诠释传统注重“经典”概念,恰恰因为它立足于诠释的价值性、实践性之导向。这并不是说,西方现当代诠释学中就没有关于价值、伦理的思考;我们可以这样来理解,当他们谈论伦理学时,所指向的主要不是诠释的规范性。只是在很微弱的意义上——比如要求诠释者须具备理解的真诚性,以便对话能顺利进行——可视为对诠释活动的伦理规范。

为写《理解与方法》一书之序言,使我得以先睹为快,且收获良多。相信本书的读者也将会有同样的感受。我很高兴地看到,在诠释学研究领域中,不少年轻一辈的学者成长为生力军,不久的将来也必将是这一领域的主力军。我们寄希望于这一代年轻学者,能够建构起集中西诠释传统之所长、融诠释的“方法论—本体论—价值论”为一体的新型诠释学体系。

是为序。

潘德荣

2022 年 6 月 7 日于上海寓所

目　　录

前 言

诠释学是关于理解与解释的学问，西方诠释学有着古老的思想传统，经历了前诠释学（古典语文学、圣经注释学）、浪漫派诠释学、体验诠释学、此在诠释学、语言诠释学、批判诠释学等不同的发展形态，涵盖了方法论和本体论、认知面向和实践面向以及价值导向等不同维度。诠释学在20世纪60年代成为一门显学，以伽达默尔《真理与方法》（1960年）的发表为标志，其具体形态呈现为实现了本体论转向的哲学诠释学。现代诠释学创立以来，其影响逐渐辐射到神学、文学、美学，以及社会科学等诸多领域，伽达默尔的哲学诠释学又大大推动了这一进程。诠释学不仅是人文学科中的一个部门，而且业已成为人文社会科学的基础性学科。有趣的是，当代知识论和科学哲学也不约而同地走向一种以理解为基础的广义认识论立场。

近年来，国际学术界的诠释学研究主要形成了以下进路：(1)从现象学、生存论的角度探索哲学诠释学的本体论转向及其与海德格尔的理论传承联系，以费加尔（Günter Figal）和格朗丹（Jean Grondin）为代表。(2)坚持诠释学的方法论研究路向，以希波姆（Thomas M.Seebohm）为代表，抑或以方法论诠释学（施莱尔马赫、狄尔泰）为研究重心，以肖尔茨（Gunter Scholtz）为代表。(3)研究伽达默尔对以施莱尔马赫为代表的方法论诠释学进行的批评和变革，以沃恩克（Georgia Warnke）为代表。(4)批评哲学诠释学的反实在论（Antirealismus)倾向和相对主义倾向,试图回归到诠释学的实在论立场,以克莱默(Hans Krämer)为代表。

中国从20世纪70年代末引入西方诠释学,从翻译介绍到专题探讨,再到中西诠释传统的比较、会通与创造,诠释学研究不断向全域和纵深拓展。中国拥有悠久的解经学传统,与诠释学有着天然的亲和力,诠释学的研究不断在国内和海外华人学界掀起热潮,这种研究本身也有利于我们反思和更新自己的文化传统。经过四十年的发展,诠释学业已成为当代中国学术界不容忽视的一支生力军,在参与构建、创造中国学术思想的过程中发挥了重要的影响。

近年来汉语学界的诠释学研究呈现以下几种路向:(1)基于本体论诠释学的"过度"引介这一背景,学界呼吁回归和发掘方法论诠释学思想,梳理和建构系统的诠释学方法论,同时反思哲学诠释学的理论困境,力图消解哲学诠释学和方法论诠释学、哲学诠释学和分析哲学之间的对立,以潘德荣、李红、丁来先等为代表。(2)借鉴中国传统哲学体用合一的思想,在更高的层面上使本体与方法、诠释与认知达到整合统一,以成中英创建的本体诠释学(onto-hermeneutics)为代表。(3)推动诠释学的公共转向、实践转向和伦理转向,提出德行诠释、公共诠释、经典诠释,探索诠释学的未来发展方向和中国诠释传统的现代转型,以潘德荣、张江、彭启福、何卫平、傅永军、张能为、景海峰、李清良等为代表,这方面的研究以某种价值如公共性、合理性、伦理性为导向,着力阐明并发掘诠释学与伦理学、实践哲学互摄互动的学理关系。

诠释学发展至今,众多的方案和主张形成彼此融合互补的趋势,但也不乏诠释理念上的抵牾,诠释学的发展还面临着问题与挑战。例如,本体转向之后,如何处理真理与方法的关系?面对人文科学、精神科学的危机,如何对其进行科学性、合法性的辩护?诠释过程中意义的多元开放性、知识的客观确定性以及理解的人文教化功能之发挥如何协调统一?如何从当代诠释学的争鸣与交锋中汲取并整合有益的思想资源?以上问题不可能一蹴而就、一劳永逸地解决,甚至学界对这样一门学科的名称也尚未达成统一,诸如"诠释学""解释学”“阐释学”“释义学”等，这种分歧本身就说明了人们对这门学科存在不同的理解立场以及对其使命的不同期许。基于此，本书“走在理解的途中”，是对理解之路的求索与反思，以“理解”和“方法”的关系为主要问题意识，力求在更加全面的视野之下审视诠释学的方法论及本体论问题，亦即把这一问题放到诠释学与整个现代科学方法论之间的亲和、张力以及冲突中重新思考和定位。

首先，追溯并检视自然科学方法论的形成确立及其在人文领域的运用，考察维柯对现代科学方法论做出的反思变革及其具有诠释学特征的人文科学奠基；进而描述现代诠释学方法论意识和体系的形成，以“技术”和“艺术”为关键词揭示浪漫派诠释学的方法特质。我们知道，现代科学方法论是随着自然科学革命而逐步建立起来的，而现代哲学的发展与之相互激荡，实现了认识论的转向，它对现代科学方法论进行提炼与论证，为科学时代确立了新的“游戏规则”，这种规则带着普遍性的诉求，要求运用于各门知识领域。维柯最早质疑自然科学方法论，反对它的片面推广，另辟蹊径，在唯理论和经验论之外寻找“第三条道路”，为人文知识的科学性、合法性进行证明，故而被誉为“人文科学之父”。维柯对人文科学的探索与奠基，蕴藏着丰富的诠释学意涵，贯穿于现代科学方法论批判、人文科学认识论—方法论建构，以及通向诠释学本体—实践之维的共通感和人文教育理论之中。当然，维柯并没有使用过诠释学概念，也没有形成明确的诠释学方法论意识。这种意识在德国浪漫派那里达到自觉，开启于 F.施莱格尔，完成于施莱尔马赫，发展于博克（A.Boeckh），确切地说，F.施莱格尔勾勒了浪漫派诠释学的基本理念和构架，开启了诠释学的现代转向，施莱尔马赫建立了比较系统的一般诠释学方法论，博克则回返到语文学领域扩充、拓展了诠释学的一般方法论。诠释学不再满足于解释实践中的零散规则之收集，而是致力于建构系统的方法论，它不同于自然科学方法论，但又有效仿自然科学方法论的意味，诠释学摆脱了以往的辅助地位，成为 19 世纪文学理论、语文学、历史学等不同学科的基础和方法论支撑。以上是本书第一、二章的主要内容。

其次,阐明诠释学与精神科学的交汇、诠释学的本体论转向,以及哲学诠释学对人文传统的回归和超越。狄尔泰发掘浪漫派的诠释学遗产,继维柯之后再次通盘反思现代科学方法论,将精神科学的逻辑奠基提上日程,在此过程中促成了诠释学与精神科学的交汇。诠释学发展到狄尔泰这里获得了关捩点的意义,“前承”浪漫派和历史学派提升为精神科学的一般方法论,“后启”多元化的发展维度。其特殊贡献在于,搭建了方法论诠释学通往本体论诠释学的桥梁,严格来说,狄尔泰的诠释学不再是纯粹方法论意义上以正确理解为目标的技艺学,而是一种“诠释学哲学”,诠释学的问题意识化为精神科学的内在要素,上升到真理的高度,正是沿着这条道路,伽达默尔经由海德格尔最终才以“哲学诠释学”的形态完成了理解的本体论转向。哲学诠释学始于对现代科学方法论的反思,提出“在现代科学范围内抵制科学方法的普遍要求”,不唯如此,伽达默尔还“清算”了方法论诠释学,实现了诠释学从方法论到本体论的转向。伽达默尔认为,狄尔泰关于精神科学的构想并没有实现他的预期目标,而且整个方法论诠释学的传统,包括现代诠释学的第一个形态浪漫派诠释学,都陷入了某种困境。按照他的解读,浪漫派诠释学特别是施莱尔马赫的一般诠释学,持原意/原义重构论、作者中心主义、方法主义和心理主义的立场;但诠释学从其历史起源来看,一开始就包含着实践面向,超出了科学方法论的范围,“具体化”和“实践智慧”概念特别表明了诠释学的实践特征。在反思批判方法论诠释学的基础上,伽达默尔沿着海德格尔的现象学道路完成诠释学的本体论转向;对他而言,方法似乎不再是通达真理的途径,理解的真理不是通过方法论的控制达到客观知识,而是一种效果历史经验。伴随着诠释学的本体论转向,伽达默尔提出哲学诠释学的经验、经典和教化理论,理解不再作为外在的方法,它本身就展开于诠释学的经验和经典教化过程之中。哲学诠释学审视现代科学对经验概念的偏狭使用,以审美经验作为范例揭示诠释学经验的本质,进而形成一种对经典文本特征反思的意识,并且凸显出经典在诠释学意义上的教化功能，最终指向人的自我理解和自我塑造。在这种意义上来说，哲学诠释学是对人文传统的回归与超越。以上是本书第三至五章的主要内容。

最后，在诠释学的当代争鸣与理论交锋中考察理解与方法的关系，以及当代华人学者对中国诠释传统的反思与建构，并尝试探索一种关于理解概念的更加综合且具普遍性的界定。方法论诠释学在当代再度崛起，秉承施莱尔马赫、狄尔泰的传统，当代方法论诠释学家重申理解的客观性、有效性，主张通过方法、原则的控制为精神科学、人文社会科学知识的可靠性提供保障。在此过程中，产生了诠释观念的冲突与反思，哲学诠释学与当代方法论诠释学互相激荡、互相对话，并在一定程度上修正和发展了各自的理论。我们需要重点探讨的是，伽达默尔在与当代方法论诠释学代表人物的论争过程中如何进一步澄清其主张，哲学诠释学的方法论批评的实质是什么。回顾诠释学的发展史脉络，可以清晰地看到理解问题从“方法”到“本体”的转向，而在当代，方法论诠释学与哲学诠释学交相辉映、相互激荡。有待进一步追问的是，哲学诠释学在批评方法论的同时，本身是否开启了另一种不同的方法论路向，即一条通往真理的“内在的”诠释学方法论之路。在此基础上，兼顾中国诠释传统的当下反思，探索真理与诠释、理解与实践，以及诠释与方法的关系，在历史考察与现今交叉视角的纵横维度上，重思更为确当的理解概念和诠释理念，以及未来诠释学发展的合理走向。以上是本书第六、七章的主要内容。

本书力图将思想史研究和问题意识相结合，以“理解”与“方法”的关系为核心线索，重新审视现代诠释学的形态嬗变和当代诠释学的理论交锋，期望以此参与并推动诠释学界的前沿思考，对诠释学未来发展方向的探索以及中国诠释思想资源的重构提供一种参考和借鉴。

第一章　人文科学的奠基及其方法论探索

人文知识与理解、诠释密切相关，最早反思科学方法论并对人文知识之科学性进行证立的，当属维柯。人文科学的探索与奠基过程中蕴藏着丰厚的诠释学意涵，具有鲜明的诠释学品格，贯穿于现代科学方法论批判、人文科学认识论—方法论建构，以及通向诠释学本体之维与实践之维的共通感和人文教育理论之中。维柯生前影响有限，直到20世纪才广为人知，被追认为“人文科学之父”，他对科学方法论的批判性思考以及对人文科学方法论的探索具有超前性，在诠释学发展史上做出了重要贡献，因而也受到当代诠释学家伽达默尔、贝蒂（Emilio Betti）、阿佩尔（Karl-Otto Apel）、哈贝马斯等人的特别关注，维柯业已成为当代诠释学研究无法绕过的源头活水。

第一节　现代科学方法论检视

西方科学知识及其方法论的雏形源于古希腊，哲学作为一切科学之母，孕育出各种知识门类的萌芽及其相应的逻辑方法论思想。现代科学的诞生和发展确立了数学、自然科学的认知范式，并被逐渐推广，人文知识在其普遍性要求之下逐渐陷入合法性的危机。

一、科学方法论的确立

现代科学的诞生最早可以追溯到文艺复兴时期,“文艺复兴与科学革命的关系,在任何一种时间界定中都是决定性的因素。”[①]狄尔泰指出,“在经过文艺复兴运动的准备——在这种运动之中,已经世俗化的艺术、文学,以及有关生命的、自由的和具有文学色彩的哲学,从文化角度来看都处于支配地位——以后,各种自然科学都最终被建立起来了,而有关社会的各种科学也第一次即将在经验性的研究秩序之中,变成一个来源于一个观念的连贯的群体。这样一来,与经验有关的各种科学,就都试图运用它们自己的方法来认识这个宇宙了。”[②]哥白尼 1543 年发表《天体运行论》,被恩格斯誉为自然科学从神学中解放出来的独立宣言[③],伴随着科学革命在诸多不同领域中实现,现代科学方法论在 17 世纪逐渐形成。17 世纪上半叶,伽利略、开普勒在数学、物理学、天文学上的突破,哈维血液循环学说的建立,笛卡尔解析几何学的创立,17 世纪下半叶,牛顿微积分的创立和力学三大定律的发现,为现代科学开启了一个辉煌璀璨的时代。

现代哲学的认识论转向顺应时代精神而形成,它对现代科学方法论进行提炼和论证,为科学时代确立了新的“游戏规则”,这首先反映在经验论和唯理论的开端之中。它们一反经院哲学的认识方法(以宗教信条等权威为前提的演绎、推论),证明新兴科学的合法性,要求从人自身的经验和理性出发,探索科学方法论,并以科学方法论为工具建立真正的知识体系。这是一种“自然主义”的态度,“本质上是世俗的、注重事实的观点;超自然主义观点则倾向

① [美]艾伦·G.狄博斯:《文艺复兴时期的人与自然》,周雁翎译,复旦大学出版社 2000 年版,第 1 页。

② [德]狄尔泰:《历史中的意义》,艾彦、逸飞译,中国城市出版社 2001 年版,第 174—175 页。

③ 参见[德]恩格斯:《自然辩证法》,人民出版社 1971 年版,第 8 页。

于神秘。前者寄望于大自然的规则性,后者则准备在自然现象中发现奇迹和魔法”①。培根的《新工具》(1620 年)和笛卡尔的《谈谈方法》(1637 年)标志着现代科学方法论两大模型的建立,即经验归纳法和普遍数学的方法。

培根的“新工具”,迎合了现代新兴的自然科学革命,为新兴的自然科学提供了哲学上的合法性论证和方法论上的总结提升。他批判传统的科学观,摒弃传统的“旧工具”,根本目的就是要实现科学的伟大复兴,而科学的目的是在认识自然的基础上支配自然。培根要求从头开始建立全新的科学,但“现在所使用的逻辑,与其说是帮助着追求真理,毋宁说是帮助着把建筑在流行概念上面的许多错误固定下来并巩固起来”,“三段论式不是应用于科学的第一性原理,应用于中间性原理又属徒劳;这都是由于它本不足以匹对自然的精微之故。”②因此,培根主张用崭新的方法对迄今为止的科学、艺术和人类所有的知识进行全面重建,这里的关键是要有一个真正的科学方法,他认为这个方法就是迄今为止人们尚未使用过的实验方法、科学归纳法。实验是发现和支配事物的形式的唯一途径,只有实验可以使得那些有利于人类的性质重复出现,这种实验方法离不开观察。科学实验通过感觉进行,但是对感觉进行选择、设计和定向处理,感觉与理性的结合只能在实验中才能实现。科学归纳法既超越了传统的三段论演绎法,又超越了简单枚举法,具体表现为“三表法”(具有表、缺乏表和比较表),后来穆勒在此基础上发展出所谓“穆勒五法”,即求同法(契合法)、求异法(差异法)、剩余法、共变法和求同求异并用法③。概

① [英]亚·沃尔夫:《十六、十七世纪科学、技术和哲学史》,周昌忠等译,商务印书馆 1991 年版,第 7 页。

② [英]培根:《新工具》,许宝骙译,商务印书馆 1986 年版,第 10 页。

③ 具体操作程序如下:(1)求同法(契合法):a 与 AB 一起出现,也与 AC 一起出现。可推断,A 是 a 的充分条件。(2)求异法(差异法):a 与 ABC 一起出现,但不与 BC 一起出现,可知,A 的必要条件。(3)剩余法:已知 B 是 b 的条件(原因),C 是 c 的条件(原因),abc 与 ABC 一起出现,可知,A 是 a 的充分必要条件。(4)共变法:A 与 a 以同样方式发生变化,而 BC 则不以这种方式变化。可知,A 是 a 的充分必要条件。(5)求同求异并用法:a 与 AB 一起出现,也与 AC 一起出现,但不与 BC 一起出现。可知,A 是 a 的充分必要条件。

而言之,培根的方法论理想在于,把自然科学置于稳固的经验基础之上,建立一系列通往准确性的循序渐进的阶梯,这种“心用的工具”(与“手用的工具”相对)便是他所倡导的科学归纳法。由于理智易犯错误,“我们无需给人的理解力加上翅膀,毋宁给它挂上铅和重物,使它不会跳跃和飞翔”①,所谓“挂上重物”也就是要用科学方法限制、规范理智的运用,“我们给科学发现所设计的方法并不为个人的聪明才智留下多少余地。它把一切才智和理智差不多摆在平等的地位上。如果画一条直线或一个正圆形,若想用手画得好,那就要依靠手的稳健和训练,但是如果用直尺和圆规来画,那就很少依靠这个,或者根本就不依靠它了。我们的方法也正是这样。”②

同样,笛卡尔也主张,哲学首先要研究科学方法。在他看来,每个人拥有的良知和理性其实都是一样的,我们之所以会产生意见分歧,乃是因为我们运用思想的方法途径不同,仅仅有聪明才智是不够的,关键在于正确地运用才智③。笛卡尔试图发现一种方法,集逻辑学、几何学和代数三门学问之长处,并克服它们的短处,他认为自己“从年轻的时候起,就摸索到几条门路,从而作出一些考察,得到一些准则,由此形成了一种方法。”④在《谈谈方法》中,笛卡尔提出了著名的方法论四原则:(1)决不把任何没有明确认识其为真的东西当作真的加以接受,除非它清楚分明地呈现在心里;(2)把所考察的难题尽可能分成细小的部分,直到可以圆满解决为止;(3)按照次序引导思想,从最简单、最容易认识的对象开始,逐步上升到对复杂对象的认识;(4)尽量全面地考察,普遍地复查,做到确信毫无遗漏⑤。这四条规则描述了数学、几何学

① Francis Bacon: *The New Organon*, edited by Lisa Jardine and Michael Silverthorne, Cambridge: Cambridge University Press, 2000, p.83.

② Francis Bacon: *The New Organon*, edited by Lisa Jardine and Michael Silverthorne, Cambridge: Cambridge University Press, 2000, p.50.

③ 参见[法]笛卡尔:《谈谈方法》,王太庆译,商务印书馆2001年版,第3页。

④ [法]笛卡尔:《谈谈方法》,王太庆译,商务印书馆2001年版,第4页。

⑤ 参见[法]笛卡尔:《谈谈方法》,王太庆译,商务印书馆2001年版,第16页。

的一般方法:通过怀疑达到不证自明的直观确定性;分析;演绎推论①;综合。笛卡尔要求凭借科学方法使知识奠定在可靠的基础之上,并使知识逐步增长,达到前所未有的水平。他主张方法应当是普遍的,不局限于某一领域,可以运用它解决各种难题。以数学、几何学为典范代表的方法不仅可以运用到自然科学之中,也可以运用到形而上学之中,形而上学需要通过彻底的怀疑找到一个确定无疑的"阿基米德点",由此出发建构可靠的知识,因此形而上学首先需要从复杂到简单的分析方法,寻找明确直观的第一原理,然后再运用演绎和综合的方法,由简单到复杂,从第一原理推导出一系列的必然结论。笛卡尔找到的第一原理是"我思"的确定性,在他看来,理性是一种"天然灵明",要按照普遍数学的方法培养理性,增进对真理的认识,以数学方法训练、培养的"理性是万能的工具,可以用于一切场合"②,不把这种方法固定到某种对象上,而是按照这种方法在各方面运用理性,运用它解决其他各门学问的难题③。笛卡尔建立普遍方法论的根本目的就在于认识真理,"把我的一生用来培养我的理性,按照我所规定的那种方法尽全力增进我对真理的认识。"④

培根和笛卡尔之后的经验论和唯理论延续并实践着归纳法和数学方法这两大科学方法论,二者关于这两大方法论的主张并非泾渭分明,也就是说,有经验论者推崇并运用数学、几何学方法的,亦有唯理论者不反对运用经验方法的,前者如霍布斯对几何学的迷恋,后者如莱布尼茨注重经验观察对发现天赋观念的机缘作用,同时他还区分了推理真理和事实真理(通过经验归纳、综合

① 这里需要指出的是,笛卡尔有意识地区分了他自己的演绎法与经院哲学中运用的三段论演绎法。他的演绎法是奠定在直观的基础之上的,通过直观,我们把握到一种简单、自明的真理,这个真理是一个不容置疑的事实,作为演绎、推论的可靠出发点;通过演绎,按照思维的必然进程,获得越来越多的可靠知识。笛卡尔对经院哲学的批评在于,它所运用的三段论方法之前提本身不是自明的直观真理,而是基于信仰、权威的前提,在此基础上演绎出来的结论不能保证其真理性。

② [法]笛卡尔:《谈谈方法》,王太庆译,商务印书馆2001年版,第45页。

③ 参见[法]笛卡尔:《谈谈方法》,王太庆译,商务印书馆2001年版,第18页。

④ [法]笛卡尔:《谈谈方法》,王太庆译,商务印书馆2001年版,第22页。

方法得来),赋予后者以一定的合法地位,并要求运用充足理由律加以证实。而在自然科学领域,这两种方法论更加没有冲突,经验归纳与数学分析并存,这一点从自然科学的数学化便可得知。两种方法论实际上同时应用于现代自然科学之中,它们具有共同的特征,都要求自身具有理性[①]的普遍性,适用于不同的领域、对象,具有精确性、明晰性和可检验性。“方法”一词的希腊文词源[②]在一定程度上表明科学方法论的一大特征:可重复性、可验证性。“方法概念规定的知识理想在于,我们如此清醒地大步走在认知之路上,以至于日后再次踏上这条道路始终是可能的。方法意味着,‘再次走上某条道路’。总是能够重复走上[某条道路],如同之前走过的一样,这就叫作遵循方法,表明了科学方法的特征。”[③]科学方法要求自身成为叩开真理大门的“万能工具”。

二、人文领域的科学化、方法化

现代科学方法论从诞生之日起就带着一种普遍性的诉求,应用于各门知识领域。在早期现代哲学中,我们已经看到,起源于现代数学、自然科学的方法论被用来对形而上学、政治学、伦理学、圣经注释学等传统的学科进行改造(笛卡尔、霍布斯、斯宾诺莎等),不过这时还未暴露出明显的“科学”与“人文”之争[④];在后期现代哲学中,科学主义、实证主义思潮则不遗余力地要求以现代科学方法论改造一切知识领域,凡是不能被改造的均被视为非科学、无用的“形而上学”予以抛弃,“科学”与“人文”之间的张力暴露出来,一度势不两立、不可调和。

---

① 这里的理性指广义的理性,包括经验和知性/理智。经验论和唯理论都属于广义的理性主义。

② 古希腊文的“方法”(μ έθοδος)由两部分组成,即 μετ ά和 ὁδ ός.前者作介词,指“在……之后”“跟随”“按照”,后者是名词,指“道路”。参见下面引文中伽达默尔的分析。

③ Gadamer:„Was ist Wahrheit?“,in:GW Bd. 2,Tübingen:Mohr,1993,S. 48.

④ 其实古希腊人也非常推崇数学、物理学(这里指自然哲学),把它们视为永恒不变的知识、科学的典范,但那时学科尚未分化,也没有形成现代意义上的科学方法论,因此就没有把数学、自然科学的方法运用到哲学上的诉求,也不会出现“科学”与“人文”之争。

16、17 世纪一般可以看作是科学方法论意识觉醒的世纪，这一时期的思想氛围经历了一个彻底的转变，各个研究领域接连采用科学的探究方法。前文提到，笛卡尔试图运用普遍数学、几何学的方法寻找哲学的第一原理并建立根基可靠的第一哲学。霍布斯也同样置身于科学发现的大潮之中，被科学的精确性和知识的确定性深深打动，他痴迷于数学、几何学，同时注重观察的方法，制定了一个雄心勃勃的计划，这个计划旨在研究自然本性、人类本性以及社会，全部都用同样的科学方法来进行。

对科学方法论的推崇在斯宾诺莎的伦理学和圣经注释学中可谓达到极致。斯宾诺莎认为，所谓数学—几何学方法是一种“公理的方法”，从一些最基本的定义、公设和公理推导出其他命题，证明过程严格明晰，有逻辑力量。当时的思想家认为，从界说、公设和公理推出结论的数学方法，乃是发现和传授真理的最好、最可靠的方法。在斯宾诺莎看来，遵循数学—几何学的方法就能获得有关实在的精确知识。笛卡尔已经制定了这种哲学方法的基本形式，他从清楚分明的第一原理出发，并力图从中推演出全部知识内容；斯宾诺莎打算写出一部地地道道的哲学几何学，他对笛卡尔的方法所增添的东西乃是对各种原理和公理的一个高度系统化的整理，他相信，既然几何学的结论是推演出来的，我们关于实在的本性的理论也能够被推演出来。如果说在笛卡尔那里，被关注的主要是找到一些绝对确定的公理，演绎本身退居后台的话，那么斯宾诺莎则从公理开始，把重点放在推论上面，放在体系上面。因此，黑格尔说：“斯宾诺莎主义是笛卡尔主义的完成。”①不过，霍布斯认为，从公理中引出前后一贯的结论是可能的，但由于这个公理无非是任意的定义，在此基础上引出的结论并不能告诉我们关于实在的任何东西。斯宾诺莎则不同意这些定义是任意的，他像笛卡尔一样相信理性的官能有能力形成反映事物真实本性的观念，这种观念被他称为“真观念”。知识之确定性、真理性的最高级别就是

---

① ［德］黑格尔：《哲学史讲演录》第四卷，贺麟、王太庆译，商务印书馆 1997 年版，第 132 页。

真观念,每个定义或者清楚分明的观念都是真的,真观念作为天赋的工具内在于我们心中。和笛卡尔的第一原理一样,斯宾诺莎认为哲学公理具有直观性,不证自明,简单、清楚、明白,如同几何学的公理“两点之间直线最短”,只有像几何学一样,凭理性的能力从最初几个由直观获得的定义和公理推论出来的知识,才是最可靠的知识。他的《笛卡尔哲学原理》和《伦理学》都是用“几何学的方法”写的,前者是用几何学的方式证明笛卡尔的观点,后者是用几何学的方式证明自己的观点。如果说《知性改进论》是《伦理学》认识论的导言,那么《笛卡尔哲学原理》可以说是《伦理学》几何学方法的试验。斯宾诺莎要求伦理学以数学、自然科学的方式研究人的行为、欲望和情感,就像对待其他自然对象一样可以精密地分析其原因和结果以及数学关系。“因此,仇恨、愤怒、嫉妒等情感就其本身看来,正如其他个体事物一样,皆出于自然的同一的必然性和力量。所以它们也有一定的原因,通过这些原因可以了解它们,它们也有一定的特性,值得我们加以认识,正如我考察任何别的事物的特性一样,在单独地考察它们时可以使我们得到快乐。所以,我将采取我在前面两部分中考察神和心灵的同样的方法来考察情感的性质和力量,以及人心征服情感的力量;并且我将要考察人类的行为和欲望,如同我考察线、面和体积一样。”①斯宾诺莎的《伦理学》写作方式也模仿了几何学的形式,先提出定义和公理,然后加以证明,进而做出绎理,最后甚至模仿欧几里得几何学加上“证讫”(QED)字样,其基本模式为:界说—公理—命题—证明—绎理—附释。

在不少学者看来,几何学方法在斯宾诺莎那里只是一种外在的形式,不涉及真正的内容。例如,英国学者罗斯(Ross)认为,斯宾诺莎几何学方法只是一种文字上的表现形式,纯粹是形式的东西;帕洛克(Pallock)认为,斯宾诺莎并不把几何学的陈述和证明形式当作达到哲学真理的必要方法;汉斯·伯列坦(H.H.Britan)认为,斯宾诺莎使用几何学方法只是为了教学,而非为了哲学。② 我们认为,几何学

① [荷]斯宾诺莎:《伦理学》,贺麟译,商务印书馆 2015 年版,第 96 页。

② 参见中译本《笛卡尔哲学原理》译序,商务印书馆 1980 年版,第 12 页。

方法在斯宾诺莎那里并非只是外在的表现形式，而是一种内在的实质要求，并且他开启了对方法论问题本身的批判性反思（参见第七章第一节）。

在圣经注释学方面，斯宾诺莎也做出了重大的方法论变革，从马丁·路德宗教改革运动倡导的“圣经自解原则”发展到“科学、历史的解经方法论”。路德主张“因信称义”，只有体现在基督身上的上帝权威才是真正的权威，人人都有权阅读和解释《圣经》，并在此过程中与上帝直接沟通交流，宣教传道的教会只是提供一种服务，是“执事、仆人和管家”，没有高于其他教徒的特权。路德的宗教改革思想动摇了教皇至上的根基，圣经自解原则构成对泛滥的隐喻诠释和教会权威的巨大挑战。这一原则主张，《圣经》本身明白易懂，易于入门，“圣经因其‘内在’与‘外在’的明晰而是真理的试金石”，“应该在基督徒之间澄清和建立一种观念：圣经是一种远比太阳本身还要光明的属灵大光，特别是在得救所不可或缺的事情上。但因为我们受众哲学家弊害多端的‘圣经模糊不清’那种说法的影响，而相信了相反的观念”①。在路德看来，我们既不需要传统以获得对《圣经》的正确理解，也不需要一种解释技术，《圣经》的原文本身就有一种明确的可以从自身得知的意义，即文字意义（sensus literalis），特别是隐喻解释的方法——这种方法以前对于《圣经》学说的教义统一似乎是不可缺少的——现在只有在《圣经》本身已给出了隐喻意图的地方才是有效的。我们必须按照字面意义去理解《圣经》，并把它视为基督拯救行为所维护的法则的表现。“上帝所说的话必须以简单地按其字面意义进行理解”，“我们必须随时盯紧字句明白、简单、自然的意义，这样的意义是符合文法的规则，以及上帝创造在人里面的语言的正常用法。”②不过，正如伽达默尔所指出的，《圣经》的字面意义并非在任何地方和任何时候都是明确可以理解

---

① ［德］马丁·路德：《论意志的捆绑》，见《路德文集》第二卷，上海三联书店 2005 年版，第 367、369 页。

② ［德］马丁·路德：《论意志的捆绑》，见《路德文集》第二卷，上海三联书店 2005 年版，第 443、440 页。

的,宗教改革派的神学所依据的这种原则自身仍然束缚于一种本身以独断论为基础的前提,它预先假设了《圣经》本身是简单而统一的东西,忽略了解释的历史性维度;同时,宗教改革派的神学是不彻底的,由于它最后要求以新教派的信仰形式作为理解《圣经》统一性的指南,它也抛弃了圣经自解原则。①与此相对照,斯宾诺莎进一步将圣经注释学发展成“科学、历史的解经方法论”,他在《神学政治论》中写道:“我决定要谨慎地、公正地,以无拘无束的精神来把《圣经》重新研究一番。若无充分的根据,不设假定,不立臆说。有此警戒,我就想出一个诠释《圣经》的方法。”②对此他提出以下重要观点:(1)《圣经》的权威在于理性而非宗教信仰;(2)《圣经》解释需要用科学的、历史的而非神学的方法;(3)神即自然,解释《圣经》的方法与解释自然的方法一致。斯宾诺莎反对权威,批判迷信、预言、奇迹和神迹,主张理性主义的解经方法,这种方法与自然科学的方法没有什么本质差异,具体表现为:(1)解释《圣经》不预立原理,不带先入之见,从《圣经》本身出发解释其内容,遵循原意,避免附会解释者自己的虚构;(2)对《圣经》进行历史学、语文学、文献学的考证,考察作者的语言特点、文本的形成背景以及流传过程等;(3)预言的知识逊于自然的知识,自然的知识不需要神迹,其本身就表示确实性,若认为关于自然现象或精神现象的知识可以得自预言的书籍,是完全错误的;(4)上帝的诫令只是自然的作用与条理的表现,说万物遵从自然律而发生,和说万物被上帝的天命所规定是一回事;(5)解释《圣经》的方法与解释自然的方法没有什么差异,都要遵从理性的原则,这是唯一正确的方法,凡是与自然相背、与理性不相容的就要加以摒弃。当然,斯宾诺莎关于理性与信仰、哲学与神学关系的态度,至少在表面上显示出一定的调和性,他承认《圣经》的权威、神学的基础不可能用理性证明,神学离不开启示,而《圣经》的权威只能来自预言家的权威,“所

① 参见[德]伽达默尔:《真理与方法》上卷,洪汉鼎译,上海译文出版社 2004 年版,第 226—229 页。

② [荷]斯宾诺莎:《神学政治论》,温锡增译,商务印书馆 2013 年版,第 6 页。

以有些想用数学的论证来说明圣书之权威,是完全错误的。”①尽管如此,斯宾诺莎仍然坚持认为《圣经》、神学在根本上不与理性对立,而且理性的运用非常必要,因为来自启示和预言的确定性是或然的,只有理性能提供必然、确切的知识。这完全符合斯宾诺莎的知识层级分类(传闻知识、经验知识、推论/推测的知识、纯粹的理性知识)②,在他看来,预言家擅长的只是生动的想象,而想象、表象的知识低于理性的知识。无论如何,对《圣经》的解释应当遵循理性的方法原则,“解释《圣经》最高之权既是属于每个人,则解释《圣经》的法则不是别的,应该只是有赖于理智的天然的能力。这种能力是人所共有的。不是什么神奇的能力,也不是什么外来的权能。并且,这种法则不会太难,只有熟练的哲学家才能运用,而应该是适合于人类的天然普通的才能的。”③总体来说,斯宾诺莎区分出《圣经》解释的两个层次:文本的含义问题和文本的真理问题,前者涉及《圣经》的文字本身言说了什么信息,后者涉及义理的合理性、有效性。按照伊斯利尔(Israel),斯宾诺莎的这种区分是人文学科形成过程中的重大突破④。

如刘小枫所言,现代自然科学的先驱们并非仅仅热衷于探究自然原理,“探究自然奥秘的热情与分离主义的基督教‘异端’精神结合催生出一类特殊的宗教知识人,他们渴望凭靠自己的神秘技术知识济世救人,在现世中实现理想世界:不仅要改造世人的灵魂,而且要改造世界本身。”⑤在17世纪自然科学和哲学成果的基础上,18世纪的启蒙学者中有不少人主张用自然科学的方法来研究人文现象和社会现象。他们相信,如同牛顿发现万有引力定律一样,人们也能够凭理性的力量发现关于人类和社会的法则,和自然世界一样,人类世界也可以用科学方法

---

① [荷]斯宾诺莎:《神学政治论》,温锡增译,商务印书馆2013年版,第210页。

② 参见[荷]斯宾诺莎:《知性改进论》,贺麟译,商务印书馆1986年版,第24—25页。

③ [荷]斯宾诺莎:《神学政治论》,温锡增译,商务印书馆2013年版,第124页。

④ Cf.Jetze Touber:*Spinoza and Biblical Philology in the Dutch Republic* 1660-1710,Oxford University Press,2018,p.8.

⑤ [法]雷比瑟:《自然科学史与玫瑰》,朱亚栋译,华夏出版社2019年版,“中译本说明”(刘小枫),第10页。

加以研究,在宗教、哲学、伦理学、经济学、政治学、历史学等领域得出普遍有效的规律,并用以改造世界、改变生活。休谟是重要代表之一,他要求把实验推理的方法运用于对道德题材(moral subjects)的研究,这也是其《人性论》的主要研究方法,“由于人的科学是其他科学的唯一牢固的基础,而我们对这个科学本身所能给予的唯一牢固的基础,必须建立于经验和观察之上。实验哲学应用于道德题材,较之应用于自然题材迟了一个多世纪之久,这没有什么好奇怪的;因为事实上我们发现,这两种科学在起源上,也相距差不多同样的间隔。”①在休谟看来,尽管关于人的科学、道德科学发展得比较迟,没有自然哲学早,但这门科学其实更重要,并且有必要运用科学方法对它进行改造,即观察、实验的方法。

综上所述,通过对现代科学方法的反思和提炼,现代哲学以及宗教改革运动发展出以下几种方法论路向并试图将这些方法运用于传统的学科领域:经验实证法、普遍数学/几何学方法和文本诠释法(路德的圣经自解原则和斯宾诺莎科学化的解经方法论)②。

到了19世纪中期,盛极一时的德国古典哲学走向终结,实证主义登上思想舞台,正式拉开了“科学”与“人文”对峙的序幕。实证主义接续经验主义传统,批判思辨形而上学③,以自然科学的方法论和认识论为典范,追求知识的实证性、经验可检验性,由此开创了“科学主义”思潮。实证主义不遗余力地拒斥形而上学,要求以实证自然科学的精神改造一切知识领域,不能被改造的则被视为“非科学”予以抛弃,“科学”与“人文”之间的张力充分暴露出来,一度势不两立、不可调和。实证主义思潮大体上经历了三个代表性的发展阶段,

---

① Hume:*A Treatise of Human Nature*, Volume 1, Oxford: Clarendon Press, 2007, pp. 4-5.

② 康德和黑格尔怀着同样的理想,亦即使哲学、形而上学成为科学,但他们反对将数学、自然科学的方法运用于哲学,而是认为哲学有其自身的方法(参见第七章第一节)。

③ 现代哲学的认识论转向并不意味着对本体论的放弃,尤其在唯理论那里,本体论、形而上学依然作为基础,只是其关注点在认识、知识之上;经验论者则逐渐转向一种非形而上学、非本体论的立场。在后面这种意义上,实证主义接续了经验主义的传统,但它不赞同经验论的怀疑主义立场(休谟),而是主张知识的实证可靠性。

19 世纪三四十年代最早出现在法国和英国，代表人物是孔德、穆勒和斯宾塞。他们要求用实证的知识代替神学和形而上学的思辨概念，把认识限定于经验、现象领域，并以实证的方法研究社会现象，其任务是发现精确普遍的社会规律。第二阶段的代表人物是马赫，马赫主义主要是 19 世纪末现代物理学革命的产物。马赫也拒斥形而上学，鼓吹现代自然科学的知识范式，“科学的任务不是别的，仅是对事实做概要的陈述。现在逐渐提倡的这个崭新见解，必然会指导着我们彻底地排除掉一切无聊的、无法用经验检查的假定，主要是在康德意义下的形而上学的假定。”①马赫主张感觉经验论，以实证的方法论证感觉是构成一切知识的基础，以科学的态度揭示人类认识活动的心理模式，以实验的手段保证科学研究的正确性。他提出思维经济原则，即花费最少的思维取得尽可能多的效果，科学的目的就是节约经验，用思维中对事实的摹写和预测来替代经验。科学应当具有经济的功能，花费尽可能少的思维，对事实做出尽可能最完善的陈述。“在经济上最发达的科学，是它们的事实可以还原为少数几个具有相似性质的要素的科学。”②科学具有简单、优美、经济的特征，其职能就是替代经验。马赫进一步论证了科学与经验的关系，“科学一方面必须依然停留在经验范围内，但是另一方面必须加速超越经验，不断地期待确认，不断地期待颠倒。在既不可能确认、也不可能反驳的地方，科学是漠不关心的。科学在未完成的经验领域里活动，并且仅仅在这里活动。”③实证主义发展的第三阶段主要是以维也纳学派为代表的逻辑经验主义运动。逻辑实证主义承接经验论传统，主张经验证实原则，同时受到弗雷格、罗素和维特根斯坦的影响，把哲学的任务归为逻辑分析，通过对语言的逻辑分析拒斥形而上学，把哲学改造成具有科学性的学科。实证主义的兴起与发展使得科学与人

---

① ［奥］马赫：《感觉的分析》，洪谦、唐钺、梁志学译，商务印书馆 1986 年版，第 iv.-v.页。

② ［奥］马赫：《力学及其发展的批判历史概论》，李醒民译，商务印书馆 2014 年版，第 552—553 页。

③ ［奥］马赫：《力学及其发展的批判历史概论》，李醒民译，商务印书馆 2014 年版，第 556 页。

文的对立日益尖锐化,进而使人文科学、精神科学的合法性陷入危机。

第二节　维柯的现代人文科学奠基

早在现代诠释学建立及其自我反思之前,维柯就已看到科学方法论对人文领域的僭越及其带来的危险,提出具有诠释学品格的“新科学”“新方法”,致力于人文知识的合法性辩护和人文科学的奠基工作。作为“人文科学之父”的维柯,由于其思想几乎是横空出世,鲜有人理解,故而在思想史上的名誉姗姗来迟①,他对现代科学方法论进行批判反思、对人文科学予以奠基,其诠释学意义直至20世纪下半叶才愈加凸显出来。这项工作既早于狄尔泰和新康德主义西南学派(文德尔班、李凯尔特),亦远远早于卡西尔“文化科学的逻辑”和伽达默尔的哲学诠释学,反观19世纪以来的科学与人文之争,更加显示出维柯思想的前瞻性。其“新科学”“新方法”以及关于共通感和经典教化的思考,为人文科学的危机之化解提供了独特的视角,构成诠释学发展史上的重要一环。人文科学与理解、诠释密切相连,维柯最早尝试建立这种关联,这源于他对现代科学方法论的批判反思,后来狄尔泰和伽达默尔的诠释学问题意识也遵循着同样的思想轨迹。

回到维柯(Giambattista Vico,1668—1744年)的时代,这是一个科学理性兴起、科学方法论盛行的时代,哲学上笛卡尔—斯宾诺莎主义占主导地位。维柯成长于这个传统,自那不勒斯青年时代即深受现代科学观念影响,他尤其崇拜培根和伽利略的著作,甚至也可能了解波义耳的实验工作和英国皇家学会②,“他的兴趣被半个世纪前格劳秀斯和笛卡尔所开创的新哲学激发起来,这种新哲学已被他们的追随者发展和应用,对自然科学和法学、政治学、形而

---

① 主要归功于克罗齐,进而引起维柯在英语世界的翻译、传播和研究(柯林武德、伯林等)。

② Cf.Joseph M.Levine:“Giambattista Vico and the Quarrel between the Ancients and the Moderns”,in:*Journal of the History of Ideas*,1991,Vol. 52,No. 1,p.57.

上学的思想产生了革命性的结果。维柯完全理解这一革命的目的和方法,这一革命把他及其整整一代人从亚里士多德和经院哲学家那里解放出来。维柯一开始接受其方法,但随后就反叛它;实际上,在也许可以称作早期现代哲学史上的反革新运动(Counter-Reformation)中,他是最具独创性的人物。”①伯林的这一诊断是中肯的,在现代科学革命及其方法论推广的大潮之下,维柯的态度经历了一个转变过程,从欢欣鼓舞、拥抱效仿到批评反叛,他质疑培根、笛卡尔以来关于科学进步和知识增长的乐观主义,认识到人的一切知识都是“有限的和不完善的”②,并且“笛卡尔式的清晰明确的观念不能被有效地应用到数学和自然科学以外的领域”③。这一转变的重要标志是维柯 1708 年的演讲④,主题为阐述各门科学的研究方法,随后他对这篇演讲进行扩充,次年出版了《论我们时代的研究方法》(*De nostri temporis studiorum ratione*)。在这篇演讲中,维柯不仅论述了诸多不同科学/学科的研究方法,而且对古今研究方法的利弊进行对比,以人文教育和修辞学/雄辩术的传统对抗笛卡尔主义,尝试把批判法(ars critica)和论题法(ars topica)结合起来⑤。批判法侧重怀疑、分析,目标指向具有确定性的“第一真理”,论题法乃是发现的方法,侧重开发科学艺术的各项环节,目标指向具有广博性、似真性的“第二真理”,两种方法各有优劣,在科学研究中应当将二者结合起来,在青少年教育中应当从论题法入手,然后研习批判法,最后使其做出整合判断。这种方法论主张延续到《论意大利最古老的智慧》(1710 年),维柯力图综合平衡科学时代的理性主义方

---

① Isaiah Berlin:*Three Critics of the Enlightenment*,Princeton University Press,2013,p.34.

② [意]维柯:《大学开学典礼演讲集——维柯论人文教育》,张小勇译,上海人民出版社 2012 年版,第 97 页。

③ Isaiah Berlin:*Three Critics of the Enlightenment*,Princeton University Press,2013,p.35.

④ 维柯自 1698 年起担任那不勒斯大学修辞学教授,发表了一系列大学开学典礼演讲,主要涉及大学人文教育。但这些演讲在维柯生前大都没有面世,直到 19 世纪下半叶才被整理出版。《论我们时代的研究方法》(*De nostri temporis studiorum ratione*)是其中的一个例外,经作者修改扩充,在演讲后的次年即 1709 年出版。

⑤ 相关研究参见何卫平:《论题学与解释学》(《山东大学学报》2018 年第 1 期)。

法和古代的论题法、雄辩术,反对片面推广数学/几何学方法,"如果你把几何学方法应用于生活实践中,'你所做的无非是,辛勤劳作就为了因理性而疯狂'","用几何学方法来撰写一篇政治演说,无异于在演说中排斥一切真知灼见"①。这部著作还尝试用语文学、词源学追溯的方法探讨拉丁人最古老的形上智慧,从其副标题"从拉丁语源发掘而来"即一目了然,这些工作均为维柯建立"新科学"做出了必要铺垫。

维柯对现代科学方法论的反思和变革并不是一蹴而就的,其1720—1722年所著的《普遍法》(*Il diritto universale*)仍以一种类似于几何演证的方式展开,从作为完美观念的上帝出发,通过定义、推理和演绎的方式来证明普遍自然法体系,最终又回到作为完美观念的上帝,带有明显的笛卡尔—斯宾诺莎主义色彩。但维柯所使用的语文学方法逐渐侵蚀并最终推倒了这种形而上学的体系,在《普遍法》第二卷第二部分,他意识到自己需要尝试一种"新科学"了。随着"新科学"思想的形成和成熟②,维柯不再仅仅停留于反思批判现代科学方法论的阶段,而是建立了自己的科学观和方法论,着力于人文科学的奠基,这项工作的诠释学意义之深远,从后来的诠释学发展之效果历史中昭然若揭。阿佩尔指出:"毫无疑问,至关重要的是:为精神科学进行历史哲学的奠基,首先是由维柯构想的,在从赫尔德到黑格尔的'德意志运动'中,这项工作在经验的广度、同时也在思辨先验哲学的深度上再次展开。"③

一、开启人文科学认识论—方法论的诠释学转向

从笛卡尔到维柯的时代,数学和自然科学大踏步地发展,各科学部门纷

① [意]维柯:《论意大利最古老的智慧》,张小勇译,上海人民出版社2013年版,第70、71页。

② 《新科学》有三版,分别出版于1725、1730年和1744年,第二版较第一版有很大改动,宛如两书,第三版尚未校完,维柯便已去世,同年由他人编订出版。

③ Karl-Otto Apel:*Die Idee der Sprache in der Tradition des Humanismus von Dante bis Vico*, Bonn:Bouvier Verlag Herbert Grundmann,1975,S. 318.

纷走向独立,然而此时真正的人文"科学"尚未诞生,人文知识的现代合法性辩护还没有真正完成。按照笛卡尔的"哲学树"比喻,形而上学是树根,物理学(自然哲学)是树干,各门具体科学(医学、机械学、伦理学等)是树枝,"不过我们不是从树根、树干,而是从其枝梢采集果实的,因此,哲学的主要功用乃是在于其各部分的分别功用,而这种功用,我们是最后才能学到的"①。如上所述,维柯起先在《普遍法》中也尝试运用笛卡尔—斯宾诺莎的几何学方法来进行法学的科学构建,但他已意识到现代科学方法论的弊端,并预见到这种蔓延僭越带来的危险,即:现代科学方法论的推崇者没有像他们当初预想的那样,带来人文领域的科学化,反而会使人文科学陷入非科学的境地,事实证明他的预见是正确的。正因为如此,维柯另辟蹊径,探索"新科学""新方法",竭力证明人文知识亦是科学,甚至在某种意义上比自然科学更科学,实质上对现代科学认识论和方法论开启了一种"诠释学"的转向。

新科学之"新"不仅针对现代自然科学(伽利略、牛顿),也针对当时的自然法学家(格劳秀斯、普芬道夫、塞尔登),有学者认为,维柯的新科学可以看作是文艺复兴人文主义运动的完成②。新科学囊括人类社会、政治、历史、民族、文化、信仰、语言、习俗、伦理、法律等包罗万象的人文领域,尽管人文知识自古有之,但在自然科学革命的冲击下面临合法性危机,尚未跻身于现代"科学"之列。现代科学方法论在促进自然研究繁荣的同时,要么忽视人文领域,要么以此为标准改造这一领域;反之,维柯的目标在于摆脱数学、自然科学方法论的束缚,阐明人文知识乃是一切知识的科学性源头。"新科学"系统地思考了人文领域的原则和规律,并旨在促进人的整体智慧的研究和培育,广义的"新科学"将不同的知识领域统一起来,构筑一部关于自然和人文的百科全

---

① [法]笛卡尔:《哲学原理》,关文运译,商务印书馆 1959 年版,第 xvii 页。

② Cf.Donald Phillip Verene:*Vico's New science*,Cornell University Press,2015,p.7.

书,可以说《新科学》是现代意义上最早的百科全书,先于法国的百科全书学派①,也早于德国的语文学—历史学百科全书派和黑格尔的哲学百科全书②。维柯从精神和心灵方面把自然知识和人文知识统一起来放在“智慧”(sapienza)之下,“智慧是一种功能,它主宰我们为获得构成人类的一切科学和艺术所必要的训练。”③维柯的独特之处在于把智慧分为诗性智慧(sapienza poetica)和玄奥智慧(sapienza riposta),前者是诗性的、感性的、想象的,后者是哲学的、科学的、理性的,就知识的原则/起源而言,所有的科学知识都源于诗性智慧,诗性智慧就包含着一切玄奥智慧的胚胎和原则;在制作、创造的原初意义上,知识的创建者们都是某种程度上的诗人,这种诗性智慧是理解新科学的万能钥匙。

那么,科学之为科学的“科学性”何在?诗性智慧的合法性何在?这个问题要从维柯的知识论、认识论中寻找答案。表面看来,维柯对科学本质的规定与之前的科学观并无太大差异,他也同样认为科学的科学性就在于它是追究原则的知识、关于永恒事物本性的知识,简言之,科学追求的是普遍真理。但实际上,维柯已经进行了某种颠倒,发展了一种诗性的逻辑和形而上学,因为原则、本性在这里都要理解成“起源”,原则就是起源,这才是拉丁语 principium 的原始含义,探究本性和原则就是探究怎么起源,重点在于产生、开端、源起,而不是目的、观念、本质,正如维柯强调的 natura 这个拉丁语源于 nascor,即产生,故而本性即产生,而本质(essentia)是在产生的过程中自己守住的不变原则,这种“形而上学”乃是历史地生产出来的,而不是被定义推论出来的。如果哲学只追究目的、完善意义上的永恒普遍,那么历史就

① 以狄德罗等为代表,1745—1772 年间编纂 35 卷的《百科全书》,为法国启蒙运动时期的重要著作。

② 由奥古斯特·沃尔夫开始,并为早期浪漫派作家诺瓦利斯和 F.施莱格尔发展的百科全书主义,于 19 世纪在语文学、历史学领域促成建立百科全书的浪潮,黑格尔则建立哲学百科全书,并与他那个时代的语文学、历史学百科全书严格划界。

③ [意]维柯:《新科学》,朱光潜译,商务印书馆 1989 年版,第 172—173 页。

成了永恒的敌人，维柯一方面的确是要用哲学来引导历史，但另一方面强调哲学是从历史中产生出来的，所以那个开端处的永恒普遍走在哲学的永恒普遍之前，一切科学知识都要从其起源处寻找自身的原则，由此塑造出历史认知、历史诠释的意识，构建了一种“知识考古学”①。诗性智慧作为解释科学知识开端和起源、科学之科学性的钥匙，其优先性、合法性维柯以创造认识论来进行论证。

创造认识论的核心命题是真实即创造(verum ipsum factum)，认识一样事物就是将其创造出来，怎样创造便怎样真实。在《论意大利最古老的智慧》中，维柯把“第一真实”归于上帝，上帝的创造直接就是真实的，其认识能力是通晓(intelligere)，而人的认识能力是有限的，只能思考(cogitare)事物却不能彻底通晓事物②。在《新科学》中维柯不再关注上帝创造的“第一真实”，也不再把笛卡尔式的思想理念视为“第一真理”③，而是从人的创造活动出发，考察更为初始、更为真实的原则，并实现了人文知识之优越性的反转。维柯将一切科学知识都追溯到诗性智慧，而诗歌(poesia)的最初含义就是制作、创造，诗性智慧即创造的智慧，它是人类知识最初始、最真实的开端，是一切科学的原则。从这种诗性智慧出发，人类知识同样分为两类，一类是神的事物的知识，另一类是人的事物的知识，在古代神的事物主要指的是宗教事物，人的事物主要是人类习俗、伦理和制度等，自然事物因为被相信是神所创造，故而划归神的事物一类，从这个意义上来说，现代自然科学因为研究自然，故而可以划归到关于神的事物的科学一类。到了《新科学》第二版，宗教知识就代替了玄奥

---

① Cf.Robert C.Miner:*Vico,Genealogist of Modernity*,University of Notre Dame Press,2002.

② 参见[意]维柯:《论意大利最古老的智慧》，张小勇译，上海人民出版社 2013 年版，第11—12 页。

③ 维柯在《论我们时代的研究方法》和《论意大利最古老的智慧》中都使用了 primum verum 这一概念，应根据不同语境区别翻译。在《论我们时代的研究方法》中主要指的是笛卡尔式的真理，故沿用旧习，译为“第一真理”；但到了《论意大利最古老的智慧》中，维柯对 verum 已经开始有了自己的思考，其中同时也包括感性的真相，而不仅仅是命题形式的真理，到了《新科学》时期，verum 更是首先意指真相，故而在此语境中译作“第一真实”。

智慧的形而上学,成为人类一切知识的共同源泉,然后从这种感性形而上学出发,通过精神的伦理事物衍生出种种关于人的事物的科学,通过感知的物理事物衍生出种种关于神的事物的科学,而精神和感知就是人的思想的两大分支,所谓人文科学,主要指的就是关于人的精神事物的科学。维柯实施人文知识之真实性、科学性辩护的关键一步在于,他主张,人类只有亲自从无到有地创造出来的事物,才能获得关于它的确切知识。既然自然界不是人创造的,那么对于自然,人们只能从外部加以认识,自然科学知识都是从观察者的视角进行的认识,由于这种异质性,人不可能获得完全确定的自然知识;社会历史文化是人类自己创造的,亲身参与的,对民族、历史、制度、文化等的认识之可能性基于创造,它们是由人类创造出来的,基于这种同质性,所以人有可能从内部去认识、重构和理解社会历史文化。“民政社会的世界确实是由人类创造出来的,所以它的原则必然要从我们自己的人类心灵各种变化中就可找到。任何人只要就这一点进行思索,就不能不感到惊讶,过去哲学家们竟倾全力去研究自然世界,这个自然界既然是由上帝创造的,那就只有上帝才知道;过去哲学家竟忽视对各民族世界或民政世界的研究,而这个民政世界既然是由人类创造的,人类就应该希望能认识它。”①在维柯看来,民政世界(mondo civile)、人文领域尤其值得研究,以往却没有受到充分重视,严格来说对自然的认识要留给创造自然的上帝,人不可能获得完善的自然知识,而人类世界、民政世界要留给人自己去认识,并且人可以获得关于人类世界的科学认识。至此,维柯对自然科学和人文科学的地位进行了一种颠倒:早期现代哲学以数学、自然科学为典范,要求把它们的认识方式运用于传统学科领域;维柯的新科学则证明,前者不仅不适合于后者,而且并没有想象得那么精确可靠,反而在人文领域人们更有可能获得确定的知识。“我们的新科学也是如此[它替自己创造出民族世界],但是却比几何学更为现实,因为它涉及处理人类事务的各种制

① [意]维柯:《新科学》,朱光潜译,商务印书馆1989年版,第154页。

度，比起点、线、面和形体来更为现实。”①按照维柯，虽然数学、几何学属于人的创造，但其对象本身是虚构的，自然世界是现实的，却又不属于人的创造，因此不管数学、几何学，还是自然科学，都没有人文领域的知识更加确定。在这种认识论框架中，科学的标准被“改写”了，数学、自然科学都不是完善的科学，人文科学却更加确定、完善。维柯矫正乃至反转了来自培根、笛卡尔的方法论传统，为人文科学的科学性提供了独到的证明。逾一个半世纪之后，狄尔泰以描述心理学和诠释学的认识方法为精神科学辩护，其著名论断“我们说明自然，我们理解心灵生活”回响着维柯的人文科学认识论/方法论之强音；与维柯类似，狄尔泰声称自然是异己的，自然科学的工作是从外部进行理论假说、实验检验和抽象构造，而精神科学研究的是活生生的精神事实，其工作方式是内在的描述、体验和理解②。

既然维柯反对自然科学方法论的僭越，他为人文学科制定了什么样的“新方法”？这是既不同于数学、几何学的推理演绎方法，也不同于经验归纳的方法。维柯打造了一种将语文学、哲学和法学融为一体的新方法，建立可以与培根相媲美的另一种“新工具”，实际上就相当于一种诠释学方法。第一，这种诠释学方法表现为对语文学研究的倚重，并且语文学和哲学应当互补。语文学（filologia）在维柯手里成了科学，这在学术史上是惊天骇地的。意大利语 filologia 的拉丁语形式是 philologia，源自古希腊语 φιλολογία，通常解释为爱话语或爱逻辑（philo-logia），其实我们也可以把它理解为谈论/表达人的热爱（logia-philo）。前者意义上的语文学即词语的语源学研究，对古希腊人来说就是种种学问；后者意义的语文学实质上就是人的意志的表达，其中既有确定

① ［意］维柯：《新科学》，朱光潜译，商务印书馆 1989 年版，第 165 页。此句中的“现实”原文是 reale，而不是 vera，所以笔者将原译文的“真实”改为“现实”。因为点、线、面、体是抽象的，而人的事物才是真正意义上的事物（res），故而关于这种事物的科学就是现实的（reale）。

② Vgl. Dilthey: „Ideen über eine beschreibende und zergliedernde Psychologie“, in: GS Bd. 5, Stuttgart［u. a.］: Teubner, 1990; *Der Aufbau der geschichtlichen Welt in den Geisteswissenschaften*, GS Bd. 7, Stuttgart［u. a.］: Teubner, 1979.

的真相,又有逻辑的真理。由于人类的语言是在人类的历史进程中产生发展的,语言是人创造的直接作品,历史呈现于语言之中,所以语文学也就是人的事物史和语词史的统一,同时也是历史与哲学的统一。若语言是人的创造,那么人对自己语言的诠释就具有最真实的意义;若这种诠释按照语言所产生的地点、时间和方式来进行,那么这种诠释也就具有最高的真实性;若这种诠释符合人的自然本性及其演变规律,那么这种诠释也就是自然而然的真理。所以语文学研究与哲学研究是互补的,“哲学默察理性或道理,从而达到对真理的认识;语文学①观察来自人类选择的东西,从而达到对确凿可凭的事物的认识”,“哲学家们如果不去请教于语文学家们的凭证,就不能使他们的推理具有确凿可凭性,他们的工作就有一半是失败的;同理,语文学家们如果不去请教于哲学家们的推理,就不能使他们的凭证得到真理的批准,他们的工作也就有一半失败了。如果双方都向对方请教,他们对他们的政体就会更有益,而且也就会比我们早一步构思出这门新科学了。”②科学所追求的永恒普遍性在维柯看来无非就是“法”(广义的法则、规律),所以法学、语文学、哲学又是统一的,他的诠释学方法实际上把哲学、法学和语文学三者结合了起来。运用这种方法维柯得出,各民族都按照自己的智慧创造历史,其中蕴含着一种普遍的横向结构和纵向演化,前者表现为宗教、婚姻、埋葬三种制度,后者表现为神的、英雄的、人的时代三者之间的循环。第二,这种诠释学方法具体表现为作为历史考察的语源学考察。维柯强调,语源学(etimologia)按照其产生时期的自然本性就是真实的叙述(vera narratio)③,最古老的人类在刚发明语言特别是种种诗性语言时,还根本没有能力和需要来编造谎言,所以一切叙述都是真实必要的。语言关联着人的心灵,又是人的周遭世界、生活世界,也是人对世界的理解和诠释④,维柯

① 在朱光潜译本中,filologia 被译为语言学,笔者改译为语文学,下同。

② [意]维柯:《新科学》,朱光潜译,商务印书馆 1989 年版,第 103 页。

③ 参见[意]维柯:《新科学》,朱光潜译,商务印书馆 1989 年版,第 199 页。

④ 阿佩尔对这种人文主义的语言概念进行了系统考察,参见 Karl-Otto Apel:*Die Idee der Sprache in der Tradition des Humanismus von Dante bis Vico*,Bonn:Bouvier Verlag Herbert Grundmann,1975。

进而提出“心灵/心头词典”(dizionario mentale),事物、心灵和语言是三合一的,语言史就是事物史、心灵史。心灵语言是指心灵内部的普遍语言,尽管存在着不同的表达方式,却可以具有相同的意义,这是由人类的共同本性、共通感/共同意识以及相似的生活环境和生活方式所决定的。尽管说出来的语言、外化的表达必定具有某种特殊的语言结构和语法,但心灵语言是普遍的,不同语言的相互翻译之所以可能,不同表达具有相近的含义之所以可能,就在于这种普遍的“心灵语言”,新科学的重要任务之一就是构建一种通用于一切民族的“心灵词汇”或“心灵词典”,“这种公用的心头语言是我们的这门科学所特有的,根据这门科学,语文学者们就可以构成一种心头词典,通用于一切现存和已死的发音的语言”①,“来替发音不同的各种语言找到根源。凭这种‘心头词典’就可构思出一种理想的永恒的历史,来判定一切民族的有时间性的历史。”②《新科学》中给出很多这种词源考察的例证,诸如犁地(urvo)与城市(urbs)的关联、家奴(famuli)与荣誉(fama)的关联等,并以此证明,表面看来是语言考察、词源考察,实际上就是历史考察本身。第三,由于诗性智慧乃是理解新科学的钥匙,这种原初智慧的本质是想象、激情和感觉,与这种智慧密切相关,理解、移情、想象乃至幻想的洞见等在维柯那里也成为重要的诠释方法。在社会历史文化领域,语词、文本、事物都是处于诠释过程中的对象,它们同时又是意义、人的心灵和精神,因此需要内在的理解和移情,而不是像自然科学那样只从外部研究自然。维柯虽然没有用过希腊语源的诠释(hermeneia)概念,但大量使用了 interpetrazione(诠释)这个拉丁语源的词,不过这是他特殊的用法,意大利语一般写作 interpretazione,即拉丁语的 interpretatio③。关于 interpetrazione 这个词,维柯自己有解释,inter 是进入,petratio 相

① ［意］维柯:《新科学》,朱光潜译,商务印书馆 1989 年版,第 109 页。

② ［意］维柯:《新科学》,朱光潜译,商务印书馆 1989 年版,第 104 页。

③ Interpretatio 源于 interpres,即中间人、沟通者、信使、谈判者,这又源于 inter-pretium,pretium 是价格,意思就是做贸易谈价格,因此拉丁文的诠释也跟希腊文类似,赫尔墨斯(Hermes)是商业神、信使,与之相关的诠释(hermeneia)就是居间传达、沟通的意思。

当于 patratio,源于 pater(父亲),这里是指天父、上帝、神,所以诠释就是进入神的心灵当中,说出神的话语,解释神的话语,mitologia(神话学)就是 interpetrazione delle favole(对神话的诠释),也是对神的话语的表达和解释,其主要方式是预测/占卜(divinazione)。预测/占卜固然是对神的话语的诠释或解释,但这种解释是人自己的思想创造,后来的思想家又对预测/占卜进行解释,继而形成所谓的哲学,那么哲学就是对原初解释的再解释的再解释。①

综上,"新科学"在现代科学方法论批判的基础上建立了新的认识论和方法论,表现出鲜明的诠释学品格。就其诠释学方法论维度而言,至少体现在以下两个方面:首先它是一种解释性的科学和方法,要求把语言流传物(例如神话、十二铜表法、习语等)作为人类早期历史的源头进行"科学的"阐释;其次它提出一种根本洞见,即民政世界、历史世界由人类创造,故而能被人类理解和认识,这种创造本身也是解释和诠释的活动②。

二、共通感和人文教育:通向诠释学本体之维和实践之维

维柯的人文科学奠基不仅具有诠释学方法论的维度,而且通向诠释学的本体之维和实践之维,主要体现在共通感理论和经典参阅、人文教育思想之中,身为修辞学教授的维柯始终关心教育问题,形成了独特的教育哲学理论③,其人文科学和人文教育思想互为印证,相得益彰。"共通感"(sensus communis)④是这里的首要概念,《论我们时代的研究方法》和《论意大利最古老的智慧》中已有论及,《新科学》给出明确定义,它是指"一整个阶级、一整个

---

① 参见[意]维柯《新科学》,朱光潜译,商务印书馆 1989 年版,第 230—231、501 页。

② Vgl.Stefanie Woidich:*Vico und die Hermeneutik*,Würzburg:Königshausen & Neumann,2007, S. 95.

③ 参见张小勇:《维柯教育哲学研究》,上海人民出版社 2017 年版。

④ Sensus communis 也可译为"共同意识"或"常识",拉丁文的 sensus 涵摄感觉与意识、感性与理性多种面向。"共通感"是目前诠释学界较为通行的译法,但需要注意的是,这一概念并非仅仅是某种感觉,它是以感性为基础的一种意识,其内容不一定是感性内容。维柯的"共通感"是指一个集体共有的不假思索的认识和判断。

人民集体、一整个民族乃至整个人类所共有的不假思索的判断”①。这一概念的重要性从其在当代诠释学中的接受史可见一斑,伽达默尔在《真理与方法》中视之为人文主义的主导概念之一,专门辟出一节进行探讨②。维柯的共通感概念蕴藏着丰富的诠释学内涵③,尤其能够揭示诠释学的本体论向度和实践向度。

共通感是社会性的,基于不同群体、不同民族之间各种传统、习俗的相似性而形成的④。首先,对于个人而言,共通感是共同体中沉淀下来的一种前理解,是个体理解和自我理解的前结构。这种共同意识、常识是前反思的,于或然性的东西之中生长出来,但它具有“本体”的地位,构成了理解的出发点和理解得以可能的条件。维柯共通感概念的本体论向度在伽达默尔的哲学诠释学中得到印证,后者为传统和权威正名,把前理解提升到本体的高度,论证“存在多于意识”(mehr Sein als Bewusstsein),理解最终是一场效果历史运动,之所以如此,乃是因为理解者植根于“前见”(Vorurteile)并在理解过程中不断地重塑之。伽达默尔的“前见”其实就是一种类似于共通感的“先入之见”,形成于习俗传统并常常具有不被知觉、不假思索的特征。其次,共通感也是一切实践智慧/审慎智慧(prudentia)的原则⑤,是个体实践行为的原则。在维柯那里,共通感作为一种传承之物乃是论题法(ars topica)的成果,它是基于感性的、前反思的,论题的发现在本质上先于批判法、先于对其真理性的判断,然而“今天只有批判法为人所崇仰;论题法不仅未被推至前台,而且完全被束之高

① [意]维柯:《新科学》,朱光潜译,商务印书馆1985年版,第103—104页。

② 参见《真理与方法》“人文主义的几个主导概念”一节。

③ 相关研究参见龚群:《哲学诠释学中的教化与共通感》(《河北学刊》2005年第3期);彭启福、李丽:《伽达默尔对“共通感”概念的诠释学改造及其意义》(《江淮论坛》2011年第5期);黄小洲:《“Sensus Communis”:伽达默尔对常识哲学的重塑》(《学术月刊》2017年第12期)。

④ 参见[意]维柯:《论意大利最古老的智慧》,张小勇译,上海人民出版社2013年版,第73页。

⑤ 参见[意]维柯:《大学开学典礼演讲集——维柯论人文教育》,张小勇译,上海人民出版社2012年版,第102页。

阁。这又是不恰当的。”[①]共通感作为积淀下来的稳定原则，其实就是实践智慧/审慎智慧的成熟形式或共同形式，如果说后者可以是个人意义上的，那么共通感则是民族的、集体的。维柯认为，笛卡尔的批判法、怀疑法和分析法固然重要，但不能丢弃共同意识这份“宝藏”，这种不加反思的行动智慧是指导个人实践行为的原则。

相应地在教育实践上，维柯强调共通感的培育是青少年教育的入手处，青少年必须首先接受共通感的教化，而“不应让他们为批判法所窒息”[②]。批判思维是一种“减法”思维，通过普遍怀疑排除一切不确定之物而寻求确定的支点，青少年记忆力强，想象力丰富，应该让他们更多地接受人文传统的熏陶，以便获得滋养灵魂的深厚沃土并激发未来的创造，倘若青少年过早地形成批判思维，“就会在思维方式上对生活过于精细，以至不能进行任何伟大的工作”[③]。培育共通感，既是促进人文教育的重要渠道，也是人文教育的重要目标。伽达默尔指出：“现在对于我们来说重要的东西就在于：在这里共通感显然不仅是指存在于一切人之中的普遍能力，而且它同时是指那种促成共同性的感觉。维柯认为，赋予人的意志以方向的东西，不是理性的抽象普遍性，而是具体的普遍性，它表现着某个集团、民族、国家或全人类的共同性。因此，培育这种共同的感觉，对于生活来说就具有决定性的意义。”[④]

在维柯看来，人文科学和人文教育最终都要回归经典。科学起源于神话，远古的经典之中蕴藏着一切知识的源头，《新科学》运用荷马史诗和罗马法这两大经典以及古代各民族的神话传说阐明科学创造活动的起源。在

---

① ［意］维柯：《大学开学典礼演讲集——维柯论人文教育》，张小勇译，上海人民出版社2012年版，第102页。

② ［意］维柯：《大学开学典礼演讲集——维柯论人文教育》，张小勇译，上海人民出版社2012年版，第102页。

③ ［意］维柯：《新科学》，朱光潜译，商务印书馆1989年版，第108页。

④ Gadamer：*Wahrheit und Methode*：*Grundzüge einer philosophischen Hermeneutik*，GW Bd. 1，Tübingen：Mohr，1990，S. 26.

古今之争[①]的背景下，维柯形成折中立场，在赞赏理性主义科学方法论的同时又反对它的自命不凡，大力提倡以古典文化为素材的人文教育，力图“调和古典的人文教育和形式的理性教育这两种取向”[②]。若要获得实践智慧、共通感，就必须经常参阅永垂不朽的作家作品，选择不同领域的经典研读、效仿，训练思维并完善观念，至于那些平庸的、不值一提的作家作品，对于公共教育则是没有益处的[③]。维柯倡导推进人文研究，这些看似无用的学问对于国家民族和个人而言其实都是无上大用，有助于实现善的生活，杜绝肮脏、卑俗。在《让我们脱离一切虚伪空洞的学识》这篇演讲中，维柯甚至向大学生推荐了具体的“经典书目”，“禀赋卓越的青年学子们，在语文学的研究方面，你们应该追求普劳图斯拉丁语的美妙，欣赏泰伦斯的典雅，尊崇维吉尔的庄严崇高，仰慕西塞罗直如大河般汹涌澎湃、汪洋恣肆的演说激情……如果你要献身于哲学，首先你要聆听柏拉图，聆听他谈论精神不死……聆听斯多葛学派吧，聆听他们如何庄重而严肃地讲授智者的恒定一致……去聆听亚里士多德，他在整个推理能力方面达到了何等高度……”[④]

反思经典的厘定、理解与诠释以及经典的道德化育功能之发挥，是诠释学重要的实践向度，伽达默尔《真理与方法》中“经典型例证”一节阐明了诠释学的经典意识。这一向度也越来越受到当下诠释学研究的重视，近年来，潘德荣

① 17 世纪末 18 世纪初在法国文学界发生的古今之争较为激烈，厚今派以现代的逻辑学方法对抗古典的修辞学方法，肯定现代作家并不逊色于古代希腊罗马作家，较之于以布瓦洛为代表的新古典主义，厚今派的决定性胜利预示着 18 世纪启蒙时代的来临，英国的“书籍之战”是这场古今之争的延续。关于诠释学与古今之争的研究，参见何卫平：《解释学与“古今之争”》（《武汉大学学报》2014 年第 4 期）。

② Marcel Danesi："Introduction to Giambattista Vico：The Anglo-American perspective"，in：*Giambattista Vico and Anglo-American Science*，ed. by Marcel Danesi，Berlin，New York：Mouton de Gruyter，1994，pp.16-17.

③ 参见［意］维柯：《大学开学典礼演讲集——维柯论人文教育》，张小勇译，上海人民出版社 2012 年版，第 214—215 页。

④ ［意］维柯：《大学开学典礼演讲集——维柯论人文教育》，张小勇译，上海人民出版社 2012 年版，第 37—38 页。

提出“德行诠释学”,把诠释学落脚于以“德行”为核心的实践哲学,作为未来诠释学的发展方向;洪汉鼎、彭启福、傅永军等提出建构中国的经典诠释学,促进西方诠释学的中国化和中国诠释传统的现代转型。① 有鉴于此,维柯的经典参阅、人文教育思想是一个不可忽视的宝贵资源。

① 参见潘德荣:《“德行”与诠释》,《中国社会科学》2017 年第 6 期;洪汉鼎:《诠释学与中国经典诠释问题及未来》,《武汉大学学报》2012 年第 4 期;《诠释学的中国化:一种普遍性的经典诠释学构想》,《中国社会科学》2020 年第 1 期;彭启福:《从“经学”走向“经典诠释学”》,《天津社会科学》2016 年第 3 期;傅永军:《论中国经典诠释传统现代转型的路径选择》,《哲学研究》2020 年第 1 期。

第二章 技术还是艺术？——浪漫派诠释学

现代科学方法论的外在影响和古典语文学、神学诠释学的内部发展相互激荡，催生了现代诠释学的一般方法论意识；这种意识在浪漫派诠释学那里达到自觉，开启于F.施莱格尔，完成于施莱尔马赫，发展于博克（A.Boeckh）。在此过程中，诠释学不再满足于解释实践中的零散规则之收集，而是致力于建构系统的方法论体系。浪漫派诠释学是现代诠释学的第一个形态，它首先是一种方法论诠释学，诠释学的方法论意识在这里达到自觉，诠释学的方法论体系最早在这里形成。确切地说，F.施莱格尔勾勒了浪漫派诠释学的基本理念和构架，开启了诠释学的现代转向，施莱尔马赫将其建立了比较系统的一般诠释学方法论，博克则回返到语文学领域扩充、拓展了诠释学的一般方法论。

值得注意的是，诠释学在以上代表人物那里尽管同样都是处于方法论的地位，但呈现出的“色调”又有细微差别，施莱格尔主要视之为一门艺术（Kunst）；施莱尔马赫将其界定为技艺学（Kunstlehre）①，兼有技术和艺术两方面的含义；博克在向语文学领域回返的过程中，弱化了诠释学的浪漫主义色

① 该单词的前半部分 Kunst 在现代德语中主要是“艺术”的意思，但也包含技能、技巧、技艺的意思，考虑到施莱尔马赫对诠释学的理解兼有以上两方面的含义，故而汉语学界通常将 Kunstlehre 译为“技艺学”。

彩,在理解与诠释中增添了更多的“技术”成分。

第一节　浪漫诗、阅读与批评:现代诠释学的原初建构

施莱格尔兄弟所开创的德国早期浪漫派在文艺批评、古典学、语言学等方面取得了瞩目的成就,产生了深远的影响;与这些理论资源密切相关,F.施莱格尔最早提出浪漫派诠释学的理论构架,而浪漫派诠释学是现代诠释学创立的标志。F.施莱格尔作为早期浪漫派的重要代表,他先于施莱尔马赫完成浪漫派诠释学的原初建构,以语文学切入,围绕文本、经典、阅读、批评和教化等问题,在诠释对象的界定、理解活动的展开以及诠释的意义目标方面提出了相对完整的浪漫派诠释学理念,对于理解现代诠释学和文艺批评理论具有不可回避的重要性。

一、文本:“断片”与“综合”

就现代诠释学的起源来看,语文学的研究乃是重要的契机之一,施莱格尔的诠释学思想正是从语文学中开展出来的,虽然他没有像施莱尔马赫那样致力于建构系统的诠释学,却是“施莱尔马赫在语文学艺术上的领路人”①。由于译介不足和研究难度大等原因,目前国内学界的诠释学研究很少触及F.施莱格尔这一重要先驱。相比而言,国外学界施莱格尔诠释学研究之所以可能,首先要归功于克尔纳(Josef Körner),1928年他首次编辑出版施莱格尔的《论语文学》(*Zur Philologie*)札记,后来贝勒(Ernst Behler)等人主编的《施莱格尔全集》第16卷(1981年)和施莱格尔《批评文集与断片集》(*Kritische Schriften und Fragmente*)第5卷(1988年)均收录了此札记。写于1797年的《论语文

① Wilhelm Dilthey,„Die Entstehung der Hermeneutik“,in GS Bd. 5,Stuttgart[u.a.]:Teubner,1990.S.328.

学》札记，包含着施莱格尔最为重要的诠释学运思，诚然，他的诠释学思想也散见于其他断片和论文之中。

施莱格尔诠释学的相关研究在国外学界较晚才逐渐得到重视，但已经取得可观的成果。20 世纪 60 年代，努瑟出版《F.施莱格尔的语言理论》，帕驰发表论文《F.施莱格尔的"语文学哲学"和施莱尔马赫早期的诠释学构想》，艾希纳发表《F.施莱格尔的文学批评理论》。近年来，学界出版了辞书性质的《F.施莱格尔手册》（2017 年）；米勒重新编辑出版考证版的《论语文学》札记（2015 年），附有施莱格尔的手稿影印以及编者本人的历史梳理、文本解读和评价；布罗伊尔主编文集《浪漫派的批评概念》（2015 年）与《F.施莱格尔和语文学》（2013 年）；鲍尔著《施莱格尔和施莱尔马赫：早期浪漫派的艺术批评和诠释学》（2011 年）；福斯特著《德国语言哲学：从施莱格尔到黑格尔及其他》（2011 年）。此外，《施莱格尔年鉴》于 1991 年创刊，迄今已发行近三十期。这些研究成果推进了学界对施莱格尔诠释学的了解和关注度，也在一定程度上改变了以往人们对浪漫派诠释学的片面认识。

从语文学切入，围绕文本、阅读、批评、浪漫诗和教化等概念，施莱格尔提出了浪漫派诠释学的基本思想理论。首先，从理解与诠释的对象来看，诠释学面对的是经典文本，与古典语文学不同的是，经典文本被施莱格尔视为不可完全理解、不可完全阐明的，并且诸多个别的文本趋向于共同造就"一部经典"，这部经典总是在形成过程之中，"综合文学"是他提倡的创作理念和文本观；其次，从理解活动的展开来看，阅读、诠释与批评铸造着精神的意义世界，阅读具有诠释学的意义，它本身就是理解和诠释，阅读也是批评的艺术，它朝向更好的理解并具有无限的创造性，施莱格尔声称这是一种超越古典语文学的渐进语文学（progressive Philologie）；最后，在施莱格尔这里，理解的意义已然超出古典语文学的认知旨趣，不仅旨在获得知识，更在于塑造趣味，培养敏锐、普遍的感受力，实现人性的教化。综而观之，施莱格尔在其新型语文学观念的基础上构造了浪漫派诠释学的理论框架：以经典文本为对象，通过阅读、诠释与批评生成无限的意义世界,最终落脚于塑造普遍的感觉和完满的人性。

文本作品是诠释学的主要对象,“批评的真正对象只是作品及其体系,而不是人”①,或者说,“只有经典作品是批评的真正对象”②,施莱格尔更加关注作品而非作者,不同于施莱尔马赫诠释学追寻作者原意;同时,他认为经典作品不是既定的静态持存,而总是在形成过程中,不同的经典文本在理解的运动中趋向于融合成一部经典、一个文本。施莱格尔不仅把单个的“完整”文本视为精神的“断片”,即精神整体的一个部分,他也非常推崇“断片”(Fragmente)形式的文本,他自己的作品就常以断片示人。在施莱格尔看来,断片具有诠释学上的优势,断片不意味着思想的断裂,相反它有助于揭示整体,“所有的文学断片都必定是一个整体的某个部分”③,作为极具创造性和洞察力的思想火花,断片通常具有短小精悍、风趣幽默、隐喻反讽、犀利深刻等特征,能够突破逻辑演证的限制,折射并显现整体。断片“不断”,其中含有完整的理念,各断片共同构成趋于统一的精神。

在文学创作上,施莱格尔同时提倡一种整体性的文学理念,即打破题材、体裁的界限,强调各种内容元素、艺术种类的综合交叉,他命名为“综合文学”(Universalpoesie)④或“浪漫诗”(die romantische Poesie)。“浪漫诗是一种渐进的综合文学。它的使命不仅在于将所有分离的创作类型重新统一起来,而且把诗歌与哲学、修辞学关联起来。它也应该使诗歌与散文、独创力与批评、艺术诗(Kunstpoesie)与自然诗(Naturpoesie)时而混合、时而融合在一起,使创

① F.Schlegel,„Fragmente zur Literatur und Poesie. 1797“,in *Kritische Schriften und Fragmente* [1794-1818],Bd. 5,hrsg.von Ernst Behler und Hans Eichner,Paderborn:Ferdinand Schöningh,1988, S. 214.以下注释将《批评文集与断片集》(*Kritische Schriften und Fragmente*)缩写为 KSF,并省略出版信息(此套六卷本文集的出版信息相同)。

② F.Schlegel,„Fragmente zur Literatur und Poesie. 1797“,in KSF[1794-1818],Bd. 5,S. 214.

③ F.Schlegel,„Fragmente zur Literatur und Poesie. 1797“,in KSF[1794-1818],Bd. 5,S. 218.

④ 也可将 Universalpoesie 译为“普遍诗”,更符合字面义。不过,Poesie 来自古希腊文 ποί ησις,意为诗、诗歌,可以泛指文学,其对应的动词 ποι έω 意为制作、创作。考虑到施莱格尔的这一概念主要是指一种文学创作理想,综合诗歌、散文、小说、戏剧、书信等于一体,故译为“综合文学”可能更恰当。下文对 Poesie 的翻译视语境而定。

作艺术生动欢快，使生活和社会富有诗意”①。这一观点的提出，有以下思想史背景：(1)发端于17世纪末18世纪初法国文学界的古今之争，通过赫尔德(Herder)引入德国②，这场争论在德国展开得较晚，并逐渐演变为古典与浪漫之争。与法国的古今之争不同，以施莱格尔为代表的德国早期浪漫派重点在于调和各种对立，包括想象力与理性、诗歌与哲学，力图使异质乃至对立的东西得到协调，这种普遍的融合过程表现在文学创作上就是“综合文学”。(2)受到孔多塞(Condorcet)《人类精神进步史梗概》(1795年)的影响，施莱格尔从其“普遍史”(Universalgeschichte)的思想中发展出“普遍诗/综合文学”(Universalpoesie)的理念，试图构建一种无限的、去中心化的、不断完善的思想模型③，按照这种思想模型，文学创作应当是开放的兼收并蓄和渐进的趋于完善。浪漫诗、普遍诗/综合文学其实就是一种打破互相分离的文学类型之界限的文学创作理想，“在一定意义上一切诗歌都是浪漫的或者应该是浪漫的”，“浪漫的诗歌类型还在形成中……它不能被理论所穷尽，只能通过一种预期的批评来刻画它的理想。”④施莱格尔的作品《卢琴德》(*Lucinde*)就是按照这种文学创作理论写成的，集小说、信札、对话、断片、抒情诗等多种特征于一体，尽管这一作品往往被视为不成功的创作，却是他以上文学理念的实践探索。

综合文学、浪漫诗不仅是一种文学创作理念，也是一种文本观，这种文本观进一步决定了施莱格尔的诠释学理念和立场。在他看来，诸多文本作品趋向于综合汇集，形成具有普遍性、综合性的“一首诗”“一本大书”或“一部经典”。“一本书(Buch)决不仅仅是一部作品(Werk)。”⑤这一怪异的表达旨在

① F.Schlegel, „Athenäums-Fragmente. 1798“, in KSF[1798-1801], Bd. 2, S. 114.

② Vgl.Ernst Behler, *Frühromantik*, Berlin, New York: de Gruyter, 1992, S. 39.

③ Vgl.Ernst Behler, *Frühromantik*, Berlin, New York: de Gruyter, 1992, S. 115.

④ F.Schlegel, „Athenäums-Fragmente. 1798“, in KSF[1798-1801], Bd. 2, S. 115.

⑤ F.Schlegel, „Philosophische Fragmente.Zweite Epoche.I“, in KSF[1794-1818], Bd. 5, S. 68.

说明,“一本书”是一种文本理念,并非特指某一部具体的作品,而是诸多文本作品汇聚形成的整体。下述说法更为明确:“所有古代的经典诗歌相互关联、不可分割,构成一个有机整体,真正来看它们只是一首诗、唯一的诗,在这首诗中诗歌艺术自身完满地显现出来。类似地,在完满的文学中,所有的书应该只是一本大书(Ein Buch),在这样一部永恒形成着的书中,人性与教化的福音被揭示出来。”①这里的难题在于,众多文本作品何以趋向于汇合成“一本大书”?这涉及施莱格尔文本观的理论基础,他认为,文本中包含着一个根本矛盾,即精神(Geist)与文字/字母(Buchstaben)之间的矛盾:(1)从形式上来看,文本由文字/字母构成,以分散的方式呈现,不仅文本之中的文字是分立的,而且各文本之间是分立的,它们自身也是精神的一个“断片”;(2)从内容上来说,文本所要表达的是精神,而精神是不可分的(unteilbar),不同作者的不同文本作品共同属于一个精神整体,在这个意义上它们不断汇集成“一本大书”“一部经典”;(3)由于内容与形式、精神与文字之间的矛盾无法彻底解决,这部经典大书不可能一劳永逸地完成,而是处于永恒的形成过程之中(im Werden),具有永不停息的流动性和渐进性。施莱格尔辩证地处理了“断片”和“综合文学”二者之间的关系,“综合”以断裂的方式呈现,“断裂”趋向于综合统一。在诠释学的视角下,这种文本观对理解者提出了相应的要求,它要求读者从文本的断片形式回溯到精神的整体内容,通过对文字的理解与诠释,揭示精神整体的意义。

施莱格尔文本观的贡献在于,以一种整体的诠释理念来审视文本,把思想当作整体来看待,具体的诠释活动自然是以个别作者的个别作品乃至零散的断片为起点,但诠释学应当从零散与破碎中透视精神和意义的整体。施莱格尔近乎戏谑地说,“我阅读古代作家时始终只把他们当成一个作者来看”②,当我们面对古代经典著作,“不能偏好这个或那个,而要热爱艺术、热爱典范本身,热爱整

① F.Schlegel,„Ideen. 1800“,in KSF[1798-1801],Bd. 2,S. 229.

② F.Schlegel,„Ideen. 1800“,in KSF[1798-1801],Bd. 2,S. 225.

个古代，这是第一步；也要把握整体的精神，这是最高的[任务]。"[①]个别的经典文本是文本整体的组成部分，它们包含着各自的特殊性和个体性；作为整体的经典文本，反映着时代精神和普遍的人性。在部分与整体之间存在着循环，部分要按照整体的图像来组织和规划，必须置于整体之中才能得到表达，正如"一部小说所给予我们的教导，必定只能在整体中传达而不能在部分中显现"[②]；整体由部分构成，整体的传达也离不开部分，它敞开无限的意义生长空间，理解运动与时代精神的更迭相一致。综合文学、浪漫诗作为浪漫派诠释学的对象，相应地要求一种"浪漫式"的阅读、诠释和批评；如果说文本创作是将精神固定于文字之中，那么理解活动则旨在打开"封印"，使精神从文字中释放出来。

二、批评的艺术和感觉的塑造

施莱格尔赋予"阅读"(Lesen)以诠释学的意义，阅读不是简单的"看书"，而是理解活动的展开，"阅读意味着使被束缚的精神变得自由，是一种有魔力的活动。"[③]阅读包含着诠释，它本身就是一种理解和诠释的活动，把固化于文字之中的精神激活和显现出来；阅读也包含着批评，应当成为"批评性的阅读"(kritisches Lesen)或"作为艺术的批评"(Kritik als Kunst)[④]。"诠释学和批评在本质上是绝对不可分的。"[⑤]"在一定程度上全部的语文学无非就是批评。批评作为艺术只能运用于著作，亦即经典著作。在此诗歌批评、语文学的

---

① F.Schlegel, „Geschichte der Poesie der Griechen und Römer. 1798", in KSF[1798–1801], Bd. 2, S. 2.

② F.Schlegel, „Athenäums-Fragmente. 1798", in KSF[1798–1801], Bd. 2, S. 114.

③ F.Schlegel, „Philosophische Fragmente.Zweite Epoche.I", in KSF[1794–1818], Bd. 5, S. 78.

④ 如前所述，Kunst 这一概念在诠释学的层面上具有双重意义：第一，它具有技术(Technik)的层面，表明诠释作为一种技术涉及规则及其应用；第二，它又有艺术(Kunst)的层面，主要指诠释主体以及诠释过程的无限创造性。在施莱格尔诠释学的语境中多指后者。

⑤ F.Schlegel, „Zur Philologie I. 1797", in KSF[1794–1818], Bd. 5, S. 176.

语法批评、历史批评、哲学批评都统一起来。——这也适用于语法学和诠释学。”①如前所述,施莱格尔主张一种不同于古典语文学(klassische Philologie)的新型语文学,即渐进的语文学(progressive Philologie),前者的目标是返回历史本身,还原文本的原义,侧重阅读活动的封闭性和完成性,后者则主张艺术性的批评、批评性的阅读,侧重阅读活动的开放性和渐进性。

阅读与批评作为诠释的艺术,具有以下特征:首先,阅读、批评具有循环性。“一切批评性的阅读……都是循环性的。”②“批评家是反刍的读者,他应当不只有一个胃。”③在施莱格尔看来,语文学的研究其实就是循环往复的阅读、无限“进阶的阅读”(potenziertes Lesen),因为“一切经典著作绝不可能被完全理解,从而必须不断地被反复批评和诠释”。④ 经典文本是意义的载体,“经典就是所有必须被循环往复研究的东西。”⑤文本的理念、思想内容在反复阅读和“预期批评”(divinatorische Kritik)的诠释学循环中才能逐渐被揭示出来,到施莱尔马赫那里,“预期”发展成为一种具有心理学色彩的诠释学方法,而后经由狄尔泰的“体验”诠释学发展为伽达默尔的“前见”(Vorurteile)理论。其次,阅读、批评的重点是理解文本的精神。与其文本观相应,施莱格尔要求理解活动不能拘泥于文字原义而不顾整体的精神。拘泥于单个语词的字面含义,不可能达到真正的理解,他在一则断片中诙谐地说道,“[使文本]不可理解或毋宁说被误解的最可靠办法乃是,人们在原初的意义上使用词汇,尤其是古代语言中的词汇。”⑥在施莱格尔看来,语法、校勘、词源考据等固然是文本理解的前提,但诠释学不能囿于文字,它有更高的要求和任务,即把握精神的整体乃至理解人性。再次,阅读与批评具有创造性和开放性,包含着进

---

① F.Schlegel,„Zur Philologie I. 1797“,in KSF[1794-1818],Bd. 5,S. 175.

② F.Schlegel,„Zur Philologie II. 1797“,in KSF[1794-1818],Bd. 5,S. 179.

③ F.Schlegel,„Kritische Fragmente“,in KSF[1794-1797],Bd. 1,S. 240.

④ F.Schlegel,„Fragmente zur Literatur und Poesie. 1797“,In KSF[1794-1818],Bd. 5,S. 214.

⑤ F.Schlegel,„Fragmente zur Literatur und Poesie. 1797“,In KSF[1794-1818],Bd. 5,S. 213.

⑥ F.Schlegel,„Athenäums-Fragmente. 1798“,in KSF[1798-1801],Bd. 2,S. 106.

步。“必须这样来理解古代，即不仅仅能够模仿它，而且任何时候都能够再创造”①。“批评就是比作者自身更好地理解作者。”②诠释学不仅要遵循语法、历史的原则，以保证文本诠释的真实性和连贯性，同时也遵循艺术的原则，使文本的意义得以拓展、流动和更新，使批评成为渐进的历史。施莱格尔超越传统语文学的地方在于，他赋予文本以时代精神的内涵，时代精神的运动和更迭实现于艺术性的诠释与批评之中，阅读、理解的目标不再是单纯地还原过去，而是创造新的意义，使经典中的古代精神不断融入当下而形成新的时代精神。施莱格尔的诠释学从古典出发，却致力于古典与现代的沟通；从文字出发，却致力于文字与精神的融合。

诠释学的理解活动之展开也是一门判断的艺术（urteilende Kunst），它要求实现诠释的公共性、主体间性，创造性的诠释不应是漫无边际、恣意任性的，而是需要在人类领域实现可公度性。“对诠释学的质料（历史的评注）和工具（语法等）的运用是一门艺术，而不是科学，也就是说，它不是一种构造作品的艺术，而是一种判断作品的艺术，即批评。”③施莱格尔显然受到康德美学的影响，他把这种判断作品的能力称为“趣味”（Geschmack）；这是一种判断能力，确切地说，是“一种实践的判断能力；它将客体归摄于规则之下，这种规则不是存在的规则（Regel des Seyns），而是应当的规则（Regel des Sollens）。实践的规则不能被推导出来，它是法则（Gesetz）。若没有趣味的规则，那么也就没有趣味。谁若声称趣味完全是主观的和个体性的，那么趣味也不承认他。”④受康德美学启发，施莱格尔在这里对诠释学也提出一种“主观普遍性”的要求，实现意义的主体间性、可分享性，“趣味所要求的客观性，仅仅涉及人的范

① F.Schlegel,„Zur Philologie II. 1797“,in KSF[1794-1818],Bd. 5,S. 179.

② F.Schlegel,„Fragmente zur Literatur und Poesie. 1797“,in KSF[1794-1818],Bd. 5,S. 223.

③ F.Schlegel,„Zur Philologie II. 1797“,in KSF[1794-1818],Bd. 5,S. 178.

④ F.Schlegel,„Von der Schönheit in der Dichtkunst. 1796“,in KSF[1794-1818],Bd. 5,S. 164.

围——因而无非是必然的主观性。它并不探讨物自体。”①诠释学所面向的文本不是独立于理解之外的自在之物,文本的意义始终与阅读、诠释和批评活动关联着,意义不是现成的、预先存在的,而只能通过理解活动生成、呈现;这种呈现不是单子式的、不可沟通的,而应是可共享的精神,具有主体间的普遍性和客观性。理解活动将作者、作品和读者串联起来,一方面实现着意义的中介运动,另一方面也不断重塑读者自身的视域和旨趣,理解者通过理解活动受到教益并自我教育,其感受力得到塑造,精神得到提升,达到人性的教化。

理解活动具有教育、教化的功能,“批评是教化②的普遍手段”③,阅读、诠释与批评的最终目的在于教化。施莱格尔的这一概念并不局限于狭义的教育,如学校教育、职业教育等,他是在更加根本、宽泛的意义上谈论教化,“社会(Gesellschaft)之于社交(Umgang),正如教化(Bildung)之于教育(Erziehung)”④,教化在根本上关涉到对生命的理解,关涉到人性的培养和塑造,而诠释学、语文学在这方面发挥着重要作用,“语文学(Philologie)可以翻译成爱教化(*Bildungsliebe*)或者爱知识(*Kenntnißliebe*)”⑤。施莱格尔主张教化素材的综合性、多样性,教化素材应以各种类型的文本、作品来充实,从哲学、诗歌、宗教到伦理、政治、历史,乃至寓言、神话、传说等,它们都是人性全面教化的养料,尤其是哲学与诗歌的相遇,“在我们的巅峰诗作中你将获得教化的丰盈,而人性的深邃要到哲学家那里去寻找”⑥。语文学应当把所有与教化相关的学说(艺术的、美德的、社会的等方方面面)纳入自身⑦,阅读、诠释与批评不仅

---

① F.Schlegel,„Von der Schönheit in der Dichtkunst. 1796“,in KSF[1794-1818],Bd. 5,S. 164.

② Bildung 在德语中有多重含义,包括教育、教化、教养、塑造、构型、成型等,本文根据具体语境选择不同译法。

③ F.Schlegel,„Philosophische Fragmente. Zweite Epoche. II“, in KSF[1794-1818], Bd. 5, S. 91.

④ F.Schlegel,„Ideen zu Gedichten“,in KSF[1794-1818],Bd. 5,S. 240.

⑤ F.Schlegel,„Zur Philologie II. 1797“,in KSF[1794-1818],Bd. 5,S. 180.

⑥ F.Schlegel,„Ideen. 1800“,in KSF[1798-1801],Bd. 2,S. 227.

⑦ Vgl.F.Schlegel,„Zur Philologie I. 1797“,in KSF[1794-1818],Bd. 5,S. 174.

在增长知识、扩大视野上具有理论意义，而且在人格培养、趣味塑造上具有实践意义，这是教化的两个面向或维度。

教化的根本目标是塑造人性、塑造生命本身，实现完满的人性，这一过程在本质上也是自我教化。“只有通过教化，人作为整体才能处处合乎人性，并被人性所渗透”①。对完满人性的追求包括充分彰显人性之中的神性，通过教化努力达到艺术的高度、科学的深度和德行的完善，“善是有用和神圣的中介……一切伦理教化都指向真、美、善”②，“善之于教化，如同高贵之于人性”③，言下之意，人性要追求高贵，教化要向善，“教养对于各个生命而言都是至高的善”④。施莱格尔主张，教化过程不是被动的灌输，而是教育和自我教育的结合，“人们说，批评的目的在于教化读者！——谁若想受到教化，却也要自我教化。”⑤基于这一观点，我们再次看到诠释学在发挥教化功能方面的重要性，因为理解活动本身就是教化与自我教化的结合。在施莱格尔看来，人们从事经典文本的阅读、理解，是从中获得教益、受到教育的过程，而这个过程在本质上也是自我教育、自我教化，“经典著作绝不可能被完全理解。而受到教化并进行自我教化的人，必定总是想从中获得更多的教益”⑥。

教化与自我教化的关键环节在于，从感觉（Sinn）提升到精神、从个体性提升到普遍性，理解活动推动并促成这一进程的实现。理解开始于感觉/感官（Sinn），终止于精神。施莱格尔强调感受力/感觉对于理解的重要性，“不理解的原因往往根本不在于缺乏知性，而在于缺乏感受力（Sinn）”⑦，感受力不是纯粹的接受性，而是一种主动积极的理解力，它本身也在理解的过程中得到

① F.Schlegel, „Ideen. 1800“, in KSF[1798-1801], Bd. 2, S. 227.
② F.Schlegel, „Philosophische Fragmente.Zweite Epoche.I“, in KSF[1794-1818], Bd. 5, S. 63.
③ F.Schlegel, „Philosophische Fragmente.Zweite Epoche.I”, in KSF[1794-1818], Bd. 5, S. 71.
④ F.Schlegel, „Philosophische Fragmente.Zweite Epoche.I“, in KSF[1794-1818], Bd. 5, S. 76.
⑤ F.Schlegel, „Kritische Fragmente. 1797“, in KSF[1794-1797], Bd. 1, S. 246.
⑥ F.Schlegel, „Kritische Fragmente. 1797“, in KSF[1794-1797], Bd. 1, S. 240.
⑦ F.Schlegel, „Athenäums-Fragmente. 1798“, in KSF[1798-1801], Bd. 2, S. 111.

培育,“感官将某物作为萌芽接纳于自身之中,滋养它并让它成长,直到开花结果,唯有如此,感官才算理解了某物。神圣的种子播撒在精神的大地上,没有矫揉造作和多余的填充。”①“以感官进行理解,就是获取萌芽、迎接它、使之成长、开花的过程。”②施莱格尔以植物生长的隐喻来说明理解的教化过程犹如自然的有机成长,读者通过感觉理解作品,进而把个别的感觉植入普遍的精神土壤之中。个别的科学、艺术作品、文本以及个别的人,对应着感觉(Sinn),感觉“是离散的精神”(dividierter Geist)③,而理解活动能够重整涣散的精神:一方面它连接着文本的文字与精神,把分散的文字、感觉还原为整体的精神;另一方面把理解者的感觉提升为普遍的感觉和精神,把私人性提升为社会性,把个体性提升为普遍性,促成感觉、知觉、知性和精神的协调统一,“理解意味着去知觉(*wahrnehmen*)事物中的精神(*Geist*);知性(Verstand)是对精神和诸多精神④进行感知/感觉(Sinn)”⑤。人们对浪漫主义往往有一种误解,即强调感性贬低精神,强调个体性贬低普遍性,实际上,施莱格尔的教化理论恰恰在于调和这些对立,并使前者上升为后者。他写道:“个性(Individualität)确实是人之中的原初、永久的东西;对于私人性(Personalität)不必太过关注。若去推动这种个性的教化和发展,那将会是一种神圣的自我主义(göttlicher Egoismus)。”⑥从中可以看出,施莱格尔并不是私人个体性、独一无二的个性的疯狂推崇者,普遍性、共通感、社会性、合群(Geselligkeit)才是一切教化的真正要素⑦,教化是对普遍人性和时代精神的塑造。

---

① F.Schlegel,„Ideen. 1800“,in KSF[1798–1801],Bd. 2,S. 223.

② F.Schlegel,„Philosophische Fragmente.Zweite Epoche.I“,in KSF[1794–1818],Bd. 5,S. 83.

③ F.Schlegel,„Kritische Fragmente. 1797“,in KSF[1794–1797],Bd. 1,S. 240.

④ 这里用的是复数的精神(Geister),指诸多具体的、具有精神性的存在者,在此语境中或指作品,如前所述,诸多个别的作品被施莱格尔视为“离散的精神”,这里的复数形式与精神整体的统一性并不矛盾。

⑤ F.Schlegel,„Zur Philosophie und Theologie. 1815“,in KSF[1794–1818],Bd. 5,S. 141.

⑥ F.Schlegel,„Ideen. 1800“,in KSF[1798–1801],Bd. 2,S. 227.

⑦ Vgl.F.Schlegel,„Über die Philosophie. 1799“,in KSF[1798–1801],Bd. 2,S. 180.

此外，施莱格尔区分了“自然教化”和“艺术教化”，并力图调和二者。这一区分对应着古代诗歌与现代诗歌、古代精神与现代精神。他认为，自然教化在古代占主导地位，希腊人凭借自然的馈赠与恩宠创造了伟大的艺术，培育了高尚的趣味，他们达到了自然教化的顶点，但还不是绝对的顶点，尚伴随着素朴与粗糙①；现代人由于自我意识的觉醒，遵循主体性原则和自由原则，更多的通过美学、语文学、诠释学等理论来塑造人性，通过艺术得到教化，“在现代人这里，较好的趣味不是自然的馈赠，而是其自由独立的作品。只要有动力，艺术终将能够矫正其片面性，取代自然的最高恩宠”②。尽管自然教化和艺术教化有以上对立或不同，但施莱格尔强调，更为重要的是使二者平衡、和谐统一，“自然的[元素]与艺术的[元素]和谐一致，人性才能很好地得到澄清。”③

综而观之，从浪漫派诠释学的接受史来看，施莱格尔一度被遗忘，自20世纪下半叶才逐渐被发掘，随着研究的深入，施莱格尔诠释学思想的开创性、奠基意义愈加凸显，以至于在学界产生争议：究竟施莱格尔还是施莱尔马赫才是浪漫派诠释学的真正“代言人”。在这种研究背景之下，有必要厘清施莱格尔诠释学思想的核心观点以及来龙去脉，以便给予合理的定位和评价。经过以上梳理，可以看出，尽管施莱格尔的诠释学思想以零散的形式出现，他没有像施莱尔马赫那样系统地建立现代诠释学，但他开启了浪漫派诠释学的先河，提出浪漫派诠释学的基本理论框架。伽达默尔认为，施莱格尔的一大贡献在于提出经典文本之理解的无限开放性④，意义的“再创造”是施莱格尔浪漫派诠

① Vgl.F.Schlegel,„Vom Wert des Studiums der Griechen und Römer. 1795-1796“, in KSF[1794-1797],Bd. 1,S. 38.

② F.Schlegel,„Über das Studium der Griechischen Poesie. 1795-1797“,in KSF[1794-1797],Bd. 1,S. 87.

③ F.Schlegel,„Philosophische Fragmente.Zweite Epoche.I“,in KSF[1794-1818],Bd. 5,S. 61.

④ 在经典之教化功能的问题上，伽达默尔援引了施莱格尔的重要论断，“经典著作绝不可能被完全理解。而受到教化并进行自我教化的人，必定总是想从中获得更多的教益”，并以此为标准界定“经典”概念，“‘经典’一词恰恰意味着，作品的直接言说力会持续下去，在根本上是没有界限的。”Vgl.Gadamer, *Wahrheit und Methode*, GW Bd. 1, Tübingen: Mohr Siebeck, 1999, S. 295。

释学的重要维度;尽管伽达默尔没有花费应有的笔墨去澄清施莱格尔在诠释学发展史上的重要地位,但他本人的哲学诠释学理论显然受到施莱格尔的影响,二者表现出诸多一脉相承之处。基于此,我们认为,施莱格尔的浪漫派诠释学不仅奠定了现代诠释学的思想基调,也为20世纪诠释学的本体论转向提供了不可或缺的理论资源。

第二节 一般诠释学的创立及其向语文学领域的回返

现代诠释学方法论的系统建构始于施莱尔马赫(Friedrich Schleiermacher),发展于博克。浪漫主义运动对诠释学产生了双重影响:一是对诠释学提出“重建”的要求,即在疏异化的传统碎片中重新发现和建构“意义”,二是理解的方式在最终意义上只能采取个体之间相互理解的形式,乃至包括个体之间的亲密心灵沟通。施莱尔马赫的一般诠释学/普遍诠释学(allgemeine Hermeneutik)就是在这样的思想背景下产生的,“现在理解被视为一种创造性的重新阐述和重新建构”①,也可以说,在施莱尔马赫这里,“诠释学既是科学,又是艺术”②,他所谓的“技艺学”兼具“技术”和“艺术”双重含义。

一、作为“技艺学”的一般诠释学

施莱尔马赫的诠释学有两个地方最为引人注目:其一,诠释学对象和方法上的普遍化诉求;其二,诠释学方法上的心理学取向。

诠释学被界定为一门“技艺学”(Kunstlehre),即避免误解的技艺,它的对

---

① Josef Bleicher: *Contemporary Hermeneutics: Hermeneutics as Method, Philosophy and Critique*, London: Routledge, 1980, p. 14.

② Josef Bleicher: *Contemporary Hermeneutics: Hermeneutics as Method, Philosophy and Critique*, London: Routledge, 1980, p. 15.

象涉及一切与语词有关的对话、言语、文本等，既包括书面的，也包括口头的，既包括历史的，也包括当下的，既包括经典的，也包括通俗的。诠释学的对象不再是特定的文本，所以他的诠释学又叫作“普遍诠释学”（或译为“一般诠释学”）。不仅从诠释学的对象来看，施莱尔马赫的诠释学是“普遍的”，其普遍性还体现在他试图创制一套系统的、普遍有效的方法技艺，以便指导解释的实践。

施莱尔马赫认为，在他之前只有具体的诠释学，没有普遍的诠释学，“诠释学作为理解的技艺还不是普遍的，而只是诸多具体的诠释学。”①以往语文学实践中发展出的诠释学不过是观察结果的堆积和经验规则的搜集，只是各种特殊诠释学（Spezialhermeneutiken），仅当理解产生困难时语文学家才考虑到解释的技艺，对这些理解困难的情况进行搜集观察，并放在特定领域中予以查明。“神学诠释学和法学诠释学就是这样产生的，语文学家眼里只有具体的[解释]目的。”②的确，沃尔夫本人曾明确宣称，诠释学和批评作为技艺“更多的是通过实践性的阐明而获得的，而不是通过理论。它们只应当以个别指导的形式被发展。尽管我们不能马上拥有关于它们的完整体系，却有关于这个和那个理论之点的个别的东西。”③在语文学家那里，诠释学是在解释实践中对规则的搜集，并且这些规则因解释对象的不同而相异，从而就有诗歌诠释学、历史诠释学、法律诠释学等。在施莱尔马赫看来，以往语文学家所做的诠释学工作其缺陷主要体现在两个方面：一是由于这些规则只是零散的观察结果的汇集和堆积，所以不具有科学性；二是这些规则在应用领域上具有局限性和狭隘性。在他看来，不管神学文本还是世俗著作，不管经典文本还是一般文

---

① Schleiermacher: *Hermeneutik*, hrsg. von Heinz Kimmerle, Heidelberg: Carl Winter Universitätsverlag, 1959, S. 79.

② Schleiermacher: *Hermeneutik*, hrsg. von Heinz Kimmerle, Heidelberg: Carl Winter Universitätsverlag, 1959, S. 86.

③ Wolf: *Fr. Aug. Wolf's Vorlesung über die Encyclopädie der Alterthumswissenschaft*, hrsg. von J.D. Gürtler, Leipzig: Lehnhold, 1831, S. 271.

本如报纸上的文章,不管文本还是讲话、对话,一切与语词相关的地方都存在正确理解的问题,诠释学应该是“普遍的”,无须从解释对象上区分各种不同的具体诠释学(例如神学诠释学和世俗诠释学,即 hermeneutica sacra 和 hermeneutica profana)。诠释学的技艺只有一个,只是在不同的对象上对这同一种技艺有不同的运用而已,其中一些方面凸显出来,其他方面退而隐之。

与诠释学对象上的普遍化诉求紧密相关,施莱尔马赫在诠释学方法上从历史—语文学拓展到心理学。由于诠释学的对象不再局限于经过特别选择的经典文本和神圣著作,“文本被认为是作者的思想、生活和历史的表现,而理解和解释只不过是重新体验和再次认识文本所自产生的意识、生活和历史”①。诠释学需要运用心理解释的方法富有创造性地重构出作者的创作过程,以便更好地理解和重新认识作者的思想。

施莱尔马赫一方面强调诠释学具有普遍意义上的“技术”、方法维度,另一方面强调这种技术方法不可被机械地运用,其运用本身是一门艺术。作为浪漫主义运动的重要代表人物,浪漫主义对整体和无限的追求,以及对个性、体验、天赋、灵感、感觉、想象力等因素的强调,在施莱尔马赫的普遍诠释学中得到了淋漓尽致的体现。他认为,读者运用天赋、想象、体验,能够进入并理解作为个体的作者的思想和情感世界,从而能够理解作者所创作的个性化的作品。因此,在语法解释之外,施莱尔马赫引进心理(技术)解释。语法解释和心理(技术)解释乃是基于语言的共性和个性划分出的两大解释类型,前者侧重含义的客观方面,即含义的统一性和确定性,后者侧重含义的主观方面,即含义的特殊性和个性;前者旨在忘记作者从共性方面理解语言,这里人作为语言的器官,语言通过人表达自身,后者旨在忘记语言,从个性方面理解作者,这里语言作为人的器官,人通过语言表达自身;前者的任务是从语言出发(不考虑作者的特殊性)确定出统一的客观含义,包括弄清语言在形式要素和内容

① 施莱尔马赫:《诠释学箴言》,载洪汉鼎主编,《理解与解释——诠释学经典文选》,东方出版社 2001 年版,第 22 页。

要素上的使用，后者的任务是从作者出发理解语言的风格和个性。按照施莱尔马赫的表述，语法解释和心理（技术）解释应该是互相补充的关系①，两者同样重要，从根本上说不存在孰高孰低的问题，“如果说语法解释较为低级，心理解释较为高级，那是不恰当的。”②只能在不同的意义上说哪一种解释更高级，“如果把语言仅看作中介，个体通过这种中介传达其思想，那么心理解释是更高级的解释；语法解释仅在于扫除暂时的［理解］障碍。”“如果把个体仅看作语言的场所，把个体的言语仅看作语言表现自身的地方，那么语法解释就是更高级的解释。心理解释则完全是第二位的，如同个体的一般存在。”③一般来说，语言表达越具有客观性，越需要语法解释，语言表达越具有主观特征，就越需要心理（技术）解释。

心理（技术）解释的主要任务是理解作品的基本思想和作者的意图与个性。在施莱尔马赫这里，对作品的理解和对作者的理解是相互交织的，一方面要从作者的个性和整个生命出发理解其作品，另一方面又要通过对作品的研究把握作者的个性和思想。心理（技术）解释的出发点是语言的个性，施莱尔马赫认为，语言的个性首先表现在不同的语言具有不同的个性，直观对于语言来说具有根本意义，不同的民族可以有不同的直观方式，因此根据直观建构出来的语言也就具有各自的个性特征，在语言表达上形成各自的民族风格，这就是为什么不同原始语言中的语词很难有完全对应的关系。实际上用这个理论也可以解释为什么语言之间的完全翻译是不可能的。语言的个性还表现在，

① 关于语法解释和心理（技术）解释之间的关系，有不同的观点。基默尔勒（Heinz Kimmerle）认为施莱尔马赫的思想中存在转折，即前期（1819 年之前）侧重语法解释，后期侧重心理（技术）解释，1829 年之后他才真正把诠释学看作技艺学（Kunstlehre）或技术（Technik）。而弗兰克（Manfred Frank）认为不存在这样的转向，从吕克（Lücke）版本的施莱尔马赫著作中可以看出，他后期关于语法解释的论述仍占有重要分量。

② Schleiermacher：*Hermeneutik*，hrsg. von Heinz Kimmerle，Heidelberg：Carl Winter Universitätsverlag，1959，S. 81.

③ Schleiermacher：*Hermeneutik*，hrsg. von Heinz Kimmerle，Heidelberg：Carl Winter Universitätsverlag，1959.S. 81.

即使在同一种语言内部,不同的作家对语言的使用会打上个体性的烙印,其个性必然体现于语言表达之中,这就是作家的风格。“每个作家都有自己的风格。”①简而言之,风格就是描述的个性特征(Stil=Eigentümlichkeit der Darstellung),“风格无非体现在[作品的]布局安排和语言表达上。”②心理(技术)解释的任务就是从这两个方面把握作家和作品的风格特征。风格表现为一种统一性,“这种统一性不能被理解为概念,而只能被理解为直观。”③施莱尔马赫经常在相同的意义上使用心理解释和技术解释这两个概念,但他又对两者做了细致的区分,他把广义的心理解释具体划分为纯粹的心理解释(rein psychologische Auslegung)和技术解释(technische Auslegung),前者旨在弄清作者个体性的、心理的、不确定的和流动的内在冲动与本能,后者旨在弄清作者事先慎重考虑的、方法的和技术的创作方式;前者侧重从个体的全部生命环节中研究其思想的起源,后者侧重追溯特定思想和描述的序列发展;前者在于理解作者的“念头”(Einfälle)及其思想萌芽(Keimentschluss)的发展过程,它是一种自由的思想游戏(Gedankenspiel),后者在于理解作者的创作方式和冥想(Meditation);在前者那里人是自由的,在后者那里,形式的力量占统治地位。④

综而观之,施莱尔马赫把诠释学的对象从经典文本(比如圣经、法典、古典著作)中解放出来,并在语法解释之外引进心理学解释方法,要求读者重构作者的创作过程,像作者那样甚至比作者更好地理解文本;他对理解中个性、体验、天赋、灵感、感觉、想象力等因素的强调,使得他的诠释学带有鲜明的浪漫主义色彩。施莱尔马赫开辟的心理学诠释学路向对历史学派产生了深远影

① Schleiermacher: *Hermeneutik*, hrsg. von Heinz Kimmerle, Heidelberg: Carl Winter Universitätsverlag,1959.S. 116.

② Schleiermacher: *Hermeneutik*, hrsg. von Heinz Kimmerle, Heidelberg: Carl Winter Universitätsverlag,1959.S.116.

③ Schleiermacher: *Hermeneutik*, hrsg. von Heinz Kimmerle, Heidelberg: Carl Winter Universitätsverlag,1959.S.116.

④ Vgl. Schleiermacher: *Hermeneutik und Kritik*, Frankfurt am Main: Suhrkamp, 1990, S. 179, 181-184,196.

响，兰克（Ranke）、德罗伊森（Droysen）把心理学解释方法运用到对整个历史的理解上，狄尔泰进而把诠释学提升到精神科学普遍方法论的高度。

与施莱尔马赫心理学诠释学交相辉映的另一条重要的诠释学路向是现代语文学诠释学，以博克（August Boeckh）为其成熟时期的代表，博克在语文学领域进一步发展了诠释学的方法论体系。如前所述，在施莱尔马赫创立普遍诠释学之前，语文学中已经存在着零散的诠释实践，沃尔夫（Friedrich August Wolf）、施莱格尔兄弟、阿斯特（Friedrich Ast）等语文学家，可以被视为施莱尔马赫的理论先驱。施莱尔马赫对基于零散经验的“特殊诠释学”不满，致力于创立普遍诠释学。博克同时作为沃尔夫和施莱尔马赫的学生，一方面继承着语文学的传统，把理解和解释的主要对象仍然限定在经典文本上，并突出强调诠释学的知识论层面；另一方面沿着施莱尔马赫开辟的道路，致力于诠释学的普遍化，把诠释学提升为普遍的方法论。博克在语文学领域深化和推进了施莱尔马赫的普遍诠释学，并弱化了施莱格尔和施莱尔马赫诠释学的浪漫主义特征。可以说，他的语文学诠释学是对古典与浪漫进行调和的一种尝试。

二、一般诠释学向语文学领域的回返

博克的诠释学是在继承和改造以往语文学诠释学和施莱尔马赫一般诠释学的基础上形成的。首先，在诠释学的对象上，博克与传统语文学家一样，仍然固守于语文学领域。其次，在诠释学方法的普遍化上，推进和深化了施莱尔马赫的诠释学方法论。

博克沿着语文学的传统路线，把理解和解释的对象主要限定在古代经典文本上；同时他把理解本身作为语文学知识的认知方式，并使诠释学成为语文学的首要普遍方法论。博克认为，语文学是“对整个人类精神创造物的认识”①，

① August Boeckh：*Encyklopädie und Methodologie der philologischen Wissenschaften*，hrsg. von Ernst Bratuschek，Leipzig：Teubner，1886，S. 10.

“对既有知识的认识叫作理解”①,语文学的目的在于全面认识古典文化,使之成为可以理解的。这一界定与传统语文学家基本上是相通的,又有微妙差异,也使得诠释学在他们各自语文学中的地位不同。沃尔夫亦主要在古典文化学的意义上理解语文学概念②;阿斯特把语文学规定为“对古典世界的研究”(das Studium der classischen Welt)③,这一研究的核心在于描述“古典文化的精神”④。值得注意的是,在博克这里,对古典世界、古典文化的认知方式本身是理解,“物理的推测和实验显然不是它(指语文学——笔者注)的任务,同样逻辑的或政治的调查也不是其任务”⑤,这实际上已经为狄尔泰从方法论角度为自然科学和精神科学的划界(“我们说明自然,理解精神”)开了先河;语文学家的任务不仅是“理解”,还在于“解释”,它旨在向外界描述和传达,使古典文化成为可以理解的,诠释学应该成为建构语文学知识的方法论;博克还对这种认知提出科学性的要求⑥,语文学不应该只是零散知识的收集和汇编,而应该是运用诠释学以科学概念为基础的体系化描述,诠释学作为方法论有责任

---

① August Boeckh: *Encyklopädie und Methodologie der philologischen Wissenschaften*, hrsg. von Ernst Bratuschek, Leipzig: Teubner, 1886, S. 53.

② 沃尔夫描述了语文学概念及其含义的演变,他认为,在近代人们对这一概念的理解和使用狭窄化了,仅仅把它当作关于语言的知识,语文学成了语言学,实际上语文学应该是对古典文化的研究,即古典文化学,其含义远远超出了语言知识。(参见 *Fr. Aug. Wolf's Vorlesung über die Encyclopädie der Alterthumswissenschaft*, hrsg. von J. D. Gürtler, Leipzig: Lehnhold, 1831, S. 10)

③ Friedrich Ast: *Grundriss der Philologie*, Landshut: Krüll, 1808, S. 1.

④ Friedrich Ast: *Grundriss der Philologie*, Landshut: Krüll, 1808, S. 1.

⑤ August Boeckh: *Encyklopädie und Methodologie der philologischen Wissenschaften*, hrsg. von Ernst Bratuschek, Leipzig: Teubner, 1886, S. 10.

⑥ 实际上沃尔夫也提出了这种要求,即古典文化学百科全书不应该成为知识的收集和汇编,而应该是对古典文化知识的科学描述(参见 *Fr. Aug. Wolf's Vorlesung über die Encyclopädie der Alterthumswissenschaft*, hrsg. von J. D. Gürtler, Leipzig: Lehnhold, 1831, S. 5)。阿斯特也并非主张使语文学成为知识的汇编,而是把其研究的中心规定为描述古典文化的精神。但是当黑格尔批评语文学只是知识的汇编时,博克认为这一批评是指向沃尔夫的(见后文)。可能在博克看来,即使以往的语文学家对语文学知识提出了科学性的要求,但事实上也没有真正做到这一点。

为这种描述的科学性提供一定程度的保证①。因此，诠释学的地位在博克这里凸显出来，它不再仅仅是游离于语文学之外的辅助措施和补充，而是同时担当三种角色和使命：它既是语文学知识的认知方式，又是建构语文学的首要方法论，还要为语文学知识的科学性提供保证。

博克致力于将诠释学发展为语文学的普遍方法论，他在语文学领域推进和深化了施莱尔马赫的普遍诠释学。他试图建立一种系统的、能够指导语文学各门具体学科、普遍有效的解释方法论体系，事实上，博克建立的诠释学的确具有以往语文学家所不具有的系统性，体现在他对诠释学的基本任务、研究范围的界定，对解释类型的划分和阐述，以及对解释原则、规则和方法的探讨上。

与施莱尔马赫一样，博克也要求诠释学是"普遍的"。首先，就解释的对象而言，在诠释学中并不存在特殊的差异，无须区分神学诠释学和世俗诠释学。在博克看来，任何神圣的著作和任何天才的著作都必须同时通过理解的技艺和神性的启示两个方面来理解。真正的神圣之书必然也是人类之书，它也遵循人类的理解法则，应该能够通过理解的技艺以通常的方式被理解；人类的精神根据理念的法则而构造，其中包含神性的东西，故而对于人类创造的杰出作品，也需要神性的启示来理解。其次，就诠释学一般原则的应用而言，在不同的解释对象中呈现出应用的特殊性，于是就有新约诠释学、罗马法诠释学、荷马诠释学、艺术诠释学等，但这里只有解释素材的不同，从根本上说它们属于同一种诠释学理论。

在解释形态的划分上，博克发展了施莱尔马赫的理论。他把施莱尔马赫的语法解释和心理（技术）解释进一步拓展为语法解释、历史解释、个体解释和类型解释②。前两者是基于客观条件的理解，后两者是基于主观条件的理解。

---

①　在博克的语文学体系中，诠释学和批评构成语文学各门具体学科的两大方法论支柱，两者共同为语文学知识的科学性提供保证。

②　历史解释并非博克首创，之前，沃尔夫已提出"历史的理解"，阿斯特也提出"历史解释"。语法解释更是在以往语文学家和施莱尔马赫那里都有详细论述。博克的主要贡献应该在于以下两点：一是他提出个体解释和类型解释；二是他对各种解释类型进行了总结提炼，并使之系统化。

语法解释旨在理解语词本身的客观含义;历史解释旨在考察语词使用的客观境遇;个体解释从作者的主体性和个体性出发考察其对语言的特殊使用;类型解释考察作者的主观境遇,不同的创作主体可能会具有共同的创作目的,形成特定的流派,创作特定的作品类型。这四种解释类型相互联系,相互过渡。

就解释的客观方面而言,博克把施莱尔马赫的语法解释拓展到历史解释。无论是施莱尔马赫还是博克,都把语法解释的任务规定为确定语词的客观含义。施莱尔马赫认为,“语法解释的原则是含义的统一性和确定性”①,语词的含义具有多样性,但基本含义只有一个,并且语词的诸多含义具有统一性,这源于语词的原始直观的统一性,语词的含义所涉及的范围取决于某种特定的直观,这种基本直观决定着语词的基本含义,其他含义从这种原始直观中派生出来,这种统一性和客观性是语言传达信息和交往的基础。他还分析了语言、概念和直观三者的关系:如果说概念是科学的最高语言,那么隐喻则体现了语言的真正完满性,科学的概念最终来源于直观,因此对于语词来说最根本的是直观,而不是概念,如果忘记了这一点,语言面临的将是退化和死亡。② 博克也认为,语词具有多义性,在诸多含义中有一种基本含义,这种基本含义天然是语言结构的根基,其他含义由此派生,“但不能说,每一语词和每一结构都有一个基本概念;因为概念必须要被定义出来,语言结构的基本含义却不是被定义出来的:它是一种直观。”③语法解释的任务是理解每个语词的基本含义和具体使用范围。但在博克看来,为了理解古典作品,只了解语词的客观含义本身是不够的,古典作品指涉相应的历史境遇,其含义不仅仅存在于语词本身,而且存在于语词之外的表象中,即“言外之意”,语言诉说的内容与历史提

---

① Schleiermacher: *Hermeneutik*, hrsg. von Heinz Kimmerle, Heidelberg: Carl Winter Universitätsverlag, 1959, S. 40.

② Vgl. Schleiermacher: *Hermeneutik*, hrsg. von Heinz Kimmerle, Heidelberg: Carl Winter Universitätsverlag, 1959, S. 59.

③ August Boeckh: *Encyklopädie und Methodologie der philologischen Wissenschaften*, hrsg. von Ernst Bratuschek, Leipzig: Teubner, 1886, S. 94.

供的境遇处于现实的关联之中，对这种境遇的考查是历史解释的任务，由此，博克把含义的客观方面从语法解释拓展到历史解释。

所谓的“历史解释”，并不是指简单地追溯作者创作文本时的历史背景，而是指去揭示语词的内容与其历史境遇之间的现实关联。历史解释的适用性有两条标准，一是当语法解释不足以澄清语词的客观含义时，二是在解释者看来作者明确或暗示地说出了一种历史关联。历史解释的界限不能超出语词的语法含义所允许的范围，即使在语法解释允许的地方，也不能给语词强加含义，超出作者的思考范围。越熟悉作者的个性和作品的内容、背景及类型特征，就能越好地把握作品中的客观的历史关联，因此历史解释又以个体解释和类型解释为前提条件。

就解释的主观方面而言，博克把施莱尔马赫的心理（技术）解释发展为个体解释和类型解释。博克把从作者的主体性方面理解语词的含义看作个体解释的任务。他认为，作者的个性体现于语言表达之中，形成个体的风格，主要体现在作家对语词的选择和排列上，个性的统一性不依赖于个别的语词，而是体现在整篇作品的创作方式中，因此要从创作方式出发理解个性。另一方面，又要把这种结果反应用于对作品的理解，即从作者的个性出发理解作品。但博克“避免把个体解释——如同施莱尔马赫所做的那样——称为心理解释，因为这个名称太过了。如同语词的基本含义是一种直观，这种直观不能把语词理解成定义，同样个体的风格特征也不能完全通过概念来描述，而要通过作为直观方式本身的诠释学直观地再创造出来。”①实际上，博克与施莱尔马赫并不存在根本的分歧，无非只是对这种解释的命名不同而已，因为施莱尔马赫也反对抽象主义的理解，不管是语法解释还是心理解释都必须立足于直观，以防落入抽象概念的空洞，抽象主义的语法解释会蜕化为句法分析，抽象主义的心理解释则蜕化为对作者的思维

① August Boeckh：*Encyklopädie und Methodologie der philologischen Wissenschaften*，hrsg. von Ernst Bratuschek，Leipzig：Teubner，1886，S. 127.

创造进行简单的逻辑概念归类,作品的客观含义和作者的主观个性都必须被直观(angeschaut)。

博克认为,个性作为个体生命现象中的普遍性,植根于个体内部,植根于其肉体和灵魂的相互关系之中,它属于个体在不同处境之中显现出来的统一性,但个性的这种统一性不是单一的,而是多样性的统一,个性随着外部条件的变化又有着不同的具体呈现,表露出非封闭性和多样性的特点。那么,在言说之中,作者的个性又是如何表现出来的呢?博克认为是通过他对语言元素的选择和排列方式来表现的,作者的个性在语言之中的表现也就是个体风格。反过来说,个体风格是个体的特征之展现,没有自己特征的人是没有风格的。因此,尽管创作不可能排除规则的限制和模仿,因为对于初学者的写作训练而言这些都是必要的,但是个体风格的形成却离不开精神的自由,精神活动越自由,个体风格就越鲜明。相应地,个体解释不能简单诉诸抽象的语词概念,不能简单诉诸抽象的一般表达模式,而应该直指个体风格之中隐藏的活生生的个性。而从心理学对气质类型的划分来确定作者的个性,实际上是以抽象的普遍的“一”来替代活生生的具体的“多”,因而是不可取的,将“个体解释”称作“心理解释”也是不妥当的。

个体风格的形成必然受到民族风格的影响,“个体风格从民族风格中分化出来,或多或少地带有自己的特征”①。风格中的民族性和个体性两个方面交织在一起,犹如词根的含义和派生词密切联系一样。基于个体风格和民族风格的这层内在关联,博克认为,对同一民族内部不同个体之间风格的异同性之比较,在一定程度上的确有助于确立个体的风格。但是他也意识到,“对于诠释学来说,比较只具有辅助作用,只要不是每一个被比较项本身都已经为人所了解,那么比较就很容易误入歧途。比较既容易走向片面化,在考查单个被比较项时,被比较的要点也容易获得一种过量的含义;有时候异质的特征只能

① August Boeckh: *Encyklopädie und Methodologie der philologischen Wissenschaften*, hrsg. von Ernst Bratuschek, Leipzig: Teubner, 1886, S. 129.

从外在的角度进行比较，这种比较会导致完全错误的直观。”①为了克服这种弊端，博克诉诸文学史。他认为，丰富的文学史知识将帮助人们从其他作品（不仅是某个需要解释的作品，而且包括作者的其他作品）和其他方面弄清个体的风格，文学史越完备，个体解释也将越成功。除了从作者的创作方式上对作者的个体风格做出整体性把握之外，个体解释还必须关注个别语言元素。博克把针对个别语言元素所进行的个体解释视为一种“反应用”，言下之意是指它把前一环节中把握到的作者个性反过来应用于对个别语言元素的解释。它要澄明，语言元素的选择在多大程度上取决于言说者的个性特征和心境，甚至连语法的含义都可以随之改变；它还要澄明，哪些地方适用于历史解释，哪些地方又必须假定存在特殊的现实关联。

总体而言，个体解释为我们昭示了一种诠释任务上的循环如何才能合理地得到解决：“也就是说，要从语言作品本身出发研究个性，而语言作品也要从个性出发才能被解释清楚。”②圣经诠释学中提出的有关文本语义把握的诠释学循环原则，在博克这里得到了有意义的拓展。

在基于主观条件的理解方面，博克进一步把个体解释拓展到类型解释。类型解释大致相当于施莱尔马赫的技术解释，但博克在这方面做了重要发展。类型解释是从内在的、主观的关联来理解语言的主观含义，就像历史解释从外在的、客观的关联来理解语言的客观含义一样。与避免把个体解释称为心理解释一样，博克也避免把类型解释称为技术解释，“因为个性发生作用时往往表现为个性倾向，并不具体地牵涉到脑海中呈现的某个意念。例如，个性的这种自由游戏发生在轻松的交谈中。相反，重大的思想关联则出现在封闭的讲话中，在这种讲话中，所有东西都指向一个特定的目的，其结果是事先考虑到

① August Boeckh：*Encyklopädie und Methodologie der philologischen Wissenschaften*，hrsg. von Ernst Bratuschek，Leipzig：Teubner，1886，S. 129.

② August Boeckh：*Encyklopädie und Methodologie der philologischen Wissenschaften*，hrsg. von Ernst Bratuschek，Leipzig：Teubner，1886，S. 139.

的和通过方法所追求的东西。语言作品的技法(Technik)就存在于这种严格的[思想]关联之中,从这方面来理解言语被施莱尔马赫称为技术的解释。对于描述整个类型解释而言,这种表达还是过于狭窄。在轻松的言语游戏中,说话者也遵循着一个目的,例如交谈的目的;相对于语言作品的技术研究,它只是一种简单的目的,它允许个性自由地驰骋。由于目的总是一种思想,按其本性它具有普遍性特征,所以目的在讲话中的实现总是建立了某种讲话的类型。”①

类型解释的操作分为两个步骤,步骤一:从创作方式中找出类型特征。在博克看来,创作方式表现为一种外在形式,它依赖于内在形式,如果要真正理解作者,还要把外在形式还原为内在形式,比如要研究“为什么作家在各种具体情况下采用特定的外在形式,为什么诗人以某种变化的形式使用某种韵律。”②博克以诗歌(包括史诗、抒情诗和戏剧)和散文(包括历史性散文、哲学散文和修辞学散文)为例分析了不同的类型特征。他认为,思想之表达旨在达成思想的客观化,旨在使思想被他人所理解,而理解不外乎借助于想象或借助于理智。诗歌和散文的区别正是以此为基础。对同一个对象,比如一场战役,诗歌是以想象的形式加以直观,而散文则是以理智的形式加以把握。因此,对按照想象方式创作的诗歌进行解释,也要从想象去把握,理智的参与只是为了分析它;而对按照理智方式创作的散文,也要从理智去把握,想象则起一种辅助的作用,以便直观到概念中的对象。步骤二:进一步将类型特征应用于对个别语言元素的解释。博克指明,不同的文体类型在语言运用上是有区别的,比如,有些类型“有特殊的词序、结构和单复数形式,特别在诗作中有固定的节奏和韵律”③。因此,在类型解释中同样包含着反应用的过程,也就是

① August Boeckh: *Encyklopädie und Methodologie der philologischen Wissenschaften*, hrsg. von Ernst Bratuschek, Leipzig: Teubner, 1886, S. 141.

② August Boeckh: *Encyklopädie und Methodologie der philologischen Wissenschaften*, hrsg. von Ernst Bratuschek, Leipzig: Teubner, 1886, S. 154.

③ August Boeckh: *Encyklopädie und Methodologie der philologischen Wissenschaften*, hrsg. von Ernst Bratuschek, Leipzig: Teubner, 1886, S. 137.

说，将把握到的类型特征应用于对文本个别语言要素的解释。"如同在个体解释中一样，在类型解释中也要把通过分析所获得的结果反过来应用到对个别语言元素的解释上，这种反应用和分析是相互制约的关系。"①此外，博克认为个体解释和类型解释是相互交织的关系：个体解释以类型解释为前提，类型解释以个体解释为基础，二者不断地相互制约和补充。

在批评理论中，博克也发展了施莱尔马赫的理论。施莱尔马赫探讨了各种批评（语文学批评、历史批评、义理批评等）之间的关系，并且提出批评的两大目标，即消除机械性的理解错误/偏差和自由行动导致的理解错误/偏差②。博克则把施莱尔马赫的批评理论进一步拓展为语法批评、历史批评、个体批评和类型批评。

解释本质上与批评密切相关，"诠释学与批评联合才能探索到历史的真实面目"③，从方法论意义上看，批评理论乃是诠释学的必要补充。批评是一种"语文学的功能，借此，对象不再从其自身和为着其自身被理解，而是为了确立一种关系，确立［对象］和其他东西的关联，以至于对关系本身的认识是目的所在"④。语文学的批评理论实际上是要超出对作品本身进行理解的诠释学框架，把作品放到产生它的历史条件之中，考查这两者的关系，做出"判断""区分""裁定"，理解作品中所传达的信息及其历史条件之间的真实关联。在一定程度上可以说，批评理论以逆向思维的方式补充诠释学，因为：诠释学从某种历史条件出发理解和解释被传达的信息；而批评则从诠释学对个别对象的既定理解和解释出发，考查其产生的历史条件，并对这种条件进行解析评

① August Boeckh: *Encyklopädie und Methodologie der philologischen Wissenschaften*, hrsg. von Ernst Bratuschek, Leipzig: Teubner, 1886, S. 155-156.

② Vgl. Schleiermacher: *Hermeneutik und Kritik: mit einem Anhang sprachphilosophischer Texte Schleiermachers*, hrsg. von Manfred Frank, Frankfurt am Main: Suhrkamp, 1995, S. 241-306.

③ August Boeckh: *Encyklopädie und Methodologie der philologischen Wissenschaften*, hrsg. von Ernst Bratuschek, Leipzig: Teubner, 1886, S. 178.

④ August Boeckh: *Encyklopädie und Methodologie der philologischen Wissenschaften*, hrsg. von Ernst Bratuschek, Leipzig: Teubner, 1886, S. 170.

判,研究被传达信息与其产生条件是否符合。诠释学仅仅关注于理解个别的对象;批评以诠释学和对个别对象的解释为前提,旨在把握个别和整体条件之间的关系。因此,博克认为,批评理论是对诠释学的必要补充。

概括地说,批评有着三重任务,它必须分别去研究:(1)语言作品及其各组成部分是否符合语词的语法含义、历史基础、作者的个性以及作品的类型特征;(2)如果看起来不符合,那么如何使它们相符合?(3)流传物是否原本如此?①

与解释的四种类型相对应,也有四种批评类型:(1)语法批评;(2)历史批评;(3)个体批评;(4)类型批评。② 博克认为,语法批评又可以叫作语词批评,因为它主要涉及对语词含义本身的判断,考查各语言元素(单词)在既定的字句中是否恰当。判定语言元素是否恰当的标准是语言的使用习惯,如果某个语言元素在上下文中被视为不恰当的,那么可以通过直接删除或用别的语言元素取代来弥补这种缺陷,然后考查这个被认为恰当的语言元素是否正确,是否原本如此。历史批评在于考查流传物在整体和细节上是否和历史的真实相吻合,如果不符合,怎样才能使其符合以及原本情况是怎样的。历史真实的重建需要深谙历史,同时要考虑到语言、作家的个性,以及作品的类型特征。个体批评在于考查作品的个性特征是否与假定作家的个性特征相符合。类型批评主要考查作品是否符合艺术创作规则,比如,诗歌批评的一个重要方面是考查其韵律,散文批评的一个重要方面是考查语词的单复数形式,类型批评不仅关注作品的形式,而且要评判其内容是否符合艺术创作的规则。

在博克看来,批评要求具有自主性、敏锐的判断力、洞察力、睿智、怀疑精

---

① Vgl. August Boeckh: *Encyklopädie und Methodologie der philologischen Wissenschaften*, hrsg. von Ernst Bratuschek, Leipzig: Teubner, 1886, S. 171.

② Vgl. August Boeckh: *Encyklopädie und Methodologie der philologischen Wissenschaften*, hrsg. von Ernst Bratuschek, Leipzig: Teubner, 1886, S. 170.

神、精确性、敏感、深思熟虑和客观性。通过批评性的考查和比较，查明流传物中确当的内容，这既是科学的理想，也是科学研究的必要手段，它与诠释学共同构成语文学的重要方法论。

施莱尔马赫的诠释学具有典型的浪漫主义和心理学特征，如克莱森茨（Luca Crescenzi）所说，在施莱尔马赫那里“对真理的理解显然只有采取个体之间相互理解的形式才是可能的”①。施莱尔马赫之所以将诠释学称作解释的技艺（Kunst），恰恰不是因为似乎通过机械地遵循特定的方法技巧就能够通达理解的真理，而是因为解释具有艺术性，在艺术中规则的运用始终是灵活的，天才本身创造规则，艺术创作需要天赋、灵感、感觉、想象力等非理智因素，解释如同艺术一样，有规则可循，但也无机械的规则可循，规则不能决定运用，不能被机械化地运用，“整个诠释学工作必须被看作艺术品，但艺术品的完成并不完结，而是，［创造］活动自身带有艺术特征，因为应用并不随同规则一并被给出，即不能被机械化。”②语法解释和心理解释都不可能达到完满性，因为这需要以完善的语言知识和对作者个性的完全把握为前提，事实上这是达不到的，对个体的直观、个性的认识是无止境的，但无论如何，“对［解释］技艺的恰当运用基于语言天赋和对个体进行认知的天赋”。③ 施莱尔马赫区分出两种天赋，即语言天赋和认识人的天赋（Talent der Menschenkenntnis）。语言天赋又可分为两种，一是广度上的学习各种语言的天赋，二是深度上的进入内在语言之思想的天赋；对人类认知的天赋也有两种，即广度上的天赋和深度上的天赋。施莱尔马赫认为，不仅解释活动具有艺术特征，而且任何作品都具有艺术的特征，即使纯粹的科学著作，作者也总是以一定的方式（Art

---

① Luca Crescenzi：„Fragwürdigkeit der romantischen Hermeneutik und ihrer Anwendung auf die Historik“，in：Hans-Georg Gadamer：Wahrheit und Methode，hrsg. von Günter Figal，Berlin：Akademie Verlag，2007，S. 79.

② Schleiermacher：*Hermeneutik und Kritik*，Frankfurt am Main：Suhrkamp，1990，S. 81.

③ Schleiermacher：*Hermeneutik*，hrsg. von Heinz Kimmerle，Heidelberg：Carl Winter Universitätsverlag，1959，S. 82.

und Weise)把它写出来。即使这不是他的目的,是无意识的,也是不可避免的。但科学描述的目的与艺术中的自我表现不同,它旨在传达一种客观信息和知识。在心理解释的任务中,必须要了解作者的意图,以及他的作品在多大程度上接近于艺术形式,确定作品中有多少艺术成分,否则就无法重构作品的内容。心理解释最重要的任务就是理解作品和作者的个性,即使艺术作品描述的材料相同,但它们仍然可能存在个性上的差异性。在施莱尔马赫这里,对作品的理解最终归结为对作者的理解,作者的意图在理解当中具有核心地位,只有那些具有与作者同等天赋的理解者才能置身于作者的立场,并使自己成为作者的原始读者和听众,理解作者的个性,重构作者的意图。

博克的诠释学,由于对语文学领域的固守和方法论上的普遍化,具有更强的知识论色彩和理性主义成分。他一方面致力于古典语文学诠释学理论的系统化和科学化,另一方面又改造了心理学诠释学。与前者相比,他把诠释学提升为语文学的普遍方法论;与后者相比,他削弱了诠释学的浪漫主义色彩。博克之前的语文学家已经把诠释学作为语文学的方法之一,例如,沃尔夫把诠释学、批评和语法看作语文学的预备学科(Vorbereitungswissenschaften),阿斯特把这三者看作语文学的补充(Anhang)。但是,诠释学在他们那里尚未形成一种普遍系统的方法论,施莱尔马赫对此不满,并致力于建立一种普遍诠释学;同时,由沃尔夫开始并为早期浪漫主义作家诺瓦利斯(Novalis)和F.施莱格尔发展的百科全书主义,于19世纪在语文学、历史学领域促成建立百科全书的浪潮,黑格尔则建立哲学百科全书,并与他那个时代的语文学、历史学百科全书严格划界,“哲学百科全书不同于其他通常意义上的百科全书,因为这种百科全书只是科学的汇集,这些科学是以偶然的、经验的方式建立起来的,它们徒有科学的名称,其实只是知识的汇编。……首先例如语文学”①。在这种历

① Hegel: *Enzyklopädie der philosophischen Wissenschaften I*, Werke 8, Frankfurt am Main: Suhrkamp, 1986, S. 61.

史背景下，博克一方面反对黑格尔对语文学的蔑视和批评，另一方面他的确看到以往的语文学包括其中的诠释学理论尚不具有科学性，“当黑格尔宣称语文学是［知识的］汇集，这一判断似乎基于沃尔夫［对语文学］的描述。沃尔夫把语文学描述为‘知识和信息的总体……’”①由此，博克为自己的语文学及其诠释学明确了坐标：语文学不应该成为零散知识的堆积，而应该是以科学概念作为根基，并在此基础上进行体系化描述，在体系化的描述中语法、诠释学和批评三者相互依赖。正是基于这种定位，博克的语文学诠释学，与以沃尔夫、阿斯特为代表的传统语文学诠释学相比具有更强的系统性和普遍性，与之前的浪漫派诠释学相比具有更强的知识论和理性主义色彩。

综上所述，博克对浪漫派诠释学的继承主要体现在三个方面：首先，诠释学方法上的普遍化。其次，浪漫主义的无限逼近论（unendliche Annäherung）在博克的语文学诠释学中仍有相当重要的地位。语文学知识具有无限性的特征，对经典文本的再认知是一个辩证循环的任务，只能以无限逼近的方式完成；按照弗兰克的看法，以往的语文学家（如阿斯特）在普遍和个别之间臆想了一种等同性，即把个别的含义回溯到普遍的理性，以保证理解的正确性，并没有真正发展诠释学循环，施莱尔马赫却将诠释学循环在辩证法的意义上展开了，普遍和特殊的辩证中介运动是无限的，因而解释的任务也是无限的②，在这一点上博克也完全继承了施莱尔马赫的观点。再次，他同浪漫派诠释学一样，反对片面的理性抽象方法，如抽象分类和概念式演绎，注重历史方法，从直观出发理解语词、作品以及作者的个性，重视直观在理解中的作用；理解者除了要具有理智以外，还要具有和作者同等的天赋，并具有语感、节奏感、直观能力、想象力等，置身于作品的历史情境和作者的立场，活生生地直观作品中

① August Boeckh：*Encyklopädie und Methodologie der philologischen Wissenschaften*，hrsg. von Ernst Bratuschek，Leipzig：Teubner，1886，S. 40.

② Vgl.Schleiermacher：*Hermeneutik und Kritik*，Einleitung von Manfred Frank，Suhrkamp，1995. S. 23.

描述的内容。

博克对浪漫派诠释学的改造集中体现在他对古典与浪漫的调和上。他使诠释学服务于语文学的认知功能,削弱了诠释学的浪漫主义色彩,使之保持在理性和科学范围内。诠释学为语文学全面认识古典文化服务,知识和认知在这里占统治地位,虽然他也强调对作者个性的把握,但在这里处于核心地位的是把握作品中蕴含的思想和知识,虽然他也强调对作品的理解需要具有与作者同样的天赋,但同样重要的是理智和理性。实际上,对于博克诠释学的归属问题有不同的看法,伽达默尔把它归类于浪漫派诠释学,希波姆(Seebohm)则认为,从博克到比尔特(Theodor Birt)这一时期的诠释学,其中“浪漫主义成分不复存在”①,更多的人认为它是理性主义与浪漫主义的调和②,维克托·劳(Viktor Lau)甚至认为他的诠释学中存在着理论矛盾,一方面解释作为一种系统的、科学的方法,另一方面它又作为一种前反思的、直观的技艺③。笔者以为,这并不构成矛盾,因为如前所述,博克明确区分了理解和解释。在他看来,语文学是对已有知识的再认知,这种再认知是理解,解释的目的指向理解,使经典文本成为可以理解的。对于解释而言,对应于一套系统的规则和方法,更加侧重理性层面;而对于理解而言,语感、节奏感、直观力、想象力等和理性同样重要,相互补充。此外,正是基于博克的这种调和立场,把他的诠释学简单归为浪漫派诠释学或者理性主义诠释学可能都有失妥当,冠之以“语文学诠释学”倒是一个可行的选择。

---

① Thomas M.Seebohm:*Hermeneutics:method and methodology*,Dordrecht[u.a.]:Kluwer,2004,p.46.

② 如Ernst Curtius和Viktor Lau。

③ Vgl.Viktor Lau:*Erzählen und Verstehen*,Königshausen & Neumann,1999.S. 399.

第三章　精神科学的自我确证之路

伴随着现代科学革命取得的巨大胜利,科学方法论逐渐被推向普遍适用、至高无上的地位,用科学方法论改造一切传统的知识成为时代要求,这种要求在实证主义思潮中达到顶峰,哲学陷入了前所未有的危机,传统的人文领域日渐式微(参见第一章第一节)。在这种时代背景之下,狄尔泰继维柯之后再次通盘反思现代科学方法论,将精神科学的逻辑奠基和自我确证提上了日程,诠释学被提升为精神科学的普遍方法论,这里的精神科学不再专指某一门特殊的学科,而是囊括了一切以社会实在和历史实在为研究对象的"学科群"之总体,诠释学成为它们共同的逻辑基础。

第一节　学科定名与划界争议

与人文、历史、文化领域相关的学科命名,一直以来有不同的说法。例如,维柯的关于人的事物(cose umane)的科学,新康德主义价值学派的"文化科学"(Kulturwissenschaften),狄尔泰、伽达默尔的"精神科学"(Geisteswissenschaften),哈贝马斯的"社会科学"(Sozialwissenschaften)等等。这些概念表达有相通之处,具体范围和侧重点又各不相同,使用者之间的分歧并非简单的语词之争,在术语的选用上有各自的考量和辩护。

一、从“人文科学”到“精神科学”

在第一章我们已经探讨了维柯人文科学奠基的诠释学意义,这里重点讨论其人文科学的概念、体系和逻辑。在维柯那里,完整意义的“新科学”包括关于神的事物的科学和关于人的事物的科学,关于人的事物(cose umane)的科学亦即关于民族世界、民政世界(mondo civile)的科学。在诗性智慧之下,人类知识分为两类,一类是关于神的事物的知识,另一类是关于人的事物的知识。在古代神的事物主要指的是宗教事物,人的事物主要是人类习俗、伦理和制度等。自然因为被相信是神所创造,故而划归神的事物一类,从这个意义上来说,现代自然科学因为研究自然,故而可以划归关于神的事物的科学一类。从诗性的形而上学出发,通过精神的伦理事物衍生出种种关于人的事物的科学,通过感知的物理事物衍生出种种关于神的事物的科学。所谓“人文科学”,主要指的就是关于人的精神事物的科学,在此种意义上,也就是“精神科学”,这种科学最初由维柯奠基,以诗性逻辑为特征,力图矫正笛卡尔—斯宾诺莎主义,侧重历史、语言和诠释,阐明人文科学的合法性。

诗性逻辑的提出对于人文科学的证成具有划时代意义,在这里“逻辑学首度敢于突破客观知识的范围,突破数学和自然科学的范围,以便取而代之将自身建构成文化科学的逻辑,关于语言、诗和历史的逻辑”①。在维柯的“新科学”体系中,诗性形而上学/玄学(poetic metaphysics)考虑的是神性实体的存在(being),包含一切知识的原则和起源;诗性逻辑考虑的是如何意指(signify)这些神性实体,考察原初本真的言说形式;而作为具体部门的诗性伦理、经济、政治、历史、物理、天文、时历、地理均由此二者衍生出来。逻各斯/语言(logos)贯穿始终,诗性逻辑是诗性形而上学和各门具体科学的思想形式和话语形式,既不同于归纳逻辑和演绎逻辑,亦非狭义的仅涉及文学世界的“诗

① Ernst Cassirer:*Zur Logik der Kulturwissenschaften*,Göteborg:Elanders boktryckeri aktiebolag,1942,S. 13.

歌逻辑”，而是一切人类知识的原初表达形式、本原意义上的逻辑。

诗性逻辑首先是感觉的逻辑、想象的逻辑。人类起初由于抽象力贫乏，主要依托感觉、想象进行认识，“以己度物”地理解世界，“人在无知中就把他自己当作权衡世间一切事物的标准，……把自己变成整个世界了。因此，正如理性的玄学有一种教义，说人通过理解一切事物来变成一切事物，这种想象性的玄学都显示出人凭不了解一切事物而变成了一切事物。”①诗性逻辑是想象的类及其表达，其表达内容和方式都依赖于具体的感性意象，同时在想象的类里已经蕴含着最初的逻辑形式，科学的各种逻辑形式均由此抽象而来。

其次，诗性逻辑是生产的逻辑、创造的逻辑。人类知识的最初建立者在某种意义上来说都是“诗人”，“因为能凭想象来创造，他们就叫作‘诗人’，‘诗人’在希腊文里就是‘创造者’。”②维柯主张一种创造认识论，认识即是创造，如何创造便如何真实，就“再认识”而言，只有人类亲自创造出来的事物，人类才能获得关于它的确切知识，这也是一种“再创造”“再诠释”。“民政社会的世界确实是由人类创造出来的，所以它的原则必然要从我们自己的人类心灵各种变化中就可找到。……过去哲学家们竟倾全力去研究自然世界，这个自然界既然是由上帝创造的，那就只有上帝才知道；过去哲学家们竟忽视对各民族世界或民政世界的研究，而这个民政世界既然是由人类创造的，人类就应该希望能认识它。”③社会历史文化是人类自己创造的、亲身参与的，基于同质性，人能够从内部去认识、重构和理解社会历史文化；借助这种诗性逻辑，维柯矫正乃至反转了培根、笛卡尔的科学方法论传统，为人文知识的合法性提供了独到的证明。

再次，诗性逻辑是历史的逻辑、语言的逻辑。诗性逻辑要求具体地、历史地而非抽象地言说“存在”，历史是哲学的原则/起源，这个开端处的永恒普遍

---

① ［意］维柯：《新科学》，朱光潜译，商务印书馆2012年版，第208页。

② ［意］维柯：《新科学》，朱光潜译，商务印书馆2012年版，第189页。

③ ［意］维柯：《新科学》，朱光潜译，商务印书馆2012年版，第159页。

走在哲学的永恒普遍之前,因此包含着历史考察的语文学研究应当和哲学研究互为补充,"哲学家们如果不去请教于语文学家们[①]的凭证,就不能使他们的推理具有确凿可凭性,……语文学家们如果不去请教于哲学家们的推理,就不能使他们的凭证得到真理的批准"[②]。人类的历史、宗教、文化主要体现在语言之中,语言是人类共同意志的结晶,诗性逻辑考察原初本真的言说方式,从中找出逻辑的真正起源。"Logic(逻辑)这个词来自逻各斯(logos),它的最初的本义是寓言故事(fabula)"[③],最初的话语都是真诚的叙述,逻辑作为话语的抽象程式源于此,因而叙事是逻辑的起源和基础。维柯对语言的发展过程进行了一种历史的解构,其历史观(神的时代、英雄时代和人的时代依次循环)对应着语言发展的三阶段:最初的语言是无声的虔敬的语言,伴随着对天帝的崇高想象,人们以肢体和实物来意指,没有概念,只有共同感觉、共同想象;英雄时代的语言开始有相对抽象的符号,但这种符号跟肉体还有直接联系,"最初的诗人们给事物命名,就必须用最具体的感性意象"[④],例如不同的家族有相应的徽记作为各自的象征,人们以人体及其各部分比附万物;在人的时代,真正的语言和实物分离开来,产生了有声语言和书面文字,这是更高级的普遍符号。维柯认为,对语言的历史考察可以揭示各民族的普遍本性,因为在历史语言当中可以发现人类的共同选择、共同意志;也可以揭示不同的民族语言表现形式背后的"逻辑",这个逻辑就是普遍的"心灵语言",即类似的语言结构、词汇结构。其中一个重要的面向在于,人类心灵最初倾向于整体性的直觉表达,譬喻(tropes)是诗性逻辑的必然结果,隐喻是推理背后的原动力,是"概念形成的主要机制"[⑤]。

综而观之,诗性逻辑一方面描述了知识和语言的产生过程,后来的各种科

---

① 原译为"语言学家"(filologi),不够准确,笔者改译为"语文学家",下同。

② [意]维柯:《新科学》,朱光潜译,商务印书馆2012年版,第107页。

③ [意]维柯:《新科学》,朱光潜译,商务印书馆2012年版,第204页。

④ [意]维柯:《新科学》,朱光潜译,商务印书馆2012年版,第208页。

⑤ Augusto Ponzio:"Metaphor and poetic logic in Vico",in:*Semiotica*,2006(161),p.234.

学、逻辑无非是诗性逻辑程式化、抽象化的产物；另一方面，诗性逻辑的语文学方法开启了人文科学认识论—方法论的**诠释学**转向。追溯诗性逻辑可以防止语言和思想的固化，也可以矫正知性认识的抽象性和支离破碎，使人类知识回归历史性、整体性和创造性。但诗性逻辑的不足之处在于，把知识的起源和有效性混同起来，或者说以历史起源代替了有效性、合法性。

相比之下，狄尔泰对精神科学的探索突破了诗性逻辑的局限，开辟了新的路径。狄尔泰被誉为"精神科学中的牛顿"，是继维柯之后再次通盘反思现代科学方法论的代表人物，他"聚焦于精神科学的一般逻辑结构和方法论这一论域，以及客观的精神科学知识之可能性条件这一问题"①，对精神科学的奠基与证成做出了不可磨灭的贡献。"由于传统的逻辑学似乎只是为自然科学而制定，狄尔泰便出于精神科学的考虑着手改造逻辑学，他是从'完整的'人、亦即感受着—欲求着—表象着的人，以及从生命运动出发的"②，其后继者 G. Misch，H. Lipps 和 E. Rothacker 沿着狄尔泰开拓的方向进一步发展了精神科学的逻辑、诠释学的逻辑③。

二、"精神科学"vs."文化科学"

狄尔泰看到，数学、自然科学方法论在精神科学领域的泛滥导致精神科学以自然科学为范式和衡量标准。按照量化的精确性和经验的实证性等标准来看，精神科学显然是不够科学的，以至于"科学"的头衔似乎专属于数学和自

① Hans-Ulrich Lessing：„Der Zusammenhang von Leben，Ausdruck und Verstehen. Diltheys späte hermeneutische Grundlegung der Geisteswissenschaften"，in：*Dilthey und die hermeneutische Wende in der Philosophie*，Vandenhoeck & Ruprecht，2008，S. 58.

② Gunter Scholz：„Hermeneutische Philosophie"，in：*Historisches Wörterbuch der Philosophie*，Bd. 7，hrsg. von Joachim Ritter，et al，Basel：Schwabe，1989，S. 757.

③ Vgl. Georg Misch：*Der Aufbau der Logik auf dem Boden der Philosophie des Lebens：Göttinger Vorlesungen über Logik und Einleitung in die Theorie des Wissens*，Freiburg（Breisgau）［u. a.］：Alber，1994. Hans Lipps：*Untersuchungen zu einer hermeneutischen Logik*，Frankfurt a. M.：Klostermann，1938. Erich Rothacker：*Logik und Systematik der Geisteswissenschaften*，München，Berlin：Oldenbourg，1927.

然科学,传统的形而上学、哲学、历史、伦理学等被排斥在科学门外,它们有待于用科学改造自身,成为精神"科学",精神科学(Geisteswissenschaften)的尴尬境地从它在德语词汇中的由来可见一斑。狄尔泰和伽达默尔都曾追溯了该词的产生过程:它作为自然科学(Naturwissenschaften)的类比,深深地打上了"自然科学"范式的烙印。"精神科学"一词是通过穆勒(John Stuart Mill)的德文译者席尔(J. Schiel)才进入德语词汇之中的,席尔把穆勒《逻辑体系》一书第六卷标题"on the logic of the moral sciences"中的"moral sciences"(道德科学)翻译成"Geisteswissenschaften"(精神科学)。随着穆勒逻辑学的传播,精神科学这一名称才逐渐为人们所熟悉并流传开来①。基于这种历史背景,甚至至今一谈到"科学"概念时,人们首先想到的仍是数学和自然科学,若要指称哲学、历史、文学、政治学、伦理学、社会学等"科学",则须用"精神科学"或"人文社会科学"的完整表达方才清楚。

狄尔泰接过"精神科学"概念加以改造,赋予其特定的哲学内涵,旨在使之成为独立的"科学",而不是像穆勒那样视之为"低版本"的自然科学、一种非精确的科学。这就需要为精神科学寻找可靠的逻辑和方法论基础,进而建构系统的精神科学理论,可以说这是狄尔泰毕生的学术计划。与此同时,以文德尔班、李凯尔特为代表的新康德主义价值学派也反对实证主义的做法,但在学科命名问题上与狄尔泰存在分歧,他们把与自然科学相对的领域界定为"历史科学"(historische Wissenschaften, Geschichtswissenschaften)或"文化科学"(Kulturwissenschaften),卡西尔后来沿用了这一术语并专门探讨"文化科学的逻辑"。

我们看到,19 世纪后期以来,科学分类及其方法论奠基、客观性辩护再次

---

① Vgl. Dilthey: *Einleitung in die Geisteswissenschaften: Versuch einer Grundlegung für das Studium der Gesellschaft und der Geschichte*, GS Bd. 1, Stuttgart: Teubner, 1990, S. 5; Gadamer: *Das Problem des historischen Bewußtseins*, Tübingen: Mohr Siebeck, 2001, S. 12. 补充说明:穆勒的《逻辑学体系》初版于 1843 年,J.Schiel 于 1849 年译成德文出版,标题定名为"Die inductive Logik"(归纳逻辑);1862 年穆勒发表第五版扩充版的《逻辑学体系》,J. Schiel 于 1868 年将之翻译成德文出版。

成为哲学的课题,文德尔班、李凯尔特和狄尔泰不约而同地聚焦于这些问题。与古希腊和现代哲学不同,他们的真正旨趣不完全在于科学分类,而毋宁说是给自然科学划定界限,为人文历史领域的科学找到合法的栖息之地并从方法论上对其"科学性"加以证立。这种问题意识有两方面的思想背景:(1)德国观念论的内在发展。新康德主义价值学派以阐明文化科学、历史科学何以可能为重点,狄尔泰探寻精神科学的可靠根基,以"历史理性批判"续写"纯粹理性批判"为己任,双方在某种程度上都旨在完成康德的未竟之业。(2)实证主义的外部刺激。其时实证主义思潮盛行,要求从形而上学的思辨中解放出来,将自然科学的方法论全面推广,应用于道德、历史、文化领域。狄尔泰和价值学派都反对这一做法,前者批评实证主义缺乏历史的教养,肢解了精神实在,后者批评它天真地想让哲学框定于自然科学的标准之下,却未反思自然科学何以可能的知性条件。狄尔泰和价值学派限定自然科学的普遍要求,致力于揭示人文领域的认识论特质,为其寻找更加确当的方法论基础,双方在具体观点上产生分歧与交锋,其论争最终促成了一个重要的理论成果——精神科学和诠释学的交汇。

自19世纪70年代狄尔泰便着手制定精神科学的大纲,1883年发表《精神科学引论》第一卷,宣称精神科学是独立于自然科学的一个自足整体,"以历史的—社会的实在(Wirklichkeit)为对象的科学整体,在本书中都被纳入精神科学的名下。借助这种科学概念,这些科学构成一个整体,这个整体与自然科学的界限才最终得以阐明和建立"①。

不过在价值学派看来,"自然科学—精神科学"的划分并不恰当。文德尔班指出,这种划分基于"自然—精神"的对立,它是一种"实事的对立"(sachlicher Gegensatz),即对象上的对立,经过认识论批判,这样的划分已然不合时宜了;而且,对象上的对立与"外感知—内感知"的认识方式是不协调的。在实事的划分

① Dilthey: *Einleitung in die Geisteswissenschaften*, GS Bd. 1, Stuttgart: Teubner, 1990, S. 4.

(自然—精神)和形式的划分(外感知—内感知)原则之下最为突出的问题表现为,心理学无处安放,摇摆于自然科学和精神科学之间,从研究对象上来看心理学是精神科学,从研究方法来看却又是自然科学。① 文德尔班认为这种划分仍然滞留于现代哲学的二元论,诸如心与物、感觉与反省的对立,没有真正澄清人文、历史领域的认识论特质。李凯尔特与文德尔班的看法基本一致,他认为,由于"精神的"往往与"心理的"同义,精神科学概念含义模糊,"既没有把它们的对象,也没有把它们的方法同自然科学的对象和方法区别开"。②

价值学派提出新的科学分类标准,文德尔班根据普遍与特殊的逻辑关系,把科学划分为规律科学(Gesetzeswissenschaften)和事件科学(Ereigniswissenschaften),或曰制定法则的(nomothetisch)科学和描述特征的(idiographisch)科学,前者旨在揭示普遍的"永远如此"的规律,后者旨在描述特殊的"一度如此"的事件③。文德尔班强调,这是纯粹从方法论角度进行的划分,若从研究对象来看,大致对应于自然科学和历史科学④,它们都属于经验科学,前者与价值无关,而后者与价值有关,哲学处理的是规范性的领域,与价值相关,但不属于经验科学,而是要反思经验科学的可能性。继文德尔班之后,李凯尔特提出经验科学的两种分类原则,按照对象、质料来看,自然与文化构成一个对子,区分二者的标准在于价值,自然与价值无涉⑤,而历史、文化中必定包含着价

---

① 参见[德]文德尔班:《历史与自然科学》,王太庆译,载《现代西方哲学论著选辑》,洪谦主编,商务印书馆1993年版,第67页。

② [德]李凯尔特:《文化科学和自然科学》,涂纪亮译,商务印书馆1991年版,第88页。

③ 参见[德]文德尔班:《历史与自然科学》,王太庆译,载《现代西方哲学论著选辑》,洪谦主编,商务印书馆1993年版,第68页。

④ 文德尔班侧重从方法上对科学分类,而不是对知识的内容和对象进行分类,他指出,同样的东西既可以成为制定法则的科学的研究对象,又可以成为描述特征的科学的研究对象,例如生理学、地质学和天文学,它们既是规律科学,也是事件科学。由此也可以看出文德尔班科学分类法的局限性,之所以会产生这种"交叉",是因为普遍性与特殊性、个别性并不是截然对立的。

⑤ 李凯尔特指出,这一区分框架中的自然是指现代自然科学观中形成的自然概念,不是指歌德、谢林或浪漫派的自然观。他承认,后一种自然观从人的角度观察自然,以目的论的方式进行思考,肯定不是与价值无关的东西;另一方面,正是由于自然科学的自然概念剥除了其伦理的、价值的和历史的意义,因而是有局限的。

值,“自然产物是自然而然地由土地里生长出来的东西。文化产物是人们播种之后从土地里生长出来的”,“文化或者是人们按照预计目的直接生产出来的,或者是虽然已经是现成的,但至少是由于它所固有的价值而为人们特意地保存着的”。[①] 正如马兹利什所言:“文化与栽培作物的农耕有关。它是人类从自然中得到的东西,进而又是使人类超出自然的东西。”[②]文化是一个价值概念,它来自自然又超越自然,其超越性一方面体现在对外在自然物的栽培,另一方面体现在将外在自然物的栽培提升到内在自然即人之本性的栽培、教养和教化。按照方法、形式的观点,李凯尔特把科学划分为普遍化的(generalisierend)科学和个别化的(individualisierend)科学,前者运用的是将个别物作为事例归摄于普遍概念之下的抽象方法,后者是从个别之物本身的一次性、特殊性及其价值来认识个别之物。结合以上两种分类原则便形成了以普遍化为研究方法的自然科学和以个别化为研究方法的文化科学,这两极之间还存在一些“中间区域”,亦即自然科学内可以有一种历史的研究方法,而文化领域也可能使用自然科学的普遍化方法。纯粹就方法论划分标准而言,以普遍化的方式来看现实即是自然,以个别化的方式来看现实即是历史。这些观点主要是对文德尔班分类法的继承、发挥,同时在处理普遍与特殊的逻辑关系上又修正了文德尔班略显粗糙的做法:李凯尔特虽然也认为若把普遍化的研究方法强加于文化科学将会陷入“僵死的普遍性”[③],但不可否认的是,任何科学都具有普遍性,都包含着普遍性与特殊性的结合,只不过文化科学中展现的是一种特殊的普遍性、客观性(参见本章第二节),其最终目的是获得个别性的认识。

狄尔泰十分清楚价值学派的科学分类法以及对他本人的批评,但始终坚

① ［德］李凯尔特:《文化科学和自然科学》,涂纪亮译,商务印书馆 1991 年版,第 20 页。

② ［美］布鲁斯·马兹利什:《文明及其内涵》,汪辉译,刘文明校,商务印书馆 2017 年版,第 12 页。

③ ［德］李凯尔特:《文化科学和自然科学》,涂纪亮译,商务印书馆 1991 年版,第 72 页。

持使用“精神科学”概念。首先,《精神科学引论》已试图阐明精神科学概念的“优势”:它可以避免“历史科学”“道德科学”以及“文化科学”等表达的偏狭,相对于自然科学恰当地标示出自身的核心论域①。狄尔泰的精神科学概念具有较为宽泛的外延,如马克瑞尔所言,它涵盖了我们今天所说的人文科学和社会科学②。经过价值学派的批评以后,狄尔泰做出进一步澄清,并淡化精神概念的心理学色彩,“自 18 世纪以来便有一种需要,为这组科学找到一个共同的名称,它们被称为道德科学(sciences morales)或精神科学(Geisteswissenschaften),最终又被称为文化科学(Kulturwissenschaften)。这种更名已经表明,其中任何一个都不完全适合于所应命名之物。不过在此应该指出我这里所使用的精神科学一词的含义,这是在孟德斯鸠的法的精神、黑格尔的客观精神,或者耶林的罗马法精神之相同意义上而言的。”③其次,在狄尔泰看来,文德尔班将规律和事件、制定法则和描述特征对立起来的做法是成问题的,因为自然科学中也包含描述特征的成分,而精神科学如经济学、语言学中也包含制定法则的内容④。实际上,文德尔班本人也意识到了这一问题(参见前文注释),站在狄尔泰的立场来看,李凯尔特又进一步加剧了文德尔班划分法的混乱不清:从方法上来讲,同一个对象既可以用历史学的个别化方式也可以用自然科学的普遍化方式进行研究,对于科学、伦理、艺术和宗教,“一方面可以跟踪这些对象的一次性发展,另一方面可以寻求那些将一切科学研究、一切伦理追求、一切艺术创作和享受,以及一切宗教情感归属于其下的普遍概念或规律”⑤。最

① Vgl. Dilthey: *Einleitung in die Geisteswissenschaften*, GS Bd. 1, Stuttgart: Teubner, 1990, S. 6.

② Cf. Rudolf A. Makkreel: “Wilhelm Dilthey and the Neo-Kantians: On the Conceptual Distinctions between *Geisteswissenschaften* und *Kulturwissenschaften*”, in: *Neo-Kantianism in Contemporary Philosophy*, Bloomington: Indiana University Press, 2010, p. 253.

③ Dilthey: *Der Aufbau der geschichtlichen Welt in den Geisteswissenschaften*, GS Bd. 7, Stuttgart: Teubner, 1992, S. 86.

④ Vgl. Dilthey: „[Über vergleichende Psychologie] Beiträge zum Studium der Individualität“, in: GS Bd. 5, Stuttgart: Teubner, 1990, S. 256-257.

⑤ H. Rickert: *Die Grenzen der naturwissenschaftlichen Begriffsbildung*, Tübingen und Leipzig: Mohr, 1902, S. 706.

后，狄尔泰并非像文德尔班所批评的那样囿于对象角度的科学划分法，而是始终重视方法论的维度，提出物理、心理层面的“说明”与精神层面的“理解”之对立，建构了新型的描述心理学，在一定程度上解决了心理学无处安放的难题，晚年又将心理学方法论“升级”为诠释学的方法论。人们通常认为，自然科学是研究自然的，精神科学是研究人的，前者研究物理实体、外部世界，后者研究心理实体、内部世界；但这样的区分标准在狄尔泰看来是有问题的，“就形而上学时代而言，这种说明理由（Erklärungsgründe）方面的差异立刻表明为世界关联整体之客观架构方面的实体性差异，形而上学时代想要确立并证立精神生活事实区别于自然运行事实的客观基础之程式，显然这是徒劳的。”①他同样主张从研究方法、视角上进行划界，而不是从实体对象的角度，不同的研究方法和视角决定了不同的研究内容，例如，生理学也研究人，但它不属于精神科学，诗歌也描写自然，但它不属于自然科学。应以心理学和诠释学的方法论为精神科学奠基，因为对于鲜活的精神事实，心理学和诠释学能够深入其中达到理解，只有在这里才能找到精神科学的支撑点，自然科学与精神科学的方法论区分就体现在如下著名论断之中：“我们说明（erklären）自然，我们理解（verstehen）心灵生活（Seelenleben）。”②后来狄尔泰再次强调，精神科学与自然科学的“区别在于构造客体的趋向不同，在于构建二者的程序/方法（Verfahren）不同。在前者，精神客体出现于理解（Verstehen）之中；在后者，物理客体出现于认知（Erkennen）之中。”③不过，这种主张最终未必站得住脚，因为人们仍然可以说精神科学和自然科学的区分基于研究对象、研究内容的不同，比如生理学研究的是人的生理方面，心理学研究的是人的心理现象。难怪狄尔

① Dilthey: *Einleitung in die Geisteswissenschaften: Versuch einer Grundlegung für das Studium der Gesellschaft und der Geschichte*, GS Bd. 1, Leipzig[u.a.]: Teubner, 1990, S. 7.

② Dilthey: „Ideen über eine beschreibende und zergliedernde Psychologie“, in: GS Bd. 5, Stuttgart[u.a.]: Teubner, 1990, S. 144.

③ Dilthey: *Der Aufbau der geschichtlichen Welt in den Geisteswissenschaften*, GS Bd. 7, Leipzig[u.a.]: Teubner, 1979, S. 86.

泰本人也进行了修正,“精神科学与自然科学的差异不仅仅在于主体之于客体的立场,不仅仅在于一种态度、一种方法;而是说,理解的程序/方法乃是基于如下情形:构成理解对象的外物根本不同于自然科学的对象。”①从认识方法的角度固然可以在一定程度上标识自然科学与精神科学的分界,但二者在研究对象、研究内容上的差别也不容忽视,“正是这一本体上的差别成了自然科学和精神科学以及不同的方法论体系的天然分水岭”②。

第二节 精神科学的方法论重构

狄尔泰的方法论思考经历了一个转变过程,前期侧重心理学,但他尝试构造的描述心理学受到实验心理学派(艾宾浩斯)和新康德主义价值学派(文德尔班)的“两面夹击”,后来以诠释学为重心再度致力于精神科学的奠基。

一、描述的、分析的心理学

狄尔泰首先提出的是一种新型的心理学方案,即“描述的和分析的心理学”(beschreibende und zergliedernde Psychologie),以此作为精神科学的方法论基础,认为只有当心理学成为一种描述性的学科时才能胜任精神科学的任务③。他把当时流行的心理学称为“说明性的心理学”(erklärende Psychologie),以赫尔巴特、斯宾塞、泰纳、费希纳、穆勒、赫尔姆霍茨、冯特等为代表,这种心理学旨在说明心理生活的因果体系,通过假说以及假说组合的方式,以联想、实验、归纳和预期等方法从已知推出未知,构造出因果关联,也就是将自然科学的认知方法运用到精神生活领域。关于精神领域的实在性和各

---

① Dilthey:*Der Aufbau der geschichtlichen Welt in den Geisteswissenschaften*,GS Bd. 7,Leipzig[u. a.]:Teubner,1979,S. 118.

② 潘德荣:《西方诠释学史》,北京大学出版社 2016 年版,第 285 页。

③ Vgl.Dilthey:*Einleitung in die Geisteswissenschaften*,GS Bd. 1,Stuttgart:Teubner,1990,S. 32.

门精神科学的联结及其支撑点，狄尔泰说道："孔德和实证主义者们、约翰·穆勒和经验主义者对这个问题的回答，在我看来都肢解了历史的实在性，以便使之适合于自然科学的概念和方法。"①归纳、预期和假说运用于自然领域是有效的，但不适合精神科学，"唯有在内在经验之中、在意识事实之中，我才找到了思想的坚实锚地"，"只有在内在经验给予的意识事实中，我们才能如其所是地拥有实在。对这些事实进行分析，是精神科学的中心所在"②，历史学派所要求的精神科学的独立性，只有从这种立场出发才有可能奠定基础。

说明性的心理学将自然科学的方法移植到精神生活领域，为什么"不合法"？在狄尔泰看来主要原因在于：这个领域往往具有形而上的特征，其研究对象没有办法通过数学计量或外在的经验观察获得知识，不可能达到精确的因果知识；对实验科学的运用最终无非是基于一种唯物主义的还原论，即把意志还原为衍生的现象。自然科学的手段是联结假说，而精神科学里的心理生活关联是原初的基本事实，在描述的和分析的心理学中，假说的地位是次要的，作为关联整体的生命在体验中被给予才是主要的，它以内在的方式切入精神领域的对象，是精神科学和知识论的必要前提。这种新型的心理学对于精神科学的各部门（宗教、法学、经济学、政治学、历史学、艺术等）都是必要的，因为"心理事实是它们最重要的组成部分，离开心理学的分析它们是不可能被理解的"③，离开心理关联，各门精神科学就只是不同知识的聚集，无法成为体系④，心理学对于精神科学建立知识的体系不可或缺，而且知识论也离不开心理学，所谓的先验方法也必须以心理关联为基础。狄尔泰以一种温和的方

① Dilthey：*Einleitung in die Geisteswissenschaften：Versuch einer Grundlegung für das Studium der Gesellschaft und der Geschichte*，GS Bd. 1，Leipzig[u.a.]：Teubner，1990，S.XVII.

② Dilthey：*Einleitung in die Geisteswissenschaften：Versuch einer Grundlegung für das Studium der Gesellschaft und der Geschichte*，GS Bd. 1，Leipzig[u.a.]：Teubner，1990，S.XVII，S.XVIII.

③ Dilthey：„Ideen über eine beschreibende und zerglicdernde Psychologie"，in：GS Bd. 5，Stuttgart[u.a.]：Teubner，1990，S. 147-148.

④ Vgl.Dilthey：„Ideen über eine beschreibende und zergliedernde Psychologie"，in：GS Bd. 5，Stuttgart[u.a.]：Teubner，1990，S. 148.

式处理描述心理学与知识论的关系:心理学不可能为认识论提供全部的前提,但认识论也不可能是无前提的,认识论和心理学相互依赖,“前者提供了所有知识、包括心理学知识的基础,而后者则说明了全部精神过程,包括认识的过程”。①

描述的、分析的心理学要求从实在的内部经验出发去认识精神事实,据此有学者称之为19世纪“德国的经验论”②,以区别于英国的经验论和法国的实证主义;狄尔泰声称描述心理学能达到最高的确定性,其目标在于完整充分地理解人类丰富的精神生活。他区分了外感知(äußere Wahrnehmung)和内感知(innere Wahrnehmung),外感知是构造性的、抽象的,后者则是直接被给予的内在现象、不可分割的统一体;内感知可以把握心灵的内在状态(Auffassung innerer/seelischer Zustände),使本质性的东西凸显出来,对心灵状态的理解源于体验(Erleben);而内感知从体验中生长出来,植根于体验之中。描述心理学的重要性基于心灵体验的本性,它能够无偏见、不删节地把握精神生活/心灵生活;同时也基于心理学在精神科学之关联整体中的作用,生命的关联由体验从内部给出,心理学促成直接、客观的呈现。具体来看,这种心理学有两个面向:在横向上,描述分析精神生活的结构,包含理智、冲动/欲望和情感,以及意志行为三个环节;在纵向上,描述分析精神生活的发展过程。此外,它还要描述分析不同个体的精神生活,对其进行比较,从而拓展为“比较心理学”。如果说描述心理学侧重于精神生活的划一性,研究完整的人性(die ganze Menschheit, die Totalität der Menschheit),认识人类精神生活统一、稳定的关联;那么比较心理学侧重于研究个体的差异性、相似性和类型。

---

① [英]里克曼:《狄尔泰》,殷晓蓉、吴晓明译,中国社会科学出版社1989年版,第246页。

② Vgl. Christian Damböck: “Epistemische Ideale bei Dilthey und Cohen”, in: *Dilthey als Wissenschaftsphilosoph*, Verlag Karl Alber, 2016.

然而，狄尔泰构建的新型心理学既受到当时主流心理学的排挤[1]，又受到新康德主义的抨击，在后者那里，问题主要聚焦于心理学能否成为文化科学/精神科学乃至哲学的方法论基础。

二、心理学能否成为方法论基础？

与自然科学相对照，探寻精神科学/文化科学的认识论特质及其相应的方法论，是狄尔泰和价值学派共同面临的关键问题。狄尔泰起初将心理学视为精神科学的基石，着力建构一门新的心理学。让我们回顾一下这段学术史的背景：1894 年狄尔泰先后两次在柏林科学院发表关于描述心理学的演讲[2]，正式提出这种描述心理学方案，以此为精神科学奠基。同年，文德尔班在斯特拉斯堡大学发表题为《历史与自然科学》(Geschichte und Naturwissenschaft)的校长就职演说，这一著名演讲被公认为文德尔班探讨历史逻辑的代表作，该演讲虽未明确提及狄尔泰，但很多批评显然是针对他的，狄尔泰则“对号入座”有所回应[3]。李凯尔特分别于 1896 年和 1899 年出版的《自然科学概念形成的

---

① 狄尔泰曾将《关于描述的和分析的心理学构想》文稿送给昔日的弟子和当时的好友艾宾浩斯以征求意见，艾宾浩斯不满于狄尔泰对说明性的心理学的不合理指责，亲自答复了狄尔泰，并在《心理学与感官生理学杂志》上发表长文《说明性的心理学和描述的心理学》(Über erklärende und beschreibende Psychologie, 1896)，激烈批评狄尔泰。其要点有二：一是描述心理学错误地假设有可能存在“空想心理学”，不必做艰难的实验，借助内省的方法即可获得知识；二是放弃假说、纯粹地描述和分析不可能确保结果的普遍有效性和确定性（参见约斯·德·穆尔：《有限性的悲剧——狄尔泰的生命释义学》，吕和应译，上海三联书店 2016 年版，第 199—200 页）。

② 第一次演讲时间是 1894 年 2 月 22 日，题目为《描述心理学的观念》(Ideen über eine beschreibende Psychologie)；第二次演讲是在 1894 年 6 月 7 日，题目为《描述心理学和说明心理学的关系》(Das Verhältnis der beschreibenden zu der erklärenden Psychologie)。两次演讲内容合并成《描述的和分析的心理学观念》(Ideen über eine beschreibende und zergliedernde Psychologie)，正式发表于 1895 年 1 月 31 日柏林科学院出版的《1894 年会议报告》中（Vgl. *Sitzungsberichte der Königlich Preußischen*, Berlin: Akademie der Wissenschaften, 1894）。

③ 文德尔班的演讲时间是 1894 年 5 月 1 日，即狄尔泰第一次心理学演讲之后。学界一般认为，文德尔班的就职演讲包含着对狄尔泰心理学演讲的批评。近年来有学者提出异议，从时间上来看，狄尔泰的《描述的和分析的心理学观念》至 1895 年 1 月 31 日才正式发表，而包含有文德尔班就职演讲的斯特拉斯堡大学创立纪念手册已经出现在《德国大学论著出版年度索引 IX

界限》与《文化科学和自然科学》,多次引用狄尔泰的心理学演讲,对其心理学方案提出了较为严苛的批驳。

从心理学的学科归属来看,那个时代流行的实验心理学主要是作为自然科学,狄尔泰本人则试图建立一门新的心理学,这种心理学属于精神科学的门类,并且应当成为精神科学的基础;价值学派则一致将心理学归在自然科学名下,按照他们的学科分类法,心理学是揭示心理活动规律的科学,故而属于规律科学,它使用的主要是普遍化的研究方法,"就逻辑和形式的方面来说,心理生活的规律也就是自然规律。因此,心理学被合乎规律地看作是自然科学"①。李凯尔特承认心灵生活、心理过程有特殊性,但他强调这在原则上并不排斥心理学采用一种就逻辑或形式的意义而言的自然科学的方法,不管物理现实还是心理现实,都没有理由不采用普遍化的研究方法,这一诊断显然将当时实验心理学的发展状况纳入了视野。冯特(W.Wundt)和费尔康特(A.Vierkandt)的心理学被视为一种自然主义的心理学,采用的是自然科学方法。虽然他们区分了自然民族的心理生活和文化民族的心理生活,强调在前者那里联想居主导地位,在后者那里统觉占主导地位,"但是这样的理论就算很有价值,也绝不能说文化民族的心灵生活由于其统觉性质而具有历

(1893.8—1894.8)》(*Jahres-Verzeichniss der an den Deutschen Universitäten erschienenen Schriften*, *IX*, 15.*August* 1893 *bis* 14.*August* 1894)之中,所以文德尔班的就职演讲不可能批评狄尔泰的心理学演讲(Vgl. Horst Gundlach: *Wilhelm Windelband und die Psychologie*, Heidelberg: University Publishing, 2017, S. 160)。我们认为,撇开正式出版时间不看,狄尔泰的第一次心理学演讲实际时间早于文德尔班的就职演讲,这期间文德尔班是否通过其他途径了解到狄尔泰的演讲内容,较难考证,但也不能排除这种可能性;退一步来说,狄尔泰的心理学计划并非1894年才横空出世,他从19世纪70年代就开始研究心理学,并在大学开设心理学课程,他对心理学的重视也已经体现在1883年公开发表的《精神科学引论》第一卷之中,从文德尔班的诸多论著中可以看出,他了解狄尔泰的思想;再次,狄尔泰于1895年4月25日又在柏林科学院发表心理学演讲,明确回应了文德尔班的就职演讲,但回应的内容在1896年正式出版时又被狄尔泰删除了,直到狄尔泰去世之后完整版的演讲才问世(Vgl. Dilthey: „[Über vergleichende Psychologie] Beiträge zum Studium der Individualität", in: GS Bd. 5, Stuttgart: Teubner, 1990, S. 241-316),这至少表明狄尔泰本人默认了这场理论交锋。

① 李凯尔特:《文化科学和自然科学》,涂纪亮译,商务印书馆1991年版,第49页。

史意义”①。据李凯尔特的观点，所谓的“文化心理学”也只有在价值的观点之下才能把文化的心理过程区别于自然的心理过程，这样一来，它就已经超出了纯粹的心理学概念，成为一种普遍化的文化科学，而心理学本身仍然属于自然科学。

从心理学的地位设定来看，价值学派继承了康德哲学反心理主义的思想传统，反对把心理学作为历史科学、文化科学乃至哲学的基础，冯特②和狄尔泰却恰恰致力于此，尽管是以不同的方式。文德尔班认为，既然康德已经对哲学和心理学做出原则上的划分，那么下面的做法显然是不合时宜的：“以为哲学在经过 Kant 重新奠定基础以后，仍然还可以局促于连 Kant 都认为在各种理论学科中认识价值最低的那门特殊科学的狭窄的框子之内”③。需要指出的是，现代心理学形成于 19 世纪，康德哲学语境中的心理学是在传统意义上而言的，涉及古希腊的灵魂学到现代的经验心理学和理性心理学，康德通过肃清心理学和心理主义的谬误为先验哲学开辟道路。但不管何种意义上的心理学，价值学派都与之保持距离，传统的心理学已然被康德扬弃，现代心理学也不适合成为哲学的基础。19 世纪七八十年代，新康德主义（马堡学派的柯亨和价值学派的文德尔班）都一致反对弗里斯和赫尔姆霍茨将认识论奠基于心理学之上的做法，他们致力于先验哲学，关注的是法权问题而不是事实问题，追问的是知识的根据而不是知识的起源④。文德尔班在《批判的方法还是发生学的方法?》（Kritische oder genetische Methode? 1883）一文中提出，经验科

---

① H. Rickert: *Die Grenzen der naturwissenschaftlichen Begriffsbildung*, Tübingen und Leipzig: Mohr, 1902, S. 620.

② 冯特 1880—1883 年完成出版两卷本的《逻辑学：关于知识原则和科学研究方法的一项考察》（*Logik. Eine Untersuchung der Prinzipien der Erkenntnis und der Methoden wissenschaftlicher Forschung*），该书第二卷第二部分专门探讨精神科学的方法论，把心理学作为精神科学的基础。

③ ［德］文德尔班：《历史与自然科学》，王太庆译，载《现代西方哲学论著选辑》，洪谦主编，商务印书馆 1993 年版，第 63 页。

④ Cf. Frederick C. Beiser: *The Genesis of Neo-Kantianism*, 1796-1880, Oxford: Oxford University Press, 2014, p. 492.

学(包括心理学)作为“说明性的科学”(erklärende Wissenschaften),所使用的发生学方法无法解决知识的有效性问题,哲学的真正方法是目的论的批判反思。心理学与哲学、认识论构成鲜明的对立,“这种对立越是尖锐地突显出来,心理学就越分明地作为‘关于意识现象之起源的科学’归入个别科学之中”①。李凯尔特认为,现代心理学作为一门科学必定采用普遍化的方法,而普遍化的心理学概念在叙述历史文化现象的个别性、特殊性方面是无能为力的,这种方法有其适用限度,文化科学更需要个别化的方法(das individualisierende Verfahren),心理学的概念既无法区分文化生活和纯粹的自然,更无法成为文化科学的基础。

实际上,价值学派对狄尔泰的批评有些“错位”,毋宁说他们批评的心理学也是狄尔泰所诟病的心理学,而对于狄尔泰本人试图建立的新型心理学,价值学派又存在误解。如前所述,狄尔泰把现代心理学归为“说明性的心理学”(erklärende Psychologie),这种心理学将数学和自然科学的认知方法运用到精神生活领域。例如,赫尔巴特假定表象是一种可被测量的力,可以用数学的方式处理心理现象,以便使心理学能够接近科学的水平②。在狄尔泰看来,精神领域的研究对象没有办法通过计量或外在的经验观察获得精确的因果知识,心理实验科学无非是把意志还原为其衍生的现象,无法理解活生生的心理关联和精神生命。为此,狄尔泰建构“描述的和分析的心理学”,从实在的内部经验出发去认识精神事实。狄尔泰的心理学提出了规范性的要求,但它又不是基于非历史的、非心理的纯粹理性,而是基于人之生命的心理意识,“从而也为解决先验哲学关于有效性和起源的困境做了准备工作”③。

针对文德尔班《历史与自然科学》演讲中含沙射影的批评,狄尔泰在《[论

---

① Arnold Ruge: *Wilhelm Windelband*, Leipzig: Johann Ambrosius Barth, 1917, S. 40.

② Cf. Frederick C. Beiser: *The Genesis of Neo-Kantianism*, 1796–1880, Oxford: Oxford University Press, 2014, p. 136.

③ Karl-Heinz Lembeck: „Kantianismus oder Neukantianismus in DILTHEYS Psychologie?“, in: *Dilthey-Jahrbuch*, Bd. 10, Göttingen: Vandenhoeck & Ruprecht, 1996, S. 50.

比较心理学］个体性研究文稿》(［Über vergleichende Psychologie］Beiträge zum Studium der Individualität)中做出了回应，一方面为描述心理学辩护，另一方面规划比较心理学，作为描述心理学的补充。狄尔泰重申，内在的意识事实是指思想行为和意志行为的感受状态，当人们把注意力投射到这种内在过程和状态时，便产生了内感知，心理事实在人身上表现为精神性的事实，描述心理学和比较心理学都旨在澄清这种精神事实，“心理学方法绝非‘从始至终’就是自然科学的方法”①，特别是比较心理学的方法与文德尔班本人所强调的历史方法密切相关。关于狄尔泰的新型心理学，李凯尔特的理解也失之偏颇，他以为描述心理学和实验心理学异途同归，难免落入抽象的普遍化，他执着于文化的个别性，主张通过个别化的历史方法去发现其统一的本质，“历史的统一不仅不属于现有的自然科学的心理学，而且不属于**任何**关于精神生活的普遍理论。”②在这种批评之后，狄尔泰1900年以后的文本更加明确地表明自己的立场，即普遍化的方法和个体化的方法对于人文研究同等重要③。与李凯尔特的误解相反，文德尔班在狄尔泰去世之后出版的《哲学导论》中将以历史为导向的心理学视为“日常生活的心理学”，并称这种心理学不是科学，只是一种艺术④；这种观点也是沿袭了康德，第一批判批评了理性心理学的谬误之后，康德在《自然科学的形而上学初始根据》(1786年)中承认经验的心理学作为人类学的一部分是可能的，它并非严格意义上的科学，而只是对心灵状况的描述，属于一种历史性的自然学说(historische Naturlehre)。霍斯特·贡德拉赫(H.Gundlach)指出，文德尔班对“日常生活的心理学”的批评显然是针对狄尔

① Dilthey:„［Über vergleichende Psychologie］Beiträge zum Studium der Individualität“, in: GS Bd. 5, Stuttgart: Teubner, 1990, S. 256.

② ［德］李凯尔特:《文化科学和自然科学》，涂纪亮译，商务印书馆1991年版，第91页。

③ Cf. Jos de Mul: *The Tragedy of Finitude. Dilthey's Hermeneutics of Life*, translated by Tony Burrett, New Haven & London: Yale University Press, 2004, p. 195.

④ Vgl. W. Windelband: *Einleitung in die Philosophie*, Tübingen: Mohr, 1920, S. 337.

泰的[1]。总而言之,狄尔泰的新型心理学没有引起足够的重视,不仅受到以艾宾浩斯为代表的主流心理学的排挤,也受到文德尔班、李凯尔特的批评和误解,以至于原先设计的心理学计划未能顺利开展下去。随着胡塞尔《逻辑研究》(1900—1901 年)的发表,狄尔泰受其影响,又重新开始了精神科学的奠基工作,并转向诠释学的进路(参见下文第四小节)。有趣的是,价值学派在追问文化科学的客观性过程中,基于对历史理解之意义关联和价值关联的揭示,以隐性的方式也走上了一条文化科学的诠释学之路。

三、文化科学的客观性追问

在现代科学的语境中,客观性无疑是异常重要的问题,没有客观性就丧失了科学之为科学的根据。在新康德主义价值学派那里,如果文化科学着眼于个别化的描述,同时又是科学的话,那么这是怎样的一种客观性?这种客观性如何保障?价值学派把自然科学视为规律科学,自然科学的客观性指向与价值无涉的普遍性规律,个别事物被抽象掉特殊性从而成为普遍规律之下的例证,而文化科学要从一次性、个别性、特殊性方面来认识对象,如此一来,自然科学的立场贯彻越彻底,"就会越坚决地把一切历史叙述作为非科学的东西予以抛弃"[2]。若要解决历史对文化的"客观"叙述问题,显然"不能把它和普遍化自然科学的客观性相提并论"[3]。在李凯尔特看来,文化科学的客观性辩护需要避免两个极端,一方面要防止吞噬一切个别性的普遍化,另一方面要防止非科学的实践评价,这两极被他称为危险的卡律布迪斯和斯库拉[4];为避免

① Horst Gundlach: *Wilhelm Windelband und die Psychologie*, Heidelberg: University Publishing, 2017, S. 169.

② H. Rickert: *Die Grenzen der naturwissenschaftlichen Begriffsbildung*, Tübingen und Leipzig: Mohr, 1902, S. 624.

③ [德]李凯尔特:《文化科学和自然科学》,涂纪亮译,商务印书馆 1991 年版,第 120 页。

④ 卡律布迪斯(Charybdis)和斯库拉(Scylla)是古希腊神话中的女妖,吞噬船只和水手的海怪,分别指代西西里海岸附近的漩涡和暗礁。

两难境地,李凯尔特引入“理论上的价值关联”(theoretische Wertbeziehung)作为解决之道。

价值不仅是区分文化和自然的标准,同时也是历史学家筛选材料时区分本质成分和非本质成分的标准。价值引导着历史材料的选择和历史概念的形成,没有价值观点的指导就没有历史科学,若“把对现实的理解和现实本身混淆起来”①,历史就成为一堆没有意义的材料。在价值学派看来,历史的客观性不在于单纯地重构事实,这种客观性本身是不可能的,兰克要求“如实地”表述历史,固然无可厚非,但他掩盖了方法论问题,忽视了作为指导的价值原则。那么,何谓价值?价值是否具有客观性?文德尔班将价值视为规范性、有效性,李凯尔特指出,价值既不是物理现实也不是心理现实,但它与现实相联系,又和主体的活动有关,其实质是有效性(Geltung)。文化必然与价值相关,文化价值具有被普遍认可的特征,“文化价值的这种普遍性,使历史概念的形成排除了个人的主观随意性,因而是历史概念形成的‘客观性’的根据。历史上的本质成分不仅对于这个或那个个别的个人,而且对于所有的个人,都一定是有意义的。”②

文化价值可以有不同的视角,李凯尔特在回应历史学家 E.迈尔的批评时指出,随着关注维度发生变化,历史叙述的内容也会发生变化,因而同一个对象对一种叙述来说是本质的,对另一种叙述来说却可能是非本质的。例如,威廉四世拒绝接受王位对于政治史来说是本质成分,而给他制作外衣的裁缝是无关紧要的,但我们可以设想,在关于服装式样、缝纫手艺的历史中,这个裁缝可能就属于本质成分③。关键在于,文化科学所呈现的特殊之物本身具有普遍的意义,这种普遍性不是类的普遍性或可重复性,而是个别之物在普遍的历史关联中所体现的文化价值,“只有文化价值才能在一次性和个别之物中逐

① ［德］李凯尔特:《文化科学和自然科学》,涂纪亮译,商务印书馆 1991 年版,第 76 页。

② ［德］李凯尔特:《文化科学和自然科学》,涂纪亮译,商务印书馆 1991 年版,第 86 页。

③ 参见［德］李凯尔特:《文化科学和自然科学》,涂纪亮译,商务印书馆 1991 年版,第 81 页。

步发展……但是个别现实并没有由于这个缘故而变成普遍概念的类的事例,反之,它始终是由于其个别性而具有意义。"①在这里,个别之物与历史关联是部分与整体的关系,而不是自然科学中事例与类概念的关系②。历史的、个别化的方法其实就是一种与价值相联系的方法,自然科学不需要价值观点,也仅仅是就其特定研究内容而言的,"在哲学的观点之下,'自然'本身就是人类文化活动的产物"③,当自然科学反思自身的客观性时,它也以价值和人类文化活动的有效性为前提。

对价值观点的一种常见异议是,视角、立场的差异会导致历史叙述的相对性和主观性。为此,李凯尔特区分了理论上的价值联系和实践上的价值判断/评价(Wertbeurteilung/Werten),并强调文化科学的研究对象与价值之间保持的关联仅仅是理论意义上的。对一个历史事件肯定或否定、赞扬或诘难是一种实践评价,历史学家应该避免这种评价,从不同个人立场出发进行的历史叙事只是一种掺杂了实践评价的主观叙事。李凯尔特承认,历史学家能否克制自己不做价值判断,抑或人们是否期望历史学家这么做,可能是有争议的;但要认识到,科学的历史叙述应该仅以纯粹理论的方式把它的对象与文化价值联系起来,一种排除了实践评价的历史叙述才是客观的。理论上的价值关联指的是相关性、重要性和意义,什么是有价值的意味着什么是有意义的、重要的,历史学家只关注有意义的和重要的事件,而不管事件本身在实践中具有"正面的"还是"负面的"意义。李凯尔特试图说明,"历史科学仅仅关涉到价值,借此而不失其客观性。"④这仅仅是一种理论上的价值关联,一方面牵涉到

① [德]李凯尔特:《文化科学和自然科学》,涂纪亮译,商务印书馆1991年版,第87页。

② Vgl.Rickert:*Die Grenzen der naturwissenschaftlichen Begriffsbildung*,Tübingen und Leipzig:Mohr,1902,S. 393.

③ H. Rickert:*Die Grenzen der naturwissenschaftlichen Begriffsbildung*,Tübingen und Leipzig:Mohr,1902,S. 692.

④ Rudolf A.Makkreel:"Wilhelm Dilthey and the Neo-Kantians:On the Conceptual Distinctions between *Geisteswissenschaften* und *Kulturwissenschaften*", in:*Neo-Kantianism in Contemporary Philosophy*,Bloomington:Indiana University Press,2010,p. 256.

我们对现实、历史事件之地位、重要性的理解和判断，另一方面牵涉到历史文化的意义关联，只有把个别之物放置到普遍的历史关联之中，才能确定它是否有价值，历史学家应该参照普遍的文化价值，使历史叙述达到最大限度的客观性。

那么，一个普遍的价值参照体系、意义关联何以可能？历史科学要具有客观性和必然性，它就必须“包含超越于经验之上的前提，即某些绝对有效的价值”①，与“绝对价值”保持联系，才能在个别化的概念形成中避免历史叙事的随意性。需要注意的是，在历史科学中，绝对价值是一种超越经验的预设，一种范导性的应然之物，它只具有形式上的普遍性，“这个形式上的假设能够充分地满足就最严格意义而言的历史客观性”②。李凯尔特拒绝赋予历史科学以形而上学的客观性，反对将实在论意义上的超验存在或经验存在移植于历史学，只有历史哲学才会追逐形而上学的客观性和绝对价值的实在内容。“恰恰是那种被假定为有效的形式价值的‘空洞性’（Leerheit）使历史学在从内容方面规定它的那种起指导作用的观点时（历史学作为经验科学而言不可能没有这种观点），具有自由和广度。”③尽管如此，人们难免还是会指摘这种绝对价值的形式性与空洞性，不得不说，价值学派陷入了价值与事实、先验与经验对立的二元论困境。

但另一方面，价值学派由于对历史理解、意义关联和价值系统的凸显，已然以隐性的方式走上了一条文化科学的诠释学之路，卡西尔后来将文化科学的“诠释学”概念明确表达出来④，虽然他对价值概念颇有微词。按照李凯尔

---

① H. Rickert: *Die Grenzen der naturwissenschaftlichen Begriffsbildung*, Tübingen und Leipzig: Mohr, 1902, S. 640.

② ［德］李凯尔特：《李凯尔特的历史哲学》，涂纪亮译，北京大学出版社 2007 年版，第 167 页。

③ ［德］李凯尔特：《李凯尔特的历史哲学》，涂纪亮译，北京大学出版社 2007 年版，第 206 页。

④ Vgl. Ernst Cassirer: *Zur Logik der Kulturwissenschaften*, Göteborg: Elanders boktryckeri aktiebolag, 1942, S. 107.

特的看法,文化科学真正涉及的是对现实的理解/立义(Auffassung der Wirklichkeit),而不是现实本身,现实包含着漫无边际的杂多,这种个别之物是一种纯粹的异在(das bloße Anderssein),需要以价值为原则进行比较、选择,所谓有价值即是在历史关联中有意义和重要性,由此提取出来的个别之物是可表述、可被纳入概念之中的对现实的理解,科学概念的形成只有通过主体的理解活动和改造活动才能完成。在最终意义上来讲,自然科学也是历史文化的产物,自然概念也是文化财富,“是一种借助于人的智慧而对现实所作的有效的、即客观地有价值的理解”①。由此可见,李凯尔特在主张文化科学客观性的同时又解构了天真的客观主义,主体的理解、立义活动成为科学的前提和基础,并且这种诠释学的要素获得了普遍的意义。此外,李凯尔特也了解狄尔泰后来的诠释学工作,他在1926年《文化科学和自然科学》第六、七版前言中对狄尔泰给予了有所保留的肯定:“狄尔泰在历史的‘再体验’和‘移情’方面的才能,……是卓越的,在那个时代或许是独一无二的。”②

四、理解与体验:精神科学和诠释学的交汇

精神科学的客观知识何以可能,是狄尔泰尤为关切的问题,其心理学计划遇挫后,他将之改造成诠释学方案,同时淡化了施莱尔马赫一般诠释学的心理主义色彩,将诠释学提升为精神科学的认识论基础和本质要素。狄尔泰批评实证主义缺乏历史的教养,主张“精神是一种历史性的存在,它充满着全部的人类记忆”③,精神科学知识的一个显著特征就是历史性,由此引出:我们如何在历史中获得客观知识?历史是一次性的过程,没有实证科学的可重复性、可检验性那种意义上的客观性,历史中还包含着漫无边际的杂多和人类混乱的

① [德]李凯尔特:《文化科学和自然科学》,涂纪亮译,商务印书馆1991年版,第127页。

② H.Rickert:„Vorwort zur sechsten und siebenten Auflage“, in: *Kulturwissenschaft und Naturwissenschaft*, Tübingen: Mohr, 1926, S.XII.

③ Dilthey: *Der Aufbau der geschichtlichen Welt in den Geisteswissenschaften*, GS Bd. 7, Stuttgart: Teubner, 1992, S. 277.

记忆,面对这样的困境,精神科学需要反思在历史进程中客观知识何以可能的问题,狄尔泰把这一基本任务称作“历史理性批判”。他晚年力图扬弃心理主义的认识论,重新以诠释学为精神科学奠基。诠释学的进路尤其关注精神科学中如何达到客观有效的知识,“这种知识论问题的解决导向诠释学的逻辑问题”①。心理学转向诠释学的关键之点涉及两个方面:精神科学的认知内容和精神科学的认识方法。

就精神科学的知识内容而言,从强调心理关联、心理过程的重构,转向精神事实的认知和理解,将“心理的”内容提升为“精神的”内容。狄尔泰 1910 年发表《精神科学中历史世界的建构》,进行了自我批判,“这里有一种常见的错误,我们为了获得这种内在方面的知识,诉诸心理的生命过程,诉诸心理学。我想通过下面的探讨澄清这一错误。”②以法学和美学为例,在法学中,对某一特定法律的历史理解,需要从外在的组织机构回溯到由共同意志所促成的法令的精神系统,对于这种精神系统的理解“不是心理学的认知,而是回溯到一个有自身结构、合规则性的精神构成物”③;在美学中,当我们面对文学史上的作品,即呈现于感官之前的语词符号系统,有待理解的是这些语词所表现的精神内容,“这里的关键是:被表达的不是诗人的内心过程,而是一个在这过程中创造出来但又可以与其相分离的关联体。……所以,文学史或诗学首先要处理的对象完全不同于诗人或其读者的心理过程。在此,一种精神的关联体被实现了,它进入感性世界,我们从该世界出发回溯性地理解它。”④狄尔泰引入并改造了黑格尔的客观精神概念,个体之间的共同性将自身客观化于感性

① Dilthey:„Die Entstehung der Hermeneutik“, in: GS Bd. 5, Stuttgart [u. a.]: Teubner, 1990, S. 334.

② Dilthey: *Der Aufbau der geschichtlichen Welt in den Geisteswissenschaften*, GS Bd. 7, Stuttgart: Teubner, 1992, S. 84.

③ Dilthey: *Der Aufbau der geschichtlichen Welt in den Geisteswissenschaften*, GS Bd. 7, Stuttgart: Teubner, 1992, S. 85.

④ Dilthey: *Der Aufbau der geschichtlichen Welt in den Geisteswissenschaften*, GS Bd. 7, Stuttgart: Teubner, 1992, S. 85.

世界之中,成为可持存的精神创造物,亦即精神的客观化物和他人的生命表现(Lebensäußerungen),这些产物摆在我们面前,成为认识的对象,精神科学要再认识这种客观化物,探究那些生命表现的客观内容。无论是法律、政治制度、宗教、习俗,还是文学、艺术作品,对于它们的认识不再是以读者的心理过程还原作者的心理过程,而是由外在的感性载体通达内在的精神内容,这项工作主要不是心理学而是诠释学来完成的。

现在,理解的重点不再是心理过程,而是精神的客体与符号。狄尔泰借用黑格尔的"客观精神"概念,泛指生命的客观化物、人类精神活动的产物,诸如社会历史文化,并以生命整体取代黑格尔的普遍理性,从建基于历史之中的生命实在的给定物出发,研究这些产物的意义内容。从客观精神之产品出发,探究那些自我表现、自我对象化的内容,这其实是狄尔泰精神科学概念的本有之义,用贝蒂(E. Betti)的话说,精神科学面对的是"精神的客观化物""意义的表达式",理解涉及社会组织、伦理习俗、文本著作、艺术作品等,这些都是精神的外化与事实,"向客观精神概念的这一转向,表明了狄尔泰著作中下述更为明确的认识:主观的概念仍然是一个脱离了共同上下文的形式抽象。狄尔泰毕竟已经看到,个体必须根据其社会—历史关联加以理解;文化系统的知识包含了若干更高序列的概念,这些概念是不能单纯从心理学中推演出来的。"①总之,晚年的狄尔泰力图克服描述心理学的弊端以及施莱尔马赫诠释学的心理主义倾向,并以一种新型的诠释学为精神科学奠基。

就精神科学的认识方法而言,将心理学的描述、分析提升为诠释学的理解和体验。狄尔泰在1894年的心理学演讲中已提出"说明"(erklären)和"理解"(verstehen)的对立——"我们说明自然,我们理解心灵生活"②,但此处尚

① [美]鲁道夫·马克瑞尔:《狄尔泰传——精神科学的哲学家》,李超杰译,商务印书馆2003年版,第283页。

② Dilthey:„Ideen über eine beschreibende und zergliedernde Psychologie",in:GS Bd. 5,Stuttgart:Teubner,1990,S. 144.

未给出理解的明确定义,并且理解活动主要朝向心理过程、心理关联;《诠释学的起源》(1900年)将理解界定如下,“从外在感官给予的符号去认识内在之物的过程,我们称之为理解”①,随后狄尔泰又把这种内在之物视为一种心理之物(ein Psychisches),理解就是对这种心理之物的还原,这里的理解概念受到施莱尔马赫影响,仍然带有明显的心理学色彩;到了1910年的《精神科学中历史世界的建构》,狄尔泰有意识地淡化理解方法中的心理主义成分,使之成为思想的运作,力求把握精神创造物本身的逻辑关联以及这种创造物所从产生的生命关联(Lebenszusammenhang)和效果关联(Wirkungszusammenhang)。理解过程可以被看作一种特殊的归纳过程,“它不是从一个不完整的事例序列中推导出普遍规律,而是从中推导出一种结构、一个秩序系统,这个系统将诸事例作为组成部分归为一个整体。”②从这段论述中我们可以看出,狄尔泰提出了一种与李凯尔特相得益彰的观点,从个别之物的理解中推论出普遍的历史关联,二者之间是部分与整体的关系,而不是事例与类概念的关系。

毋宁说,理解活动就是在部分与整体之间建立联系,诠释学的循环理论中深刻揭示了这种关系。在语文学的意义上,理解的循环存在于语词、字句和段落、篇章之间,在施莱尔马赫那里,循环存在于某个作品与作者的整个心路历程、生命历程之间。狄尔泰则将诠释学的循环拓展到整个精神世界、历史世界,一方面必须通过对部分的理解去构建历史的关联整体,另一方面那赋予部分以意义和位置的恰恰是整体本身;换言之,对精神创造物的理解,要放置到其由以产生的生命关联和效果关联之中,而为了获得这种结构关联,又需要从诸多精神客观化物的理解出发。狄尔泰不像李凯尔特那样预设具有形式普遍性的绝对价值作为客观知识的终极标准,而是承认和接受了诠释学的循环,并使这种循环作用于现实的历史理解过程之中。再体验(Nacherleben)作为理

---

① Dilthey:„Die Entstehung der Hermeneutik“,in:GS Bd. 5,Stuttgart:Teubner,1990,S. 318.

② Dilthey:*Der Aufbau der geschichtlichen Welt in den Geisteswissenschaften*,GS Bd. 7,Stuttgart:Teubner,1992,S. 220.

解的高级形式,穿梭于不同的历史视域,建构并整合着不同的历史视域。“再体验”这一特别与心理学具有亲缘关系的概念,也被狄尔泰有意识地淡化了其中的心理主义成分,“在此使我们感兴趣的只是这一过程的成就,不应对其做心理学的解释。因此,我们也不讨论再体验概念与同情概念以及移情概念之间的关系,尽管这种关联显而易见,即同情会增强再体验的力度 。我们关注的是这种再体验对于我们掌握精神世界的重大贡献。”①

“体验(Erleben)—生命表达/表现(Lebensausdruck)—理解(Verstehen)”构成狄尔泰诠释学进路的关键线索,“把体验、表现和理解关联起来是特有的方法/程序,借此人类才作为精神科学的对象为我们而存在”。② 理解是一种转换活动,亦即理解者以自己的体验为基础,进入他人的生命表现之中,从外在感官所给予的符号去认识内在思想的过程。尽管狄尔泰声称心理主义的处理方式欠妥,然而实际上其诠释学仍然带有心理学的印记;故而不少学者挑战以格雷图伊森(Bernhard Groethuysen)、格奥尔格·米施(Georg Misch)为代表的传统观点,认为他晚年转向诠释学并不意味着放弃之前的描述心理学,而只是对它的一种修正,这里“不存在根本突破描述心理学的问题,更不用说存在完全拒斥描述心理学的问题”③。但不可否认的是,理解的核心问题不再是重构心理过程,而是含义/意义问题,精神科学“关心的仅仅是外部事实(äußeren

---

① Dilthey:*Der Aufbau der geschichtlichen Welt in den Geisteswissenschaften*, GS Bd. 7, Stuttgart: Teubner, 1992, S. 215.

② Dilthey:*Der Aufbau der geschichtlichen Welt in den Geisteswissenschaften*, GS Bd. 7, Leipzig[u. a.]:Teubner, 1979, S. 87.

③ [荷]约斯·德·穆尔:《有限性的悲剧——狄尔泰的生命释义学》,吕和应译,上海三联书店 2016 年版,第 199 页。此外,可进一步参见:„Vorbericht der Herausgeber“, in: Dilthey: *Grundlegung der Wissenschaften vom Menschen, der Gesellschaft und der Geschichte*, GS Bd. 19, hrsg. von Helmut Johach u. Frithjof Rodi, Göttingen: Vandenhoeck und Ruprecht, 1997, S. LV.; G. Kühne-Bertram, F. Rodi: „Zur Einführung“, in: *Dilthey und die hermeneutische Wende in der Philosophie*, Göttingen: Vandenhoeck & Ruprecht, 2008, S. 10. Jos de Mul: “The syntax, pragmatics and semantics of life. Dilthey's hermeneutics of life in the light of contemporary biosemiotics”, in: *Dilthey als Wissenschaftsphilosoph*, Verlag Karl Alber, 2016, p.167。

Tatbeständen)借助于精神活动所获得的含义和意义,精神科学的运作有助于理解外部事实的这种含义和意义"①。精神外化为客观存在的作品,又通过对它的生命表现的反思、体验和理解返回自身,其意义就呈现于社会历史关联、文化体系之中,从而"狄尔泰从反思哲学中借用的模式,取代了幼稚的移情说"②。

理解是如何可能的?换句话说,理解中的意义流通和转换是如何实现的?对此狄尔泰提供了一种"维柯式"的回答:精神只理解它自己所创造的东西,历史科学的可能性在于,研究历史的主体本身是历史的存在者和创造者,然后才是历史的观察者③。与维柯不谋而合,狄尔泰力争以此种方式证明精神科学的认知乃是一种内在的理解,是精神的自我理解。他进一步指出,人与人之间的相互理解基于共同的实践生活,共同性、交互性使理解得以可能,这一观点深受哈贝马斯青睐,"反思的生活经验,必然始终在同其他主体的理解媒介中积累。我只是在'共同性的领域'中了解我自己,在这个'共同性的领域'中,我同时在他人的具体化中了解他人"④。理解者能够基于生命体验达到对精神客观化物的理解,还与体验本身的特性有关,体验具有直接性、整体性、双向流动性和认识论功能⑤,最为重要的是,体验为我们提供整体的世界观(按照狄尔泰自然科学方法论提供的只是抽象的世界观),体验的整体性源于生命的整体性和统一性,这种生命不唯是生物学意义和个人意义上的,更是历史的生命、社会的生命,故而对各种"生命表现"的理解也就要通过体验最终回溯到整体的生命关联之中。

---

① Dilthey:*Der Aufbau der geschichtlichen Welt in den Geisteswissenschaften*,GS Bd. 7,Leipzig[u. a.]:Teubner,1979,S. 118.

② [德]哈贝马斯:《认识与兴趣》,郭官义、李黎译,学术出版社 1999 年版,第 142 页。

③ Vgl. Dilthey:*Der Aufbau der geschichtlichen Welt in den Geisteswissenschaften*,GS Bd. 7,Leipzig [u.a.]:Teubner,1979,S. 148,277-278.

④ [德]哈贝马斯:《认识与兴趣》,郭官义、李黎译,学术出版社 1999 年版,第 150 页。

⑤ 参见潘德荣:《西方诠释学史》,北京大学出版社 2016 年版,第 275—278 页。

狄尔泰区分了三种类型的生命表现:概念、判断和思想构造物;行为;体验表达。其中,体验表达(Erlebnisausdruck)对精神科学具有最高的意义。狄尔泰笃信,伟大的作品是真实的体验表达,因而文本、语言在诠释学中具有特殊重要的地位,理解只有面对语言记录时才能达到普遍有效性。“在伟大的作品中,精神性的东西脱离了它的创造者——诗人、艺术家和作家,我们进入一个不再有欺骗的领域。……伟大的艺术作品……本身是真诚的,坚实、显著、持久地存在着,对此,一种合乎技艺的可靠理解因而是可能的。”①作品,尤其是经典作品具有持久的生命力,是常驻的精神客观化物,能够充分地表达生命的本质,可以被反复地诠释,并借助诠释学的技艺达到可靠的理解。相比之下,行为本身并不直接基于表达,而概念、判断、理论是抽象的表达,它们均衍生于体验,生命的总体性、丰富性构成科学之源泉,“如同生命的总体性总是存在于体验和理解之中,生命的丰富性也总是回响在这种科学最抽象的命题中”②。

重新体验/再体验(Nacherleben)是理解的最高形式,对于精神世界具有重大意义。狄尔泰以此表明理解本质上是一种再创造活动,理解与生命的进程一起前进,“重新体验的胜利就是:在这种体验中,一个过程的各个断片被补充,以至于我们相信我们获得一种连续性摆在面前。”③再体验依赖于环境—外部状态和想象两个因素,对前者的当下化(Vergegenwärtigung)激发理解者重新体验,借助后者则可以突破理解者自身的狭隘性和局限性,打开一个广阔的可能性空间和视域,这些可能性在他的现实生命中本不存在,“受生命现实束缚、被生命现实决定的人,不仅通过艺术进入自由(这是时有发生的

---

① Dilthey:*Der Aufbau der geschichtlichen Welt in den Geisteswissenschaften*,GS Bd. 7,Leipzig[u. a.]:Teubner,1979,S. 207.

② Dilthey:*Der Aufbau der geschichtlichen Welt in den Geisteswissenschaften*,GS Bd. 7,Leipzig[u. a.]:Teubner,1979,S. 119.

③ Dilthey:*Der Aufbau der geschichtlichen Welt in den Geisteswissenschaften*,GS Bd. 7,Leipzig[u. a.]:Teubner,1979,S. 215.

事），而且也通过对历史事件的理解进入自由”①。

精神世界、历史世界的构建最终奠基于诠释学之上，精神科学的领域就是理解的领域，理解的对象是生命的表现/表达（Ausdruck）、精神的客观化物，对之进行合乎技艺的理解就是解释（Auslegung）。“生命本身已然逝去，唯有表达依旧存在。……历史学家站在过去残留物的废墟中间，站在早已远去的灵魂表现——行为、语词、声音和图画——之残留物的废墟中间。历史学家应该如何召唤它们呢？其全部的招魂努力就是对留下的残留物进行解释。……这是一门诠释学的艺术。”②“如果系统的精神科学从这种对个别物的客观把握中推导出普遍的规则关系和包罗万象的关联，那么理解和解释的过程就总是精神科学的基础。”③诠释学和精神科学在这里交汇了，继施莱尔马赫之后，它以不同的面貌重新出场，成为精神科学的认识论基础和本质要素，狄尔泰昭示了二者之间交融互摄的关系。

诠释学发展到狄尔泰这里获得了关捩点的意义，“前承”浪漫派和历史学派提升为精神科学的一般方法论，“后启”多元化的发展维度，表现为方法论诠释学的进一步丰富充实（贝蒂、赫施）、诠释学的本体论变革（海德格尔、伽达默尔），以及人文社会科学不同领域中具有诠释学特色的理论构建（韦伯、哈贝马斯、米塞斯）。人文社会科学的当代发展特别是诠释学的本体论转向表明，很难再设想为精神科学制定一种统一普遍的方法论作为其基础或者使它们之间互相化约，“人们在不时地试着跨越学科边界进行对话。没有什么比这更能证明人文科学目前是不能用将某一门归并到另一门的方法来简化的。”④从总体来

① Dilthey：*Der Aufbau der geschichtlichen Welt in den Geisteswissenschaften*，GS Bd. 7，Leipzig[u. a.]：Teubner，1979，S. 216.

② Dilthey：*Der Aufbau der geschichtlichen Welt in den Geisteswissenschaften*，GS Bd. 7，Leipzig[u. a.]：Teubner，1979，S. 279－280.

③ Dilthey：„Die Entstehung der Hermeneutik“，in：GS Bd. 5，Stuttgart：Teubner，1990，S. 317.

④ ［法］费尔南·布罗代尔：《论历史》，刘北成、周立红译，北京大学出版社 2008 年版，第 63 页。

看,狄尔泰的精神科学奠基仍然没有摆脱传统认识论的框架,他试图表明理解具有客观性,不受制于作者心理状态的主观性,也不同于自然科学认知的客观性,却没有解释清楚这种客观标准究竟是什么,在伽达默尔看来,狄尔泰的精神科学奠基仍然深受自然科学方法论的影响,难免陷入历史主义的困境,并没有如愿以偿地彰显出精神科学真理的独特性。但狄尔泰的特殊贡献在于,搭建了方法论诠释学通往本体论诠释学的桥梁,严格来说,他的诠释学不再是纯粹方法论意义上以正确理解为目标的技艺学(Kunstlehre),而是一种"诠释学哲学"(Hermeneutische Philosophie)①,诠释学的问题意识化为精神科学的内在要素,上升到真理的高度,"精神科学的真理基于体验和理解,而另一方面理解又以精神科学的真理之运用为前提"②,正是沿着这条道路,伽达默尔经由海德格尔最终才以"哲学诠释学"(philosophische Hermeneutik)的形态完成了理解的本体论转向,并揭示出理解具有问答/对话的逻辑结构,为进一步打开精神科学的真理内核提供了一把钥匙。

---

① Vgl. Gunter Scholz:„Hermeneutische Philosophie", in: *Historisches Wörterbuch der Philosophie*, Bd. 7, hrsg. von Joachim Ritter, et al, Basel: Schwabe, 1989.

② Dilthey: *Der Aufbau der geschichtlichen Welt in den Geisteswissenschaften*, GS Bd. 7, Leipzig[u. a.]: Teubner, 1979, S. 141–142.

第四章　哲学诠释学视域下的理解与方法

哲学诠释学的创立归功于伽达默尔，他促使诠释学成为现代西方哲学中的一门显学。哲学诠释学始于对现代科学方法论的反思，《真理与方法》的导言中明确表示，“以下研究的出发点在于这样一种对抗，即在现代科学范围内抵制科学方法的普遍要求”①。不唯如此，伽达默尔还“清算”了方法论诠释学，实现了诠释学从方法论到本体论的转向，本章将重点探讨这一转向的来龙去脉。伽达默尔认为，狄尔泰关于精神科学方法论的构想并没有实现他的预期目标，而且整个方法论诠释学的传统，包括现代诠释学的第一个形态浪漫派诠释学，都陷入了某种困境。按照他的解读，浪漫派诠释学特别是施莱尔马赫的一般诠释学，持原意/原义重构论、作者中心主义、方法主义和心理主义的立场；实际上诠释学从其历史起源来看，一开始就包含着实践面向，超出了科学方法论的范围，“具体化”和“实践智慧”概念特别表明了诠释学的实践特征。在反思批判方法论诠释学的基础上，伽达默尔沿着海德格尔的现象学道路完成诠释学的本体论转向；对他而言，方法似乎不再是通达真理的途径，理解的真理不是通过方法论的控制达到客观知识，而是一种效果历史经验。

---

① Gadamer：*Wahrheit und Methode*：*Grundzüge einer philosophischen Hermeneutik*，GW Bd. 1，Tübingen：Mohr，1990，S. 1.

第一节 “反对”方法

伽达默尔的哲学诠释学始于对现代科学方法论的反思,他抵制现代科学方法论试图成为“万能工具”的普遍要求,进而又在诠释学内部对方法论问题进行批判性的考察,并沿着海德格尔的道路完成了诠释学的本体论变革。伽达默尔对方法的“敌视”引起不少关注,其诠释学代表作却命名为“真理与方法”(Wahrheit und Methode),以至于赫施认为这一标题“颇具讽刺意味”①,哈贝马斯提到在伽达默尔那里“‘真理’与‘方法’的对峙”②,伯恩施坦则建议将标题更名为“真理反对方法(Truth *versus* Method)”③,帕尔默说道:“特别是作为精神科学方法论基础的诠释学旧有观念,已被舍弃了,方法自身的地位受到质疑,因为伽达默尔著作的标题就包含一个反讽:方法并非通达真理之路。相反,耽于方法之人不能把握真理。”④伽达默尔本人也曾反复强调,其哲学诠释学与方法无关,《真理与方法》第二版序言中写道,“无论如何,我的研究意义绝不在于提供一种关于诠释的一般理论和关于诠释方法的独特学说”⑤,“像古老的诠释学那样想要成为一门关于理解的‘技艺学’,并不是我的目的。我不想炮制一套技艺规则的体系以便能够描述甚或指导精神科学的方法论程序。”⑥伽达默尔的新型诠释学观念是在抵制现代科学方法论的普遍要求这一背景下生长起来的,他对方法论诠释学的批评也主要在于,它以自然科学的研

---

① Eric Donald Hirsch:*Validity in Interpretation*,New Haven and London:Yale University Press,1967,S. 245.

② Jürgen Habermas:„Zu Gadamers,Wahrheit und Methode‘“,in:*Hermeneutik und Ideologiekritik*,Frankfurt am Main:Suhrkamp,1971,S. 46.

③ Richard Bernstein:*Beyond Objectivism and Relativism*:*Science*,*Hermeneutics*,*and Praxis*,Philadelphia:University of Pennsylvania Press,1983,S. 115.

④ [美]理查德·E.帕尔默:《诠释学》,潘德荣译,商务印书馆2012年版,第214页。

⑤ Gadamer:„Vorwort zur 2.Auflage“,in:GW Bd. 2,Tübingen:Mohr,1993,S. 441.

⑥ Gadamer:„Vorwort zur 2.Auflage“,in:GW Bd. 2,Tübingen:Mohr,1993,S. 438.

究方法为导向来研究精神科学，以至于后者的独立性、合法性和内在价值受到威胁。

当然，哲学诠释学对现代科学方法论的抵制不能泛泛而论，实际上，伽达默尔并没有否认现代科学方法论以及方法论诠释学的积极意义。他与维亚克尔（F.Wieacker）、贝蒂辩论时强调，他并非要放弃科学方法和客观性，"《真理与方法》标题中所暗示的对立，绝不是完全排斥的。"①后来他在《真理与方法》第三版（1972年）后记中再次强调，倘若人们以为《真理与方法》忽视了现代科学方法论的严格性，倘若人们担心他提出的诠释学反思弱化了科学的客观性，那么这完全是一种天真的误解。② 伽达默尔也没有完全否定作为方法论的诠释学之存在的必要性，他甚至高度评价与他同时代的方法论诠释学家E.贝蒂的卓越工作，只不过他旨在揭示诠释学更为深层的面向，即"理解从来就不是一种对于某个被给予'对象'的主观行为，而是属于效果历史（Wirkungsgeschichte），这就是说，理解是属于被理解之物的存在（Sein）。"③毋宁说，伽达默尔对现代科学方法论以及方法论诠释学的批评，旨在为精神科学的合法性奠定哲学基础，同时从一种诠释学的普遍视角克服自然科学与精神科学的分裂，思考其统一性。

现代诠释学的第一个形态浪漫派诠释学主要被定位为方法论诠释学（参见第二章），伽达默尔对其批评态度从《真理与方法》中的相关标题"对浪漫派诠释学及其在历史学中应用的质疑"就可以看出；他认为诠释学的方法论路向不能通达理解的真理，并进行"以语言为主线的诠释学本体论转向"。不过，如果我们深入考察伽达默尔与浪漫派诠释学的关系，就会发现他在批评的同时也在很多方面继承和深化了浪漫派诠释学的成果，对于这种内在联系，有

① Gadamer: „Rhetorik, Hermeneutik und Ideologiekritik. Metakritische Erörterungen zu ‚Wahrheit und Methode'" (1967), in: *Hermeneutik und Ideologiekritik*, Frankfurt am Main: Suhrkamp, 1971, S. 66.

② Vgl. Gadamer: „Nachwort zur 3. Auflage", in: GW Bd. 2, Tübingen: Mohr, 1993, S. 449, 453.

③ Gadamer: „Vorwort zur 2. Auflage", in: GW Bd. 2, Tübingen: Mohr, 1993, S. 441.

些是他明确意识到的,有些是他没有意识到的。伽达默尔对浪漫派诠释学的解读也存在着一定的片面性,曼弗雷德·弗兰克(Manfred Frank)的质疑及其对浪漫派诠释学的辩护在某种程度上可以印证这一点。此外,伽达默尔晚年坦言,如果他能更多地关注施莱尔马赫的辩证法和美学,或许可以更好地在《真理与方法》中处理施莱尔马赫的个性化理解这一理论。① 我们认为,并非如同流行见解所主张的,伽达默尔放弃了浪漫派诠释学而另行选择不同的诠释学道路,客观地说,诠释学的本体论转向也是在汲取浪漫派诠释学思想资源的基础上完成的。

一、伽达默尔的浪漫派诠释学解读

在浪漫派诠释学的"标签"之下,伽达默尔主要关注的是施莱尔马赫的诠释学思想,偶尔才涉及其他代表人物。根据《真理与方法》的相关论述,伽达默尔视域中的浪漫派诠释学具有以下主要特征:

第一,诠释学的普遍化。诠释学通过施莱尔马赫完成了系统化和普遍化,不再作为特殊研究领域,比如神学、语文学的辅助学科,而成为一门独立的方法论。施莱尔马赫把诠释学的对象从特殊文本拓展到一般的讲话。需要被理解的不仅是经过筛选的经典文本,而且包括一切与语词意义相关的文本和讲话。不仅从对象上看施莱尔马赫的诠释学是"普遍的",而且他致力于把诠释学发展成为一门具有普遍性、系统性的"技艺学",使之不再是解释实践中零散规则的搜集。

第二,"重构"作为其核心任务。关于诠释学的任务,伽达默尔描述了两种情况:重构与综合,分别以施莱尔马赫和黑格尔为代表。浪漫主义反抗启蒙运动对理性完满性的信仰(这种信仰要求摆脱传统的束缚和过去的前见),褒扬古老的时代,力图挽回传统。浪漫派诠释学把重建过去看作自己的核心任

① Vgl. Gadamer: „Zwischen Phänomenologie und Dialektik. Versuch einer Selbstkritik", in: GW Bd. 2, Tübingen: Mohr, 1993, S. 15.

务,“施莱尔马赫……完全以在理解中重建作品的原始规定为目的。”[①]流传下来的艺术作品,从其自身所植根的那个原初“世界”中抽离出来,从而失去了其原来的意义;在伽达默尔看来,施莱尔马赫所要求的对艺术作品的理解意味着对那样一个原初“世界”的重建,这一观点也适合于对其他流传物的理解。质言之,对于施莱尔马赫而言,理解意味着重构,或是对作品所属的原初世界和原意的重构,或是对其作者意图的重构。

第三,对个性的理解在诠释学中凸显。伽达默尔认为,施莱尔马赫的“重构诠释学”最终指向对作者原初创作过程的重构。随着诠释学的对象从书面文本拓展到一般的讲话,对个性的理解凸显出来。“应当被理解的不仅仅是原文及其客观含义,而且也包括说话者或者作者的个性。施莱尔马赫认为,只有返回到思想的起源,才能真正理解这些思想。”[②]伽达默尔指出,这一思想以天才美学说为基础,施莱尔马赫试图在一切作品或讲话中寻找天才创造这一因素,把作品和讲话所表达的思想泛化地看作是富有艺术性的思想和个性的自由创作。“理解”便成了创作过程的倒转,它是对创作的再创作和重构,是对作者思想形成过程的回溯。对作品的理解被还原为对作者个性和意图的理解,伽达默尔把这一倾向视为一种以作者为中心的诠释学立场。

第四,以心理解释为特色(参见第二章第二节)。施莱尔马赫把解释方法划分为语法解释和心理(技术)解释两大类。伽达默尔认为,心理解释是其最富有特色的思想,并对19世纪的理论发展产生了决定性影响。它要求读者和作者具有同等天赋,通过心理移情与作者处于同一层次,消除读者与作者及其作品的间距,以实现与作者同样的理解。解释者甚至应该“比作者更好地理解他自己”,这一要求也是以天才创造说为理论基础的。因为天才的创作不

---

① Gadamer:*Wahrheit und Methode*:*Grundzüge einer philosophischen Hermeneutik*, GW Bd. 1, Tübingen:Mohr, 1990, S. 171.

② Gadamer:*Wahrheit und Methode*:*Grundzüge einer philosophischen Hermeneutik*, GW Bd. 1, Tübingen:Mohr, 1990, S. 189.

仅富有个性,并且往往是在无意识的状态下进行的,从而解释者就肩负着这样的使命,亦即把作者创作中无意识的然而却包含在作品之中的思想,明确地表达出来。

伽达默尔看到,传统的诠释学循环通过施莱尔马赫的心理学方法获得了新的意义。前者只涉及语法解释,单个的语词或句子要放到整个文本中才能得以理解,反之文本的理解又要以对单个语词和句子的理解为前提;“而施莱尔马赫把这一原则运用到心理理解上,心理理解必须把每一个思想作品当作这个人整个生命关联中的一个环节来理解。”①作者的每一个作品都以其整个生命为参照系,只有把单个的作品放到这种关联中,作品及其作者的个性化思想才是可以理解的。

最后,以自然科学研究方法为导向。伽达默尔从施莱尔马赫的后继者中看到一种发展趋向,即诠释学的心理解释方法逐渐以自然科学研究方法为典范。如何达到与作者同样的理解,或者比作者更好地理解他自己?施泰因塔尔(Steinthal)主张研究心理学的规律规则,“通过深入研究语言作品的起因、起源以及作家的思想构造,语文学家可以使认知性的理解深化为把握性的理解。”②伽达默尔认为,“这种心理学规则的研究以自然研究为典范”③,借助于规律规则的研究和可检验的方法论程序,以期达到确切的知识。

二、对浪漫派诠释学的批评与辩护

与以上解读相应,伽达默尔对浪漫派诠释学的批评集中体现在四个方面:“重构”、作者中心主义、方法主义和心理主义。这些批评不乏洞见,但在某些

---

① Gadamer:*Wahrheit und Methode*:*Grundzüge einer philosophischen Hermeneutik*, GW Bd. 1, Tübingen:Mohr, 1990, S. 194.

② Gadamer:*Wahrheit und Methode*:*Grundzüge einer philosophischen Hermeneutik*, GW Bd. 1, Tübingen:Mohr, 1990, S. 197.

③ Gadamer:*Wahrheit und Methode*:*Grundzüge einer philosophischen Hermeneutik*, GW Bd. 1, Tübingen:Mohr, 1990, S. 197.

方面没有那么准确，也曾引起过争议。尤其是曼弗雷德·弗兰克，对伽达默尔的施莱尔马赫解读提出了激烈的反批评，为浪漫派诠释学进行辩护。

第一，伽达默尔认为，“重构”不是诠释学的真正任务。试图原样地重建和修复过去的活动是徒劳和无意义的，“被重建的、从异化中唤回的生命，不是原初的生命”①。在那种假想的“重建”中，始终已经包含着过去与现在的中介运动。

伽达默尔指出，在浪漫主义对启蒙运动反叛的表象之下，两者分享着一个共同的前提，即传统与理性的抽象对立。启蒙运动要求将一切传统置于理性的法庭之下审视，以理性（logos）克服神话（mythos）；浪漫主义则渴望挽回古老的时代和神话的世界，甚至要求在传统面前，一切理性必须保持沉默。“但是通过浪漫主义对启蒙运动价值标准的这种颠倒，启蒙运动的前提，即神话和理性的抽象对立，恰恰被永恒化了。”②如同启蒙运动的理性至上主义一样，浪漫主义的“复辟”态度也是成问题的，因为两者所出发的前提本身是独断论的，“在传统和理性之间并不存在这样的绝对对立”③。一方面传统中始终有理性和自由的因素；另一方面理性本身是历史的、实在的，它依赖于传统的被给予性，不存在超越历史的抽象理性。伽达默尔高度评价了黑格尔使历史与精神、历史与真理相互渗透的做法，认为他把表象的历史态度变成了思维的态度，说出了一个具有决定意义的真理，“历史精神的本质不是对过去的修复，而在于与现时生命的思维性沟通”④。哲学诠释学就应该选择这种“综合”的道路。“如果我们认识到，[我们的]任务是更多地跟随黑格尔而不是施莱尔

---

① Gadamer: *Wahrheit und Methode*: *Grundzüge einer philosophischen Hermeneutik*, GW Bd. 1, Tübingen: Mohr, 1990, S. 172.

② Gadamer: *Wahrheit und Methode*: *Grundzüge einer philosophischen Hermeneutik*, GW Bd. 1, Tübingen: Mohr, 1990, S. 278.

③ Gadamer: *Wahrheit und Methode*: *Grundzüge einer philosophischen Hermeneutik*, GW Bd. 1, Tübingen: Mohr, 1990, S. 286.

④ Gadamer: *Wahrheit und Methode*: *Grundzüge einer philosophischen Hermeneutik*, GW Bd. 1, Tübingen: Mohr, 1990, S. 174.

马赫,那么诠释学的历史就必须有全新的着重点。"①

第二,关于作者中心主义。伽达默尔认为,浪漫派诠释学以作者为中心,要求理解者抛弃自己的前见(Vorurteile),理解作者的思想创作意图。而在他看来,理解者不可能彻底抛弃其自身的前见,前见不是理解的障碍,而是理解得以可能的条件,理解者不同的诠释学处境导致了理解的多样性。彭启福认为,伽达默尔用一种读者中心主义取代了浪漫派诠释学的作者中心主义。②当然,这种判断可以商榷。伽达默尔批评作者中心主义,并不在于用读者取代作者成为理解的中心,游戏、对话等概念的引入,恰恰旨在解构现代主体性哲学的主体概念,在游戏和对话中真正的主体不是游戏者和对话者,而是游戏本身和对话所涉及的事情。不仅对话中的理解,而且对文本的理解,也是一场具有游戏性质的对话,引导对话的既不是作者的意图,也不是解释者的前见,对话因事情(Sache)而展开,它是事情本身的运动。"每一种理解和每一种相互理解都会涉及某件事情,这件事情被置于理解者面前。正如一个人与他的对话伙伴就某件事情达成相互理解一样,解释者也理解着文本对他所说的事情。"③"理解首先是指对某件事情的理解,其次才是分辨和理解他人的意见。"④毋宁说这里没有中心,如果说"事情本身"是理解的中心,它也不是一种预先存在的"自在之物",而是理解的效果历史运动。"在对话中有某种东西产生出来,我们把这种处于对话中的语言的真正现实性称作事情本身"⑤。对话者在探讨的过程中既不是消除自己的前见而进入对话伙伴的思想之中,

---

① Gadamer: *Wahrheit und Methode: Grundzüge einer philosophischen Hermeneutik*, GW Bd. 1, Tübingen: Mohr, 1990, S. 177.

② 参见彭启福:《理解之思:诠释学初论》,安徽人民出版社 2005 年版,第 61—68 页。

③ Gadamer: *Wahrheit und Methode: Grundzüge einer philosophischen Hermeneutik*, GW Bd. 1, Tübingen: Mohr, 1990, S. 384.

④ Gadamer: *Wahrheit und Methode: Grundzüge einer philosophischen Hermeneutik*, GW Bd. 1, Tübingen: Mohr, 1990, S. 299.

⑤ Gadamer: „Phänomenologie, Hermeneutik, Metaphysik", in: GW Bd. 10, Tübingen: Mohr, 1995, S. 107.

也不是把他人的见解强行置于自己的标准之下,"而总是意味着向一个更高的普遍性的提升,这种普遍性既克服了自身的片面性,又克服了他人的片面性。"①在对话中产生出新的具有更高普遍性的意义超出了对话者原来的意图,这是视域融合的结果。虽然伽达默尔强调理解者不可能彻底抛弃其自身的前见,并赋予前见以合法地位,但他并不主张理解者囿于自己的前见,而应该带着这种前见进入理解的游戏,前见在理解过程中必须经受检验才能真正合法,通过视域融合达到更高的普遍性,这本身就是对理解者自身局限性的克服,在这一状态下达成的理解转化成理解者的前理解,并对下一次理解产生作用。实际上,是理解所涉及的"事情"推动着这种效果历史运动,读者作为游戏的参与者,他自身不是游戏的主体和中心。

但是,伽达默尔把浪漫派诠释学归为一种作者中心主义的立场,是值得质疑的。以"比作者更好地理解他自己"这一观点为例,其中隐含着与作者中心主义不同的侧重点。伽达默尔看到,这句话的理论基础——天才创造说,"在这里完成了一项重要的理论成就,因为它取消了解释者和原创者之间的差别"②。在作品面前,作者与读者的地位是平等的,"他作为反思者,其看法并不具有权威性。"③其他的读者可以通过对作品历史背景和作者生平的研究,比作者本人更好地理解他的作品。"解释的唯一标准就是作品的内容,即作品所'意指'的东西。"④问题是:作品如何能"意指"作者意识之外的东西?唯一的原因就在于语言的公共性。语言作为表达的场所,它打上了作者个性的烙印,同时它具有自身的语法规则和普遍特征,因此作品才能以语言的形式

① Gadamer: *Wahrheit und Methode: Grundzüge einer philosophischen Hermeneutik*, GW Bd. 1, Tübingen: Mohr, 1990, S. 310.

② Gadamer: *Wahrheit und Methode: Grundzüge einer philosophischen Hermeneutik*, GW Bd. 1, Tübingen: Mohr, 1990, S. 196–197.

③ Gadamer: *Wahrheit und Methode: Grundzüge einer philosophischen Hermeneutik*, GW Bd. 1, Tübingen: Mohr, 1990, S. 196.

④ Gadamer: *Wahrheit und Methode: Grundzüge einer philosophischen Hermeneutik*, GW Bd. 1, Tübingen: Mohr, 1990, S. 196.

“意指”作者意识之外的东西,其含义并不完全依附于作者的意图,具有相对的独立性。这样,语言以及作品通过语言所表达的内容本身在理解中必然凸显,相应地,语法解释的地位也凸显了,作者及其意图的权威地位退而隐之。如果说由于作者的意图和文本的含义并不完全等同,理解不能简单地被归结为对作者意图的追溯,那么理解是否意味着解释者对文本原义的追溯?这种立场也是伽达默尔所反对的。对于他来说,文本的含义产生于理解的对话之中,是流动的和开放的,所谓的“原义”在理解发生之前并不现成存在,也追寻不到。尽管在施莱尔马赫那里存在着追求作者原意和文本原义的“客观主义”倾向,但同时也存在着相反的思想萌芽,他关注语法解释并把理解看作一个无限的辩证过程就说明了这一点。

第三,关于方法主义。伽达默尔认为,浪漫派诠释学的方法论本质上以现代自然科学研究方法为模式,把自然科学的研究方式强加到精神科学上,是完全错误的做法。他抵制自然科学方法的普遍性要求,认为精神科学的科学性毋宁要从人文主义传统来理解,而不是从现代科学方法论。“这个传统在与现代科学要求的对抗中获得了一种新的意义。”①伽达默尔还批评施莱尔马赫的普遍诠释学是一种抽象的形式主义,它以牺牲内容为代价,把理解作为方法抽象出来,“使诠释学成为摆脱一切内容的独立方法”,它要求“在每一个文本中把握其生命表现,同时又忽视其中所说的真理”②。这源于施莱尔马赫对诠释学和辩证法的区分:辩证法是研究事情的工具,而诠释学把作品的思想当作作者的生命环节来理解。伽达默尔则认为,诠释学和对事情的研究不应该分开,“实际上,应当被理解的东西不是作为生命环节的思想,而是作为真理的思想”。③ 诠释

---

① Gadamer: *Wahrheit und Methode*: *Grundzüge einer philosophischen Hermeneutik*, GW Bd. 1, Tübingen: Mohr, 1990, S. 23.

② Gadamer: *Wahrheit und Methode*: *Grundzüge einer philosophischen Hermeneutik*, GW Bd. 1, Tübingen: Mohr, 1990, S. 201.

③ Gadamer: *Wahrheit und Methode*: *Grundzüge einer philosophischen Hermeneutik*, GW Bd. 1, Tübingen: Mohr, 1990, S. 189.

学必须和真理问题相关,这也是诠释学的意义所在。但伽达默尔承认,就施莱尔马赫把诠释学和辩证法关联起来看,他应该是考虑到这一点的。其不满在于,施莱尔马赫的抽象方法论兴趣在一定程度上使诠释学忽视了对"事情"的研究。一方面,他力图"摆脱所有内容上的特殊性,在方法的统一性中寻求诠释学的统一性"①。另一方面,这种方法论忙于重构作者的意图,使理解达到与作者意图的符合一致,用黑格尔的话来说,这种符合至多只是一种正确性,并不是哲学意义上的真理。

伽达默尔关于形式主义的批评,可以从他对"比作者本人更好地理解他自己"这句话的分析中得到理解。他援引博尔诺(Bollnow)的研究,把这个观点追溯到费希特和康德,但他指出,施莱尔马赫完全是在不同的意义上理解这句话。在费希特和康德那里,"这条原则表达的完全是唯理论精神的要求,唯独通过思考,通过展开作者思想中的结论,达到真正符合作者意图的真知灼见——作者必定会具有这样的真知灼见,如果他思考得足够清楚明白的话。"②读者可能比作者理解得更好,这也同样表达了"哲学对对象批判的要求。谁能更好地深入思考作者所探讨的事情,谁就能在对作者本人还隐蔽着的真理之光中理解作者所说的东西。"③而施莱尔马赫把哲学的批判要求转化成了一条纯粹的语文学原则,这里不再涉及文本所探讨的"事情",文本被看成"脱离其认识内容的自由创造"④,把文本理解等同于对作者自由创造的意图和个性的理解;作者的自由创造当然会受到语言公共性的限制,但这也只意

① Gadamer: *Wahrheit und Methode: Grundzüge einer philosophischen Hermeneutik*, GW Bd. 1, Tübingen: Mohr, 1990, S. 182.

② Gadamer: *Wahrheit und Methode: Grundzüge einer philosophischen Hermeneutik*, GW Bd. 1, Tübingen: Mohr, 1990, S. 198.

③ Gadamer: *Wahrheit und Methode: Grundzüge einer philosophischen Hermeneutik*, GW Bd. 1, Tübingen: Mohr, 1990, S. 199.

④ Gadamer: *Wahrheit und Methode: Grundzüge einer philosophischen Hermeneutik*, GW Bd. 1, Tübingen: Mohr, 1990, S. 200.

味着施莱尔马赫“把文本看成独立于其真理要求的纯粹的表达现象”①。这里完全不再涉及对象批判,“更好理解”无非只是把作者自由创造中的没有意识到的却又隐藏在作品中的意图明确表达出来,仅仅是一种“认知上的增长”②,它与真理问题无关,不意味着在文本所涉及的事情上比作者的理解具有更多的真知灼见。正是在此意义上,伽达默尔批评浪漫派诠释学是一种抽象的形式主义,它把“批判——它由对事情的理解所引导——从科学解释的领域中驱逐出去了”③。

相反,弗兰克认为,施莱尔马赫的诠释学并不是方法主义,他从未要求“掌握一种标准,这种标准作为方法上可调控的认知为‘新’意义的理解奠定基础”④;其预感方法(divinatorische Methode)也不否认,“语言系统永远不可能从自身出发为当前的语言使用来规定解释者,而单个的含义……从原则上讲也不可能基于发现的程序(discovery procedures)从一种演绎/解密[的方法]中推导出来。”⑤

第四,关于心理主义。在伽达默尔看来,浪漫派诠释学要求通过心理移情来克服时间距离并理解作者的原初意图,这是不可能实现的。时间距离不可能被克服,它也不是理解的障碍,相反具有积极意义。

对此,弗兰克提出两条反批评,相应地伽达默尔也做出了回应。其一,弗兰克认为,伽达默尔片面强调心理解释在施莱尔马赫诠释学中的地位,忽视了

① Gadamer: *Wahrheit und Methode: Grundzüge einer philosophischen Hermeneutik*, GW Bd. 1, Tübingen: Mohr, 1990, S. 200.

② Gadamer: *Wahrheit und Methode: Grundzüge einer philosophischen Hermeneutik*, GW Bd. 1, Tübingen: Mohr, 1990, S. 196.

③ Gadamer: *Wahrheit und Methode: Grundzüge einer philosophischen Hermeneutik*, GW Bd. 1, Tübingen: Mohr, 1990, S. 200.

④ „Einleitung des Herausgebers“, in: Schleiermacher: *Hermeneutik und Kritik*, hrsg. von Manfred Frank, Frankfurt am Main: Suhrkamp, 1995, S. 52.

⑤ „Einleitung des Herausgebers“, in: Schleiermacher: *Hermeneutik und Kritik*, hrsg. von Manfred Frank, Frankfurt am Main: Suhrkamp, 1995, S. 50.

语法解释的重要性；弗兰克在其代表作《个体的普遍》（*Das individuelle Allgemeine*）中将施莱尔马赫的语法解释理论与结构主义思潮以及现代符号理论结合起来加以考察，凸显了语法解释在施莱尔马赫诠释学中的地位。伽达默尔则认为，在关注语法解释理论的同时，"不能因此而贬低心理解释，它是施莱尔马赫所贡献的真正新颖的东西"①。就施莱尔马赫本人的表述来看，语法解释和心理解释本身没有高低之分，"如果说语法解释较为低级，心理解释较为高级，那是不恰当的。"②

其二，弗兰克批评伽达默尔把同等天赋的预感行为看作施莱尔马赫诠释学的最终基础。伽达默尔认为，以天才创造说为理论基础的浪漫派诠释学隐含着理解的前提，即同等天赋，只有天才的读者能理解天才的作品。施莱尔马赫引进的预感方法，作为一种直接的猜测，无疑需要与作者具有同样的天赋，才能克服时间距离，理解作者的个性和意图。"一切理解的最终基础必定总是一种同等天赋的预感行为"③。弗兰克认为，把预感看作是对作者意图进行同等天赋的重构，是对施莱尔马赫的误读，他"从未宣称预感提供客观知识（如狄尔泰，以及伽达默尔——带有批评倾向地所认为的那样），也从未宣称预感能消除解释者和被解释对象之间的时间距离"④；预感方法是施莱尔马赫在特定的风格理论中使用的概念，它属于心理解释方法的一种，是为了理解作者风格上的独创性。同时，"'心理移情'这个术语……就我所知，并未在施莱尔马赫那里出现过。"⑤伽达默尔反驳道："也不能仅仅因为预感这个概念与

① Gadamer: „Zwischen Phänomenologie und Dialektik. Versuch einer Selbstkritik", in: GW Bd. 2, Tübingen: Mohr, 1993, S. 14.

② Schleiermacher: *Hermeneutik*, hrsg. von Heinz Kimmerle, Heidelberg: Carl Winter Universitätsverlag, 1959, S. 81.

③ Gadamer: *Wahrheit und Methode: Grundzüge einer philosophischen Hermeneutik*, GW Bd. 1, Tübingen: Mohr, 1990, S. 193.

④ „Einleitung des Herausgebers", in: Schleiermacher: *Hermeneutik und Kritik*, hrsg. von Manfred Frank, Frankfurt am Main: Suhrkamp, 1995, S. 52.

⑤ „Einleitung des Herausgebers", in: Schleiermacher: *Hermeneutik und Kritik*, hrsg. von Manfred Frank, Frankfurt am Main: Suhrkamp, 1995, S. 47.

'风格'有关就贬低它。就好像风格不是言语自身的具体表现一样。"①

三、哲学诠释学对浪漫派诠释学的扬弃

1. 历史意识的产生和诠释学的定位

诠释学是随着历史意识的产生而逐渐发展成为一门独立的技艺学的,"历史意识的出现,使得诠释学在精神科学中起到核心作用"②。不管是启蒙运动把传统置于理性之下的做法,还是浪漫主义的复古倾向,都表明了一个事实:流传物的意义连续性之断裂。这一事实引发了诠释学的思考。这里存在着陌生性与熟悉性的张力,这种张力在浪漫派诠释学的前史中已经存在,宗教改革运动圣经自解原则的提出及其破产促成了一种历史性的思考。这一原则认为圣经自身有明确的含义,不需要借助教会权威或特殊的解释技术,应该完全按照字面意思理解《圣经》。但对于《圣经》,并非在任何情况下都能从字面意思获得明确的理解,这必然要引入历史解释,个别的东西只有放到历史整体中才是可理解的。自明性理解的消失,促成了历史研究之路,诠释学便有了产生的必要性,它要求成为一门避免误解的普遍技艺。"正如现在对神圣著作或世俗著作的解释不再有差别,从而只有一种诠释学,这种诠释学最终不仅对一切历史研究有预备作用……而且也包括整个历史研究事业本身。"③忽略内容上的特殊性,从方法论上建立统一的普遍诠释学,正是施莱尔马赫的要求(参见第二章第二节)。

伽达默尔将诠释学定位于熟悉性和陌生性之间的中间地带,当我们面对传统和流传物时,"的确存在着一种熟悉性和陌生性的两极对立,而诠释学的

---

① Gadamer: „Zwischen Phänomenologie und Dialektik. Versuch einer Selbstkritik", in: GW Bd. 2, Tübingen: Mohr, 1993, S. 14.

② Gadamer: *Wahrheit und Methode: Grundzüge einer philosophischen Hermeneutik*, GW Bd. 1, Tübingen: Mohr, 1990, S. 170.

③ Gadamer: *Wahrheit und Methode: Grundzüge einer philosophischen Hermeneutik*, GW Bd. 1, Tübingen: Mohr, 1990, S. 181.

任务正是以这种两极对立为基础。……这里给出一种紧张关系。它是流传物对于我们所具有的紧张关系,发生在陌生性和熟悉性之间,在具有历史意味的、渐枯的对象性和对某个传统的隶属性之间。诠释学的真正位置就在这种中间区域。”①离开熟悉性和陌生性、隶属性和对象性、被给予性和逃逸性之间的紧张关系,就不会有诠释学产生的可能。因为在彻底的熟悉性和陌生性这两种极端情况下,理解问题都不会凸显出来。

施莱尔马赫将理解和个性联系起来,理解中的熟悉性和陌生性之对立首先存在于解释者和作者的个性差异之中。理解之所以可能和必要,在于个性具有两种特征:其一,一切个性都是普遍生命的表现,从而预感可以通过把自身与他人相比较而引发出来。其二,每个人的个性又是不同的,“每个灵魂在其各自的存在中都不是其他灵魂的存在”②,个性是一个“解不开的谜”,它不可能消融于共同的一般性之中,理解中的陌生性和“他在性”永远不可能被消除,对个性的理解是一个无限的过程。

如果说对于施莱尔马赫来说存在着“你”(个性)的晦涩难解以及理解的无限性,那么对于伽达默尔来说就是整个历史传统的晦涩难解及其意义的开放性,这正是他秉承浪漫主义精神、与黑格尔绝对观念论划清界限的地方。虽然伽达默尔把对传统的理解最终看成自我理解,正如在黑格尔那里,精神对历史的认知是一种自我认知,但他坚决反对,绝对精神可以实现其自身与历史的彻底渗透,使一切陌生性消失在绝对知识之中,使自我认知终结,达到理解的完全透明性。“自我理解的连续性始终处于疑问之中,如同一种持久的他在。正因为如此,永远不可能达到那样一种与自身完全同一的自我意识。”③伽达

① Gadamer: *Wahrheit und Methode: Grundzüge einer philosophischen Hermeneutik*, GW Bd. 1, Tübingen: Mohr, 1990, S. 300.

② Schleiermacher: *Hermeneutik*, hrsg. von Heinz Kimmerle, Heidelberg: Carl Winter Universitätsverlag, 1959, S. 141.

③ Gadamer: „Frühromantik, Hermeneutik, Dekonstruktivismus“, in: GW Bd. 10, Tübingen: Mohr, 1995, S. 130.

默尔试图把哲学诠释学与自我意识相对立的维度凸显出来,并说明“在理解中不是消除他者的他在性,而是保持这种他在性。”①他特别强调,“这里经常存在一种危险,即在理解中‘同化’他在(das Andere),从而没有正确认识它的他在性(Andersheit)。”②基于此在的有限性和历史性,理解中始终保留着晦暗面和他在性,“没有持续的白昼去照亮一切真理的意义”③,没有万能的理性之光使一切真理展现于自我意识面前。理解中不可彻底克服的晦暗面和他在性,对伽达默尔来说不是消极的,它带来了理解的无限性和意义的开放性。施莱尔马赫和伽达默尔两者都从有限理性的立场出发,认为思辨观念论的绝对知识理想是一种狂妄的幻想;他们更多的援引古代的对话辩证法,而不是黑格尔的辩证法,两者都坚持理解的无限性和开放性。

此外,在施莱尔马赫这里,熟悉性和陌生性之间的对立不仅存在于个性之内,还存在于语言的习惯用法和个性化使用之间。他对解释种类的划分体现了这种对立。语法解释是回溯到语言习俗的同一性来理解作品,而心理解释是回溯到作者对语言的个性化使用来理解作品。语言的共性和作者的个性化使用也使得诠释学处于熟悉性和陌生性之间的中间地带。

2. 从历史意识到效果历史意识

效果历史原则的提出是伽达默尔哲学诠释学对浪漫派诠释学和历史学派重要突破,不过这一思想在浪漫派诠释学和历史学派中已有雏形。伽达默尔明确把施莱尔马赫“看作效果历史的始作俑者,效果历史这个概念已由施泰因塔尔开始使用,并在狄尔泰对之进行科学理论的提升中获得了无可争议的

---

① Gadamer:„Zwischen Phänomenologie und Dialektik. Versuch einer Selbstkritik“, in: GW Bd. 2, Tübingen: Mohr, 1993, S. 5.

② Gadamer: *Wahrheit und Methode: Grundzüge einer philosophischen Hermeneutik*, GW Bd. 1, Tübingen: Mohr, 1990, S. 305.

③ Gadamer:„Das Problem Diltheys. Zwischen Romantik und Positivismus“, in: GW Bd. 4, Tübingen: Mohr, 1987, S. 415.

统治地位”。①

施莱尔马赫把语法解释意义上的诠释学循环运用到心理解释上，其中已经包含着深刻的历史意识的思考。心理解释要求把思想的创造物看作一个生命环节，并把这个环节放到整个生命关联中去理解。但在施莱尔马赫这里，整体不是先于个别被给出的，既不像宗教改革派预设《圣经》是一个意义统一体，也不像阿斯特假定复仇作为古代精神的特征。② “从根本上来看，理解总是这种处于循环中的自我运动，所以从整体到部分和从部分到整体的循环往复具有根本意义。而且这种循环在不断地扩大，因为整体这个概念只是一个相对的概念，对个别东西的理解也总是涉及一个不断扩大的关联域。”③伽达默尔认为，施莱尔马赫在这里迈出了重要的一步，即他用辩证法对以上两种独断论（宗教改革派和阿斯特）的克服；他把辩证法运用于诠释学，“从而考虑到了理解的内在的暂时性和无限性”④。

理解的暂时性、历史性是伽达默尔效果历史意识思想的核心，理解的无限运动，包括诠释学经验的无限性和流传物意义的无限性，亦源于此。理解者作为历史的存在，“永远不能从［历史］事件中跳出来进行反思，以便将一切发生的事件置于我面前。”⑤“所谓历史的存在，就是说，永远不能消融于自我认识之中。”⑥流传物的意义整体，既不是先于个别被给出的，也不能在理解中达到

① Gadamer: „Zwischen Phänomenologie und Dialektik. Versuch einer Selbstkritik“, in: GW Bd. 2, Tübingen: Mohr, 1993, S. 15.

② Vgl. Gadamer: *Wahrheit und Methode: Grundzüge einer philosophischen Hermeneutik*, GW Bd. 1, Tübingen: Mohr, 1990, S. 179, S. 194.

③ Vgl. Gadamer: *Wahrheit und Methode: Grundzüge einer philosophischen Hermeneutik*, GW Bd. 1, Tübingen: Mohr, 1990, S. 179, S. 194.

④ Vgl. Gadamer: *Wahrheit und Methode: Grundzüge einer philosophischen Hermeneutik*, GW Bd. 1, Tübingen: Mohr, 1990, S. 179, S. 194.

⑤ Gadamer: „Kant und die hermeneutische Wendung“, in: GW Bd. 3, Tübingen: Mohr, 1987, S. 221.

⑥ Gadamer: *Wahrheit und Methode: Grundzüge einer philosophischen Hermeneutik*, GW Bd. 1, Tübingen: Mohr, 1990, S. 307.

完全的透明,因为“全体不是对象,而是世界的视域,它包围着我们,我们生活于其中”①。理解者处于这个全体之中,不可能把这个全体当作对象置于自己面前来把握。“真正的历史对象不是对象,而是此者和他者的统一体,是一种关系,在这种关系中存在着历史的实在性以及历史理解的实在性。一种名副其实的诠释学必须在理解本身中指明历史的实在性。因此我把所要求的这种东西叫作‘效果历史’(Wirkungsgeschichte)”②。

进一步来看,浪漫主义往往以彰显非理性(如神话思维、情感、直觉、想象)的方式弥补理性的局限性,伽达默尔则不主张以此种方式实现与思辨观念论异曲同工的狂妄要求,而是承认人类理性本身的有限性和历史性。“对于我们来说,效果历史意识是这样来思考的,即作品的直接性和优越性在效果意识中不再消融于纯粹的反思实在性之中,因此我们是在设想一种超出反思全能的实在性。”③现在的问题是,施莱尔马赫是否要求以非理性彻底克服理性的局限。心理解释方法的引进的确基于以下考虑:作为“不解之谜”的个性“不可能以概念的方式被理解,而只能以直观(intuitiv,或译为直觉)的方式被理解。”④心理解释正是为了弥补理性概念思维方法的局限性,“整个诠释学工作必须被看作艺术品,但对艺术品的解释并不完结,[解释]活动自身带有艺术特征,因为应用并不随同规则一并被给出,即不能被机械化。”⑤施莱尔马赫并不主张机械方法主义,理性主义的方法程序不足以带来真正的理解,那么他

① Gadamer: „Selbstdarstellung Hans-Georg Gadamer“, in: GW Bd. 2, Tübingen: Mohr, 1993, S. 506.

② Gadamer: *Wahrheit und Methode: Grundzüge einer philosophischen Hermeneutik*, GW Bd. 1, Tübingen: Mohr, 1990, S. 305.

③ Gadamer: *Wahrheit und Methode: Grundzüge einer philosophischen Hermeneutik*, GW Bd. 1, Tübingen: Mohr, 1990, S. 348.

④ Luca Crescenzi: „Fragwürdigkeit der romantischen Hermeneutik und ihrer Anwendung auf die Historik“, in: *Hans-Georg Gadamer: Wahrheit und Methode*, hrsg. von Günter Figal, Berlin: Akademie Verlag, 2007, S. 82.

⑤ Schleiermacher: *Hermeneutik und Kritik*, hrsg. von Manfred Frank, Frankfurt am Main: Suhrkamp, 1995, S. 81.

是否试图通过引进心理解释方法来彻底解决“个性之谜”？或者说，把理解过程带向终点？伽达默尔认为，在施莱尔马赫那里“理性以及概念式把握的局限性无论如何不是不可克服的，它应当通过感觉（Gefühl），即一种直接的同感性质的和同等天赋的理解所克服”①。因此，“理解最终只是在一种无限的意识中才得以完成，这种无限意识是个体性思想的基础。”②这一论断引起了弗兰克的质疑。争论点在于，“感觉”在施莱尔马赫那里是否是一种无限意识；他是否要求以“感觉”这种直观方式克服理性主义方法的局限，以便达到绝对意义上的理解。对此，伽达默尔持肯定回答，弗兰克持否定回答。从《真理与方法》中的相关描述来看，其中是充满矛盾的：一方面，伽达默尔认为，对于施莱尔马赫而言理解具有历史性和暂时性，它是一个不可完结的任务；另一方面他又说施莱尔马赫的个性思想以一种“无限意识”为基础，认为这种意识可以消除自身的有限性，达到对全部流传物确定的、超时空的理解。这种矛盾究竟是施莱尔马赫本人的，还是伽达默尔解读或表述上的矛盾？

首先，施莱尔马赫明确强调，解释活动是一个无限的过程，理解具有暂时性和历史性。其原因有二：一是个性在最终意义上是“不解之谜”，二是理解者自身具有历史性，无所不能的思辨理性也不能够完结这个理解过程。

其次，心理解释方法只是为了更好地理解“个性之谜”，是对理性方法局限性的弥补，并不意味着它能彻底解决“个性之谜”，从而终结理解的任务。如果我们仔细考察施莱尔马赫的“感觉”这一概念，就会有更加明确的认识，“感觉”又称作“直接的自我意识”（das unmittelbares Selbstbewusstsein），它是针对费希特和谢林的自我意识反思模式而提出的。施莱尔马赫认为，主体及

---

① Gadamer: *Wahrheit und Methode: Grundzüge einer philosophischen Hermeneutik*, GW Bd. 1, Tübingen: Mohr, 1990, S. 194.

② Gadamer: *Wahrheit und Methode: Grundzüge einer philosophischen Hermeneutik*, GW Bd. 1, Tübingen: Mohr, 1990, S. 347.

其自我意识不可能在自身之内为自己奠基,它有一个先验的根基,这一根基不能通过反思获得理解,但主体可以在"直接的自我意识"中经验到它。"感觉""直接的自我意识"是非反思性的,它的功能是使意志和思想在自身中统一起来。先验根基以超时间的方式伴随着各个具体的思想,"'以超时间的方式'意味着:这种伴随不能在时间中显现,因此不能被知觉,也不能被证明,也就是说,在有机的功能中找不到其对应物。"①虽然这种先验根基能在"直接的自我意识"中被经验到,"但我们不能否认,直接的自我意识是在时间中被给予的"②。施莱尔马赫不仅指出自我意识的有限性,而且强调"直接的自我意识"本身也是一种"一般有限意识"③,无论在自我意识中,还是在"直接的自我意识"中,都不存在超时间的同一性和整体性,它只具有相对性,没有"对应物",在理解的循环中不断扩大。弗兰克的反批评不无道理:"施莱尔马赫所言的直接的自我意识,并不像伽达默尔所批评的,假定自己是一种'无限意识',认为自己能超越时间,冲破自身的桎梏,立足于阿基米德点。"④施莱尔马赫已经注意到理解本身的历史性,无论是反思的自我意识,还是"感觉"都不能克服这种历史性,并把理解带向终结。而承认理解的历史性,正是伽达默尔效果历史意识原则的核心。

3. 理解的语言性和诠释学本体论转向之准备

伽达默尔批评施莱尔马赫没有清楚地区分语言使用和对事情的观点:当他谈到理解作者个性的时候,究竟是指理解作者个性化的思想还是作者对语言的个性化使用?"二者都是活生生的话语,都是理解的任务,但只有

---

① Schleiermacher:*Dialektik*, hrsg. von Rudolf Odebrecht, Darmstadt: Wissenschaftliche Buchgesellschaft, 1988, S. 291-292.

② Schleiermacher:*Dialektik*, hrsg. von Rudolf Odebrecht, Darmstadt: Wissenschaftliche Buchgesellschaft, 1988, S. 292.

③ Schleiermacher:*Der christliche Glaube*, Bd. 1, hrsg. von Martin Redeker, Berlin: Walter de Gruyter & Co., 1960, S. 53.

④ Manfred Frank: *Das individuelle Allgemeine: Textstrukturierung und-interpretation nach Schleiermacher*. Frankfurt am Main: Suhrkamp, 1985, S. 115.

后者才存在于作为语言的语言之中。”[①]同时，伽达默尔批评施莱尔马赫混淆了两种对立关系，即他把同一性与个性的对立看作语言和思想创造的对立，并把语法解释和心理解释的任务分别对应于从同一性的角度理解语言和从个性化的角度理解作者的思想，从而使心理解释的地位相对于语法解释越来越凸显出来，理解便成了一种对作者思想过程追根溯源的重构。“因此，在施莱尔马赫这里，在语法和心理学之间的诠释学任务，最终恰恰是失败的。”[②]当施莱尔马赫把注意力集中在个性和心理解释上时，忽视了理解的语言性，而这恰恰是诠释学的核心问题。毋宁说“语法解释更接近诠释学的中心”[③]。

由此，伽达默尔对施莱尔马赫的观点进行改造并力图凸显理解的语言性。在语法解释层面，语言中不仅存在着同一性，也包含着个性，通过相互理解，语言自身不仅进行着一种趋向于共同化的运动，同时也进行着相反的个性化运动，“据此语言自身是个性”[④]；在心理解释层面，语言不仅存在着个性化的使用，也必须遵守同一性的规则，施莱尔马赫对技术解释的引进就说明了这一点（参见第二章第二节）。理解的重要问题在于语言性本身。个性不应该仅仅从个体或作者的思想这个角度来理解，而且应该从语言本身来理解。语言自身包含着两种相反方向的运动：一方面它趋向于形成一种“共同语言”，形成具有同一性和固定性的语言使用习惯；另一方面语言进行着个性化的运动，语言的使用本身有一个自由空间，充满了特殊性和任意性，这种自由并不来源于个体表达其思想的个性，而是来自语言自身。伽达默尔认为，在这一点上诠释

---

① Gadamer: „Das Problem der Sprache bei Schleiermacher“, in: GWBd. 4, Tübingen: Mohr, 1987, S. 368.

② Gadamer: „Das Problem der Sprache bei Schleiermacher“, in: GWBd. 4, Tübingen: Mohr, 1987, S. 373.

③ Gadamer: „Das Problem der Sprache bei Schleiermacher“, in: GWBd. 4, Tübingen: Mohr, 1987, S. 372.

④ Gadamer: „Das Problem der Sprache bei Schleiermacher“, in: GWBd. 4, Tübingen: Mohr, 1987, S. 369.

学应当冲破施莱尔马赫思想的束缚。同时在心理(技术)解释中,不仅存在着来自作者思想方面的个性以及对语言特殊使用的个性,也存在着语言层面的同一性。施莱尔马赫后期把广义的心理解释进一步划分为纯粹的心理解释和技术解释。他注意到,作者在表达其自由思想时,在构思和布局上必须遵循语言的形式法则,特定的文学类型有特定的共同表达方式。伽达默尔认为,技术解释的引进非常重要,因为它在个性化的心理解释内部肯定了某种类似于语法解释的东西,它指向同一性,而不是个性。经过伽达默尔这样一番改造,无论在语法解释还是在心理解释当中,理解的语言性以及语言自身的共性和个性都被凸显了出来。

伽达默尔完成哲学诠释学语言本体论转向的关键一步是从理解的历史性过渡到理解的语言性,这一过渡是对浪漫派诠释学的深化与发展。伽达默尔把理解的真理要求和理解的语言性结合了起来:从根本上说,理解首先指相互理解,它具有对话结构,是就某件事情达成一致;同时,理解"必然以语言的形式发生,这不是说事后把理解用语词表达出来,而是说,理解的实现方式,……是事情本身走向语言(Zur-Sprache-kommen)。"①理解同时具有"事情性"(理解总是对某件事情的理解)和语言性(理解总是发生在语言之中);而事情和语言又是相互渗透的,事情通过理解在语言中展现出来,语言内在地包含着对事情的理解,一切诠释学经验都具有语言性。理解的对话创造了共同的语言,成功的对话是就某件事情达成一致,对话者在一种更高的普遍性之下结合成新的共同体。"对话中的相互理解不仅仅是一种自我表现和使自己观点获得承认,而是一种公共性的转换,在这种转换中对话者不再停留于以前的状态。"②视域融合总是发生在语言之中。语言又总是对话的语言,它包含着言

---

① Gadamer: *Wahrheit und Methode: Grundzüge einer philosophischen Hermeneutik*, GW Bd. 1, Tübingen: Mohr, 1990, S. 384.

② Gadamer: *Wahrheit und Methode: Grundzüge einer philosophischen Hermeneutik*, GW Bd. 1, Tübingen: Mohr, 1990, S. 384.

说的无限可能性，在语言的使用过程中发生着解构作用，破除僵化的同一性。它既不需要海德格尔式的诗化语言来解构形而上学的语言，也不需要黑格尔式的辩证法使僵死的概念流动起来，其自身包含着个性化的解构运动。[1] 哲学诠释学最终落脚于理解的语言性之上，“能被理解的存在是语言”[2]。关于哲学诠释学的本体论转向，我们将在下文第三节再进行详细论述。

第二节　诠释学的实践之维

在批评改造方法论诠释学的过程中，伽达默尔对古代诠释活动中体现出来的实践面向大加赞赏，但他没有详细展开诠释学起源上的实践特征，这是本节首先要关注的问题。不过，伽达默尔运用黑格尔、亚里士多德的实践哲学思想资源详尽地阐明了理解与诠释的实践维度，与诠释学的本体论转向互相补充、互为印证。

一、诠释学起源上的实践特征：古典语文学和圣经注释学

从历史起源来看，诠释学可以追溯到古典语文学和解经学，无论从哪一个分支来看，实践取向始终在古代的诠释活动中占有优先地位。

（1）从语言学到古典语文学

语言学（linguistics）源于古希腊，“古希腊的思想家在讨论语言和有关语言的问题时，在欧洲开创了我们可以在最广泛的意义上称为语言学的学科”[3]。关于语言问题的讨论，始于公元前 5、6 世纪的古典时期，产生自然论（physis）与约定论（nomos）、类比论（analogia）与不规则论（anomalia）等立场。

---

① Vgl.Gadamer:„Zwischen Phänomenologie und Dialektik.Versuch einer Selbstkritik“, in: GW Bd. 2, Tübingen: Mohr, 1993, S. 12.

② Gadamer: *Wahrheit und Methode: Grundzüge einer philosophischen Hermeneutik*, GW Bd. 1, Tübingen: Mohr, 1990, S. 478.

③ ［英］罗宾斯：《简明语言学史》，许德宝等译，中国社会科学出版社 1997 年版，第 10 页。

柏拉图在《克拉底鲁篇》中对语言起源、词与词义关系进行了探讨,其中自然与约定之争是对话的重要线索,不过这篇对话最后没有给出定论;亚里士多德主要持约定论和类比论的观点。希腊早期学者对语言的研究主要涉及词源学、语音学和语法学。

如果说实践性在古典时代的语言学研究中尚未充分体现出来,那么到了希腊化时期,在文化交流与碰撞中催生的古典语文学(classical philology)这门学科,则充分显示了理解与诠释的实践维度。亚历山大征服了希腊本土、小亚细亚和埃及,他本人以及其后的马其顿统治者,大都极力鼓吹希腊文明,雅典方言逐渐成为这些地区的标准语,希腊文化教育得到全面促进。“在希腊化时代,一种简化了的希腊语(koine)成为亚历山大所征服地区的通用语言,是名副其实的‘普通话’。”“希腊文化的广泛传播推动了它的发展,并使其呈现出不同于古典时代的特征。最为突出的是,希腊文化的中心不再限于希腊本土,埃及亚历山大里亚和小亚细亚帕加马的崛起,使希腊文化在东部地中海周围形成了一个多中心的格局。”①统治者在所征服地区纷纷建立研究机构和图书馆,其中著名的有亚历山大里亚图书馆和帕加马图书馆,同时他们创建并资助使用希腊语的大学,“面向非希腊语者的希腊语教学(即作为外语的希腊语教学)第一次成为一种广泛的活动”②;不仅如此,为了推广传播希腊文化,编纂、整理、考证、研究、诠释希腊典籍的工作提上重要日程,由此产生了著名的“荷马学”,在此过程中也因不同的诠释主张而产生了不同的语文学派别,例如亚历山大语文学派和帕加马语文学派。亚历山大语文学派的创始者是泽诺多特(Zenodotus of Ephesus,大约生活于公元前3世纪),他是亚历山大里亚图书馆的第一任馆长,也是荷马著作的考订者和编纂者,其后继者阿里斯塔克(Aristarchus,约公元前217—前145年)“已经有意识地遵照原则,严格而全面

---

① 黄洋、晏绍祥:《希腊史研究入门》,北京大学出版社2009年版,第52—53页。

② [英]罗宾斯:《简明语言学史》,许德宝等译,中国社会科学出版社1997年版,第19页。

地确立荷马的语言用法，并由此建立解说和文本规定。”①阿里斯塔克在荷马学上取得很大成就，尤其是在语法研究方面。他的学生狄奥尼修斯·特拉克斯（Dionysius Thrax，公元前170—前90年）撰写了现存的第一部希腊语语法著作，被认为是整个欧洲语法传统的奠基性著作。总体而言，亚历山大语文学派认为语言是有规则可循的，主张类比论，推崇语法—历史解释。位于小亚细亚的帕加马则形成了与亚历山大里亚不同的语文学派，此派的主要代表人物是克拉特（Crates of Mallus，约公元前200—140年），他也是帕加马图书馆的第一任馆长，其语文学主要贡献在于考证、评注、诠释荷马史诗。克拉特是一个斯多葛主义者，斯多葛派的克里安特斯（Cleanthes，约公元前313—前232年）最早提出了隐喻（allegory）概念，克拉特主张日常语言中有异常的语法原则，并“把喻意解释原则从斯多葛学派带到了帕加马语文学之中”②。总体而言，帕加马语文学派主张不规则论，推崇隐喻解释。

纵观古典语文学的产生背景和不同流派的形成，可以看出其中表现出来的强烈实践诉求：其一，希腊语教学、希腊典籍的考订诠释、希腊文化的传播推广；其二，在“两希文明”交汇碰撞的希腊化时代，隐喻解释的提出“首先是为了调节宗教原始文献与启蒙世界观之间的矛盾”③，从后续的早期基督教解经学思想中可以更加明显地看出这种意图。

（2）早期基督教神学中的圣经注释学

早在希腊化时代，就产生了《希伯来圣经》最初的希腊文译本，即《七十子希腊文本圣经》。据传，其中的《律法书》部分是由72位犹太学者应埃及国王托勒密二世之请，于公元前3世纪在亚历山大城翻译的，其余部分至公元前

① Dilthey: „Die Entstehung der Hermeneutik“, in: GS Bd. 5, Stuttgart [u. a.]: Teubner, 1990, S. 321.

② Dilthey: „Die Entstehung der Hermeneutik“, in: GS Bd. 5, Stuttgart [u. a.]: Teubner, 1990, S. 322.

③ Dilthey: „Die Entstehung der Hermeneutik“, in: GS Bd. 5, Stuttgart [u. a.]: Teubner, 1990, S. 322.

150 年完成,后统称全译本为“七十子文本”或“七十贤士译本”。公元前 3—前 2 世纪间用流行的希腊文编译而成,首先被不熟悉希伯来文的亚历山大地方的犹太人应用,故亦称“亚历山大本”。

斐洛(Philo of Alexandria,Philo Judaeus,公元前 15/10—公元后 45/50 年)被视为基督教神学的先驱,他是讲希腊语的犹太哲学家,也是埃及亚历山大里亚的犹太人集团领袖。在圣经注释学上,他首次尝试将宗教信仰与希腊哲学的理性主义相结合,以希腊哲学诠释旧约,在理性主义和信仰之间进行调和,例如,他把上帝、摩西与逻各斯关联起来。其次,斐洛否定圣经的“叙事”性质,圣经作为圣言,它借助于文字符号表达深奥的神意①。再次,他大力推崇隐喻诠释,例如,他把《出埃及记》里面的“玛那”诠释为“精神的食粮”,即知识和智慧。“在斐洛从犹太教的立场出发,融合希腊哲学而建立基督教神学的过程中,隐喻性诠释的方法论显然起到了关键性的推动作用。以此观之,‘隐喻诠释’如同润滑剂,通过它,不唯《圣经》某些章节之间的意义冲突被化解了,某些从字面意义上特别难以理解或者难以接受的表述也通过这种曲折的方式与人们的信念相互融洽起来,而且顺利地完成了向着理解隐秘的神意之转化”②。斐洛的圣经诠释理念深深影响了后来的基督教教父。

奥利金(Origen,约 185—254 年)是早期基督教教父的重要代表人物,他曾在亚历山大学习哲学,后在教理学校任校长 20 年,之后在巴勒斯坦定居并创立哲学和神学学校,以传教士身份旅行过许多地方。“虽然他对基督教教义的解释引起了颇多的争议,但无疑是《圣经》诠释史上的一位极为重要的思想家。”③奥利金的解经学贡献主要体现在两个方面:首先,他编辑整理了不同的《圣经》译本,形成《六文本合参》。其次,他提出“三重解经法”。“这三个层次,与人类的三重构造互相对应:体(身体的)、魂(理智与伦理的)与灵(与

① 参见潘德荣:《西方诠释学史》,北京大学出版社 2016 年,第 80—84 页。
② 潘德荣:《西方诠释学史》,北京大学出版社 2016 年版,第 85 页。
③ 潘德荣:《西方诠释学史》,北京大学出版社 2016 年版,第 111 页。

救恩的最高意义有关)。经文的体,就是其字面意义。奥利金承认,这个层次有些东西具有意义。例如,神透过先知所颁布的法规,对于基督徒具有教导与帮助的作用,十诫就是这种例子。经文的魂,就是其道德意义。奥利金主张,在很多情形下,一个圣经故事在字面与历史意义之下隐藏着伦理道德的原则。旧约禁止以色列人吃某些食物,实际上是指不可与恶人交往的道德规定。最后,对于奥利金,《圣经》最重要的层次在于灵的层次。这个层次也是奥秘的,几乎总是隐秘地指基督以及基督徒与神的关系。这种属灵或者奥秘的意义一直都存在着——即使没有人发现与承认,圣经诠释的任务就是要努力发掘这层意义。通常这都是启示信徒的神化或者圣化,是救恩与基督徒生活的最终目标。"①

在早期基督教神学中,根据不同的圣经诠释主张,形成了不同的神学派别,例如亚历山大神学派和安提阿(Antioch)神学派,其实质为隐喻解经和字面解经之争。亚历山大神学派以斐洛、克莱门特(Clement of Alexandria,约150-215年,奥利金的老师)和奥利金为主要代表,此派推崇隐喻解经。安提阿神学派以狄奥多(Diodore of Tarsus,约330—390年)、圣金口若望(John Chrysostom,349—407年)和提奥多(Theodore of Mopsuestia,约350—428年)为代表,此派推崇字面解经。狄奥多曾写过《沉思/思辨和隐喻的区分》,但已失传;在其《关于圣经首八卷的研究》(*Quaestiones on the Octateuch*)中的一则残篇中他提到,"我们(在安提阿)更喜欢历史的[解释](τὸ ἱστστορικόν),远远超过隐喻的(τὸ ἀλληγορικόν)(就像在亚历山大里亚的那种做法)"②。"对于安提阿学派的这一重要解经原则,希尔(Hill)评论道,这一原则'可能弥漫于其遗失的著作之中',这部著作探讨关于安提阿派所钟爱的沉思/思辨

---

① [美]奥尔森:《基督教神学思想史》,吴瑞诚、徐成德译,北京大学出版社2003年版,第99页。

② Cited in:Richard J.Perhai:"Theōria as a Hermeneutical Term in the Commentaries of Theodore of Mopsuestia and Theodoret of Cyrus", in: *The School of Antioch*, edited by Vahan S. Hovhanessian, Peter Lang Publishing, 2016, p.50.

(θεωρία)诠释路径与隐喻(ἀλληγορία)诠释路径之间的区别。"①提奥多曾写过《论隐喻和历史以反驳奥利金》,业已失传,但从其标题可以看出他与亚历山大神学派的对峙,如狄尔泰所言,"安提阿学派仅仅按照语法—历史原则解释它们的文本"②。

无论如何,在早期基督教神学的圣经诠释活动中,我们虽然不能否认解经的知识面向(追求关于上帝的知识和真理)和方法面向(各种解经原则、规则的提出),不过解经的根本目的不是为了知识而求知、为了方法而提出方法,其根本目的指向信仰和救恩,调节实践生活。正如宗教改革运动时期伊拉斯谟在与路德的论争过程中指出,《圣经》存在着诸多模糊难解之处,要在看似互相冲突的经文中找出能够打开死结的一种诠释,得出圆融协调的意义,这并不是一种纯粹的理论事件,而是出于实践的信仰和行动之需要。

此外,如伽达默尔指出,自古以来,还存在一种法学的诠释学,与其说它具有科学理论的性质,不如说它更适应于那些有教养的法官的实践活动,"因此,诠释学问题从其历史起源就已经超出了现代科学方法论概念所设置的界限"③。

二、哲学诠释学的具体化概念和实践智慧概念

具体化(Konkretisierung)和实践智慧(phronesis)是伽达默尔揭示诠释学之实践维度的重要概念,也是关联诠释学和实践哲学的关键概念,表明了诠释学和实践哲学的理论连续性和互涉性。伽达默尔的哲学诠释学以实践哲学为

---

① Richard J. Perhai:"Theōria as a Hermeneutical Term in the Commentaries of Theodore of Mopsuestia and Theodoret of Cyrus", in: *The School of Antioch*, edited by Vahan S. Hovhanessian, Peter Lang Publishing, 2016, p.50.

② Dilthey:„Die Entstehung der Hermeneutik", in: GS Bd. 5, Stuttgart[u. a.]: Teubner, 1990, S. 323.

③ Gadamer: *Wahrheit und Methode*: *Grundzüge einer philosophischen Hermeneutik*, GW Bd. 1, Tübingen: Mohr, 1990, S. 1.

归宿，尤其他晚年将注意力主要集中于哲学诠释学的实践维度，有的学者如彭启福已从理解的应用性角度对此做过深入探讨。我们认为，“具体化”是伽达默尔诠释学和实践哲学相关联的首要概念，体现着诠释学的实践哲学维度和实践哲学的诠释学维度。伽达默尔明确说道：“我最终懂得将其看作解释学之基本经验的东西，正是对普遍的东西的具体化这一伟大的主题。”①厘清这一概念在伽达默尔思想中的地位，有助于更好地理解他的哲学诠释学和实践哲学以及本体论转向的内在关联。

1. 在普遍与特殊之间

哲学诠释学不再定位于精神科学的一般方法论，而是理解何以可能的本体论。理解的重点不再是对作者原意或文本原义的把握，而是读者从自身特殊的诠释学处境出发对文本的普遍意义所做的具体化。在伽达默尔看来，即使存在着所谓的作者原意或文本原义，读者也是把握不到的，因为读者无论如何都摆脱不了自己的前见和传统；哲学诠释学关心的不应该是如何把握文本的普遍意义这样一个认识论问题，而应该是说明一切理解现象的基本条件这一本体论问题。理解之所以可能，在于超越时空的文本的普遍性与读者自身处境的特殊性之间的诠释学距离，由此也导致了意义的多元性和开放性以及传统与当代的融合。“如果诠释学问题的真正制高点在于，同一个流传物却必定每每被不同地理解，那么，从逻辑上看，这就涉及普遍和特殊的关系问题。从而理解就是把某种普遍的东西应用于具体特殊情境的特例。”②质言之，伽达默尔把普遍与特殊的关系以及如何实现对普遍东西的具体化看作诠释学的基本问题。

对普遍的东西进行具体化是一种联结普遍与特殊的实践智慧，伽达默尔在很大程度上得益于亚里士多德的实践智慧传统。亚氏把知识分为三类：理

① ［德］伽达默尔：《科学时代的理性》，薛华等译，国际文化出版公司1988年版，第43页。

② Gadamer：*Wahrheit und Methode*：*Grundzüge einer philosophischen Hermeneutik*，GW Bd. 1，Tübingen：Mohr，1990，S. 317.

论知识(episteme)、实践智慧(phronesis)和技艺(techne)。理论知识的对象是不变的、必然的、永恒的事物,这种知识具有普遍性、必然性、永恒性和可证明性;实践智慧的对象是可变的事物,其本质在于践行,践行本身就是目的,它指向善;技艺或制作知识的对象是可改变和可制作的事物,其本质在于生产制作,但生产制作本身不是目的,只是手段,其目的指向自身之外的产品。在这种知识分类体系中,实践智慧的地位尤为特殊,它介于普遍与特殊之间,是在具体情境中以善为旨归的选择和权衡。亚里士多德强调,选择和权衡的对象不可能是普遍必然的东西(因为普遍必然的东西非人力所及,无须也无法选择和权衡),也不可能是具体的事实如"这是不是一块面包"(因为具体的事实关涉的只是知觉问题),唯有涉及普遍与特殊之间关系的具体情境才是选择和权衡的对象,即实践智慧的对象。实践哲学关注的正是普遍与特殊的关系问题,具有实践智慧的行为必定是在具体情境中运用实践理性选择的以善为取向的行为,也就是亚氏反复提及的,在恰当的时间、恰当的地点,采用恰当的手段,做出恰当的选择。

亚里士多德把善建立在习惯行为和习俗的基础之上,伦理学(Ethica)概念中包含的 ethos 就是习惯、习俗的意思。人通过怎样行动而成为一个怎样的人,行动的人必须考察他所处的具体情境,认识自身和决定自身,并且不能够让任何东西从他那里夺走这种权利。由此引出的问题是,是否可能有一种关于伦理的普遍理论知识?即使有这种知识,它又不能剥夺行为者的选择权,这种知识对人起何种作用?亚里士多德的解决思路大致如下:首先,实践哲学不可能有那种数学家所达到的高度精确性和普遍性,它并不追求一种纯粹理论的、"历史的"知识,而且要求这种精确性和普遍性乃是一种错误。其次,伦理学不能代替行为者选择和决定自身,只能对伦理道德现象进行概略性的解释,以便给人的行为选择提供某种帮助。

伽达默尔看到亚里士多德伦理学中存在的普遍与特殊的张力。亚氏一方面批评苏格拉底将知识直接等同于德性,拥有普遍的道德知识不等于具有德性，德性总是体现于具体的实践情境之中；另一方面，他又在一定程度上保留了苏格拉底的理智主义，试图协调苏格拉底—柏拉图的遗产和“ethos”要素之间的紧张关系。这种普遍与特殊的关系问题正是伽达默尔所关注的，他主张作为实践哲学的诠释学应具有理论和实践的双重任务：一方面，“实践哲学当然是一种‘科学’，一种可传授的具有普遍意义的知识”①；另一方面，“它又是一种只有当某些条件具备时才可以成其为科学的科学。它要求学习者和传授者都与实践有着同样稳定的关系。”②由此可以看出伽达默尔与亚里士多德的异同，所谓“异”是，亚氏认为实践知识由于其模糊性还不能被称作理论知识，它低于理论知识，也不具有可传授性，而伽达默尔认为实践哲学的对象虽是那些永恒变化的境况，但它可以被上升到知识高度的行为模式，“而且这种有关典型结构的可传授的知识具有所谓的真正知识的特征”③；所谓“同”是对具体情境优先性的强调，实践知识只有经过具体化才是有意义的，伽达默尔批评应当伦理学（Sollensethik）的抽象形式主义，“它忽视了这样一个解释学问题：唯有对总体的具体化才赋予所谓的应当以其确定的内容。”④

在普遍与特殊之间的具体化是诠释学和实践哲学共同关注的主题。“把一般和个别结合起来，这就是一项哲学的中心任务。它不仅是在理论的一般知识和实践的知识之间进行中介，而且是衡量我们对于共同目标的设定，这种目标是我们自己的文化和整个人类的文化所承担着的。”⑤哲学诠释学所讲的理解不再是此在（Dasein）诸多行为方式中的一种，而是此在最根本的存在方式，此在生存着便理解着，此在理解着便对普遍的东西进行着具体化，具体化的过程伴随着意义的创生，此在在具体化过程中理解到的意义结构着自身的

① ［德］伽达默尔：《科学时代的理性》，薛华等译，国际文化出版公司1988年版，第81页。

② ［德］伽达默尔：《科学时代的理性》，薛华等译，国际文化出版公司1988年版，第81页。

③ ［德］伽达默尔：《科学时代的理性》，薛华等译，国际文化出版公司1988年版，第81页。

④ ［德］伽达默尔、杜特：《解释学・美学・实践哲学：伽达默尔与杜特对谈录》，金惠敏译，商务印书馆2005年版，第74页。

⑤ ［德］伽达默尔：《赞美理论》，夏镇平译，上海三联书店1988年版，第72—73页。

生存,构成其生命的一部分。如何将普遍的东西应用于自身的特殊处境同时也是实践智慧所关注的问题,伽达默尔反思现代文明的危机,看到在高科技化的工业社会中人类越来越隶属于技术理性的统治,从而遗忘了更为根本的生活世界和作为最广泛意义上的生活样式的实践。他认为,如果以为专家和技术理性可以剥夺我们的社会实践,那将是一个错误。“在一固定结构中的专业化和类别化并不是我们社会存在的全部。这不是我们生活形式的真实情况。其实我们的实践不在于我们对预先给定职能的适应,或者在于想出恰当的方法以达到预先给定的目标,——这是技术;相反,我们的实践乃在于在共同的深思熟虑的抉择中确定共同的目标,在实践性反思中将我们在当前情境中当做什么具体化。这就是社会理性!”①伽达默尔把实践哲学作为诠释学的落脚点,把对普遍的东西进行具体化作为诠释学的基本经验,旨在弘扬亚里士多德的实践智慧传统,复兴现代科学产生以来逐渐衰落的实践理性。

2. 具体化和实践智慧作为实践理性②之应用

伽达默尔十分强调理解的应用性,阐明了在诠释学中理解如何要求把文本应用于个人的经验,把普遍的东西具体化的途径就是应用。“在理解中总是发生着这样的事情:有待理解的文本被应用于解释者的当前境况。”③理解内在地要求把普遍的东西应用于个别的具体情况,应用是一切理解不可或缺的组成要素。对文本的理解,一定是在具体境况中,以不同的方式重新被理解,在这里理解已经是一种应用。“这恰恰表明了历史诠释学的任务:它要深入思考共同事情的同一性与理解这种事情所处的变迁情境之间的

---

① [德]伽达默尔、杜特:《解释学·美学·实践哲学:伽达默尔与杜特对谈录》,金惠敏译,商务印书馆2005年版,第76页。

② 这里的“实践理性”主要在亚里士多德的意义上使用,即 praktike dianoia,亦可译为“实践理智”。

③ Gadamer:*Wahrheit und Methode:Grundzüge einer philosophischen Hermeneutik*, GW Bd. 1, Tübingen:Mohr, 1990, S. 313.

紧张关系。”①这种紧张关系即是普遍性与特殊性之间的张力,通过应用,普遍的东西被具体化于读者自身特殊的诠释学处境。

以亚里士多德的实践智慧为范式,哲学诠释学意义上的应用是实践理性意义上的应用,而非科学技术层面上的应用。亚里士多德区分了实践智慧和技艺,这两种知识的对象都是可变的事物,但二者有根本的不同,与实践智慧对应的是行动(prattein),与技艺对应的是制作(poiein)。行动是运用实践理性以善为取向的选择和权衡,以践行本身为目的,与行为者的个性品质密切相关;制作则是运用既定的规则生产出某种产品,其目的不是制作本身,而是制作之外的产品。由此可以看到两种不同意义的应用,一种是实践智慧意义上的实践理性之应用,一种是技艺层面上的工具理性之应用。伽达默尔继承了亚里士多德的这一思想,区分两种不同类型的应用,即技艺知识的运用和伦理知识的运用,后者即是诠释学或实践哲学意义上的运用。“这两种知识类型都包含着同样的应用使命于自身之中,我们视之为诠释学的中心问题。当然,‘应用’在二者那里的含义并不相同。”②其区别归结起来大致有以下方面:

首先,技艺知识及其应用是分离的,通常先把技艺知识作为学习对象,之后应用于具体情况,这里的应用游离于知识之外;伦理知识及其应用则统一于同一个过程。“人并不是以这样的方式站在伦理知识的对面,以至于能够占有它或不占有它,就好像能够选取或不选取一种实际能力或技艺一样。毋宁说,人总是已经处于那种应当行动的情境中”③。拥有伦理知识总是发生在应用的具体化过程中,在这种应用中,“我们往往却看到最初规则的普遍性和具体事物的个别性的对峙,它不允许我们简单地通过把具体事例归于普遍规则

① Gadamer: *Wahrheit und Methode: Grundzüge einer philosophischen Hermeneutik*, GW Bd. 1, Tübingen: Mohr, 1990, S. 314.

② Gadamer: *Wahrheit und Methode: Grundzüge einer philosophischen Hermeneutik*, GW Bd. 1, Tübingen: Mohr, 1990, S. 320.

③ Gadamer: *Wahrheit und Methode: Grundzüge einer philosophischen Hermeneutik*, GW Bd. 1, Tübingen: Mohr, 1990, S. 322.

来演绎正确的行为准则。”①由于不存在与具体的个别事物相分离的一般的善,“所以以追求善为目标的实践智慧就决不能像纯粹科学和技术那样,把一般的观念简单地应用于个别事物,而是需要根据具体事物的情境去确定、修改和发展一般观念。”②实践必须与特殊的个别相联系,在实践领域中普遍规则自身是没有意义的,任何普遍的规则只有在具体化中才能得以确定。“普遍法则是需要运用的,而法则的运用却又是没有法则的”③,换言之,在具体的境遇中,对普遍法则的应用必须经过实践智慧的具体化。

其次,技艺知识的应用具有严格性,必须遵循严格的规则和程序,而诠释学意义的应用必须放弃这种严格性。以法律的应用为例,在具体情况里必须松懈法律的严格性,在法律上进行的恰当缓和,不仅无损于法律,相反更好地发展完善了法律。亚里士多德对于“公道”(epieikeia)分析就表明了这一点,公道就是对法律的更正。“亚里士多德指出,一切法律都处于与具体行动的必然对立之中,因为法律是普遍的,因而不能在自身内包含那种完全具体的实践之现实。”④任何一条法律都应当在具体的情境中进行具体化的应用,以使它做出合乎人性的公正判决。

再次,技艺知识的应用无须自我协商地去考虑何物为知识,它只是某种个别的东西并且服务于个别的目的,学习者可以以旁观者的身份去把握它;而伦理知识则关系到整个正确生活的问题,“对伦理知识、自我协商的依赖,并不会通过技艺知识的阐明而一劳永逸地取消。”⑤即使设想这种伦理知识达到了高度的完满性,它也不是一种技艺类型的知识,而是这种自我

① 洪汉鼎:《论实践智慧》,《北京社会科学》1997 年第 3 期。

② 洪汉鼎:《论实践智慧》,《北京社会科学》1997 年第 3 期。

③ [德]伽达默尔:《科学时代的理性》,薛华等译,国际文化出版公司 1988 年版,第 43 页。

④ Gadamer:*Wahrheit und Methode*:*Grundzüge einer philosophischen Hermeneutik*, GW Bd. 1, Tübingen:Mohr,1990,S. 323.

⑤ Gadamer:*Wahrheit und Methode*:*Grundzüge einer philosophischen Hermeneutik*, GW Bd. 1, Tübingen:Mohr,1990,S. 326.

协商的完成。如果说在技艺中还可以区分出知识和经验，那么在伦理知识中区分知识和经验就是无意义的，由于伦理知识的应用对自我协商的依赖性，伦理知识本身就包含着经验，而且这种经验或许就是知识的基本形式。

诠释学所言的理解的应用性是实践智慧意义上的应用。应用不是尾随于规则之后的事情，也没有一个普遍存在的现成的规则像工具一样摆在某处，可以随手拿过来使用，应用总是发生在理解之中，普遍的规则体现于具体的应用之中。“应用不是理解现象的附加偶然成分，而是从一开始就在整体上规定着理解活动。这里的应用也不是某种预先给出的普遍之物对于特殊情境的关系。”①流传下来的文本对于读者并非作为某种普遍的东西预先被给出，然后再应用于特殊情况。事实是，为了理解文本，读者一定不能无视自身所处的诠释学境况，理解的实现必须将文本与自身所处的诠释学处境关联起来。

具体化和实践智慧是伽达默尔揭示诠释学实践面向的关键。他对两种应用的区分有其深刻用意，自现代科学产生以来，人们对实践概念的理解逐渐偏狭化，实践演变为科学技术的应用，而亚里士多德所言的“实践”是一种反思的最广泛意义上的生活，科学技术的应用恰恰不是亚氏意义上的实践，而是相当于他的技艺概念，所以伽达默尔声称在现代“实践堕落为技术”。“人们必须清楚‘实践’(Praxis)一词，这里不应予以狭隘的理解，例如，不能只是理解为科学理论的实践性运用。”②“‘实践’还有更多的意味。它是一个整体，其中包括了我们的实践事务，我们所有的活动和行为，我们人类全体在这一世界的自我调整——这因而就是说，它还包括我们的政治、

① Gadamer: *Wahrheit und Methode: Grundzüge einer philosophischen Hermeneutik*, GW Bd. 1, Tübingen: Mohr, 1990, S. 329.

② ［德］伽达默尔、杜特:《解释学·美学·实践哲学:伽达默尔与杜特对谈录》,金惠敏译,商务印书馆2005年版,第67页。

政治协商以及立法活动。我们的实践——它是我们的生活形式(Lebensform)。在这一意义上的'实践'就是亚里士多德所创立的实践哲学的主题。"①伽达默尔认为,指导生活的实践理性倘若被归结为实践的聪明这类功能的话,便错失了自明性。亚里士多德明确区分了聪明(deinotes)和实践智慧(phronesis),实践智慧必定包含善的目的,而聪明可以对于任何一个确定的目的而言,离开了善,聪明就会蜕变为狡猾。科学技术的工具理性并不能为人类的合理生活提供最终的保障,只有实践理性才是社会理性的条件。"实践并不是按我们能力的可能性所进行的理论知识的盲目应用。"②人总是面临着选择,因此他需要实践理性。"实践理性的优先地位事实上能够限制漫无边际的实用主义"③。如杜特所言,伽达默尔反对的是一个被工具意义缩减了的理性概念。实践理性的反思有助于回归生活世界,提醒人们在科学知识和真理形成之前已经发生了什么,人类应当怎样生活才是更合理的。

3. 语言承担具体化的实现

实践理性的应用总是发生在具体的情境中,并置身于一个由信念、习惯和价值所构成的活生生的关系即伦理(ethos)之中。尽管某一具体情境与其他情境可能有相似之处,但总是具有个别性,"在此情境中什么是理性的,什么是应当去做的,恰恰并未在给您的那些关于善恶的总体指向中确定下来,这不像关于如何使用一件工具的技术说明所给出的那样,而是您必须自己决定去做什么。为此您就得理解您的情境。您就得阐释它。这就是伦理学和实践理性的解释学之维。解释学是理解的艺术。""这个对于我们实践情境、对于在其中如何去做的理解不是独白性的,而是具有对谈的特性。我们的一切行为

① [德]伽达默尔、杜特:《解释学·美学·实践哲学:伽达默尔与杜特对谈录》,金惠敏译,商务印书馆2005年版,第67—68页。

② [德]伽达默尔:《赞美理论》,夏镇平译,上海三联书店1988年版,第79页。

③ [德]伽达默尔:《赞美理论》,夏镇平译,上海三联书店1988年版,第31页。

都是相互的！我们的生活形式具有你—我特性、我—我们特性和我们—我们特性。在我们的实践事务中，我们被理解所指引。而理解发生于对谈之中。”①这段话表明，伽达默尔又揭示了实践的诠释学意义，不仅诠释学以实践哲学为归宿，而且实践哲学也以诠释学为归宿，二者在理论上是互涉的（参见第七章第二节）。由于实践具有对话式的交往特性，所以我们的出路就是理解和相互理解。

对话模式可以阐明精神科学中的参与结构。伽达默尔宣称：“精神科学中的本质性东西并不是客观性，而是同对象的先前的关系。我想用参与者的理想补充知识领域中这种由科学性的伦理设立的客观认识的理想。”②衡量精神科学有无价值的标准，就是参与到人类经验本质的陈述之中，对话模式可以阐明这种参与形式的结构，“对话者并非对对话中出现的东西视而不见并宣称唯有自己才掌握语言，相反，对话就是对话双方在一起相互参与着以获得真理”③。

对话可以实现个体在实践中的开放性，实践的交往特性决定了行为者与他人处于互动的联系之中。实践哲学以行为者为中心，行为者在实践中选择和权衡，然而这里“很容易犯的错误就是，把实践智慧仅仅视为一种略带个人能动性（agency）意味的行为者中心理论。”④在某些时期，实践智慧被限制在一个彻底的以自我为中心的行为者身上，他完全只考虑、算计自我利益，以至于可能偏离共同的善。实际上，亚里士多德视野中的行为者完全不同于个人主义意义上的具有稳固性、封闭性、以自我为中心的个体。实践智慧使个体自身构造成为一个行为者，而不是一个只会算计其利益的稳固自我。在实践行动中，行为的意义由多种因素决定，它是把各种各样的利益整合成一个复合统

① ［德］伽达默尔、杜特：《解释学·美学·实践哲学：伽达默尔与杜特对谈录》，金惠敏译，商务印书馆 2005 年版，第 69 页。

② ［德］伽达默尔：《赞美理论》，夏镇平译，上海三联书店 1988 年版，第 69 页。

③ ［德］伽达默尔：《赞美理论》，夏镇平译，上海三联书店 1988 年版，第 69 页。

④ ［美］罗伯特·哈里曼：《实践智慧在二十一世纪（下）》，《现代哲学》2007 年第 2 期。

一体的动态过程,在此过程中自我总是被重新选择和塑造。“只有通过将自我延伸到那些更为广阔且不确定的序列中,一个人的行为才可能在根本上得到理解,才不会被理解为是出于自我利益。”“换句话说,prudence 理论内部就包含着一个节状的(nodular)自我的概念。个人通过行动被扩展到与一个更大的、更富活力的社会网络的联系之中。”①个体总是与他者相互联系且不在一个稳固的系统之内,在实践行为中,同一性被分解,一种适宜于协调各种互利结果的意向性结构得到关注,“节状自我只有通过完成其适应于一个潜在性群体的核心使命,它本身才能被完全激活”。② 伽达默尔通过对话理论表明了个体在实践中的开放性,理解是此在的存在方式,他不是一个封闭的不可约减的点,而始终与他人处于对话的结构中,具有主体间性。即使读者在理解不会说话的文本的过程中,也始终与文本进行着对话和视域融合。理解不是独白性的,而是对谈性的,决定了个体在实践中的开放性,在实践领域,我们的一切行为都是相互的。

对话对实践理性的目的选择具有纠偏作用。在亚里士多德看来,实践智慧、实践理性和德性具有相互蕴含的关系。“在严格意义上说,没有实践智慧就不可能有善,没有德性同样不可能在实践中有智慧。”③德性保证了目的的正确性,而实践理性保证了手段选择的正确性,“德性使我们有正确的目标,而实践智慧使我们采取正确的手段”④。因此,德性与目的有关,而实践智慧只与手段有关,目的本身的选择对于实践理性来说似乎是不成问题的,这里假定了实践理性与善的等同性,即假定了实践理性中内在地蕴含了善。伽达默尔认为,“亚里士多德对实践智慧的规定表现出明显的摇摆不定,因为这种知

① [美]罗伯特·哈里曼:《实践智慧在二十一世纪(下)》,《现代哲学》2007 年第 2 期。

② [美]罗伯特·哈里曼:《实践智慧在二十一世纪(下)》,《现代哲学》2007 年第 2 期。

③ Aristotle:*Ethica Niconachea*,translated by W.D.Ross,edited by Richard Meckeon,New York:Random House,1941,p.1036.

④ Aristotle:*Ethica Niconachea*,translated by W.D.Ross,edited by Richard Meckeon,New York:Random House,1941,p.1034.

识有时更多地归为目的，有时则更多地归为达到目的的手段。”“手段和目的的关系在这里不是这样一种关系：就好像能够预先掌握关于正确手段的知识。之所以如此，乃是因为关于正确目的的知识同样不是认识的单纯对象。”①这也就是说，并不存在关于整个正当生活的任何预先规定性，这种合目的性同样必须答复当时的具体情况。“人们在实践中只追求自己认为是善的、有益的目标，但事实上，表面看来符合善的目标，即便似乎有法律保证其正当性，也不能证明它就是真正符合善的。”②在伽达默尔的理论中，实践理性并不表明自身必然是符合伦理上的善，而这种缺陷可以通过对话的交往理性及主体间性来纠正，苏格拉底式的对话以及柏拉图的辩证法在这里得到发扬。实践事务对理性的要求只有通过对话及其对相关规则的接受来满足，对话的唯一任务就是实践上的启蒙。伽达默尔的本体论假设是，问题的相关者都参与对话，所有对话参与者都有较高的对话能力，所有的论证都被提出并且具有说服力，对话的进程被一种理解的善良意志所引导，在对话者中间可以达成共识。在人类的实践生活中，通过无限开放的对话人们之间可以实现共同的理解，不管在理解的过程中经历怎样的变态与扭曲，他相信对话最终会回到正常理解的视域融合和效果历史中来。即便是这种共识也并不保证行为目标的正确性，主体间的一致性并不保证善的方向，相反他倒是假定了善良意志指引着对话的进程。但不管怎样，对话提供了一种合理的可能性：它赋予对话者以平等参与对话的权利，任何一方都不具有对其他对话者的优势地位和单方面的统治权。实践理性对普遍的东西进行的具体化就实现于这种对话中。

进一步来看，语言承担着具体化的实现。“解释学的基本经验开始展现了它真实的普遍性，因为我们对语言的使用，或者更确切地说，每当我们思考

① Gadamer：*Wahrheit und Methode：Grundzüge einer philosophischen Hermeneutik*，GW Bd. 1，Tübingen：Mohr，1990，S. 326.

② Rüdiger Bubner：*Essays in hermeneutics and critical theory*，translated by Eric Matthews，New York：Columbia University Press，1988，p.165.

时语言在我们那里所寻得的使用,渗透了我们对世界的全部经验。它在不断地实现着对普遍东西的具体化。”①实际上,这里存在着两个层面的具体化,一方面是读者将文本的意义具体化于自身的特殊处境之中,另一方面作者创作文本的过程本身也是具体化的过程。这样,不仅读者与文本展开的对话实现着具体化,而且作者利用语言将其思想形成于文本也是具体化的实现。伽达默尔说道:“我通过把语言作为对普遍东西的真实具体化来思考而参与了的本世纪的诸种思想趋向,处处与柏拉图—亚里士多德的希腊辩证法遗产相汇合,而这正是我在学术研究中所特别感兴趣的东西。”②“对普遍东西的真实具体化”表明,作者在进行文本创作时同样也进行着具体化。“语言要素并非只是一种在其中能遭遇到这个或那个事物的空的媒介。它全然是一切能够遭遇到我们的事物的基本元素。围绕着我们的,是作为被说出来的东西的语言,即言谈的世界。”③作为对话的语言承担着具体化的实现,这是诠释学实践维度的具体运作方式和过程。

第三节　诠释学的本体论转向

诠释学的本体论转向发生在20世纪,开启于海德格尔,完成于伽达默尔。伽达默尔反思批判方法论诠释学,阐发诠释学的实践维度,并承接海德格尔的新型本体论和现象学,完成了诠释学的本体论转向。这一转向包含两个方面,即理解的本体论转向和语言的本体论转向。

一、理解的本体论转向

伽达默尔在海德格尔开辟的关于此在(Dasein)的新型本体论之基础上,完成

① [德]伽达默尔:《科学时代的理性》,薛华等译,国际文化出版公司1988年版,第44页。
② [德]伽达默尔:《科学时代的理性》,薛华等译,国际文化出版公司1988年版,第44页。
③ [德]伽达默尔:《科学时代的理性》,薛华等译,国际文化出版公司1988年版,第44—45页。

了理解的本体论转向。后者把理解视为此在的基本存在方式,揭示其原初的开展方式。海德格尔的诠释学思想主要见于他 1923 年的弗莱堡演讲录,这些演讲录在 20 世纪 80 年代被作为全集第 63 卷出版,题为“本体论:实际性的诠释学”。在《存在与时间》(1927 年)中,诠释学在此在的生存论建构分析中具有重要地位。众所周知,随着晚期海德格尔的转向,他不再使用诠释学概念,然而这并不意味他不再有诠释学方面的思考,毋宁说他改变了其早期的诠释学方案。伽达默尔作为海德格尔 1923 年夏季学期弗莱堡诠释学课程的参与者,无疑受到了其思想的影响,“若要理解伽达默尔的哲学诠释学构思,就必须追溯到 1923 年”①。实际上,海德格尔早在 1919—1922 年的课程教学中就产生了零散的诠释学思想,他在写于 1922 年的《亚里士多德的现象学诠释》附录中提出,每一种解释都有其视位(Blickstand)、视有(Blickhabe)、视迹(Blickbahn)②,与此同时,他在本书中第一次提到“实际性的现象学诠释学”(phänomenologische Hermeneutik der Faktizität)③。在弗莱堡演讲录中,海德格尔明确给出诠释学的定义,“毋宁说这一术语与其原初的意义相关,表明某种宣告(Mitteilen)之实施的统一性,亦即,促成照面、视见、掌握和把握的实际性解释。”④这里我们必须注意,掌握和把握不同于一般意义上的图式、范畴或理性概念,而是“存在的可能性、瞬视(Augenblick)的可能性”⑤。在海德格尔看

---

① Günter Figal: *Gegenständlichkeit: das Hermeneutische und die Philosophie*, Tübingen: Mohr Siebeck, 2006, S. 9.

② Vgl. Heidegger: *Phänomenologische Interpretationen ausgewählter Abhandlungen des Aristoteles zur Ontologie und Logik: Anhang: Phänomenologische Interpretationen zu Aristoteles (Anzeige der hermeneutischen Situation), Ausarbeitung für die Marburger und die Göttinger Philosophische Fakultät. Gesamtausgabe*, GA Bd. 62, Frankfurt am Main: Klostermann, 2005, S. 345.

③ Vgl. Heidegger: *Phänomenologische Interpretationen ausgewählter Abhandlungen des Aristoteles zur Ontologie und Logik: Anhang: Phänomenologische Interpretationen zu Aristoteles (Anzeige der hermeneutischen Situation), Ausarbeitung für die Marburger und die Göttinger Philosophische Fakultät. Gesamtausgabe*, GA Bd. 62, Frankfurt am Main: Klostermann, 2005, S. 364.

④ Heidegger: *Ontologie (Hermeneutik der Faktizität)*, GA Bd. 63, Frankfurt am Main: Vittorio Klostermann, 1988, S. 14.

⑤ Heidegger: *Ontologie (Hermeneutik der Faktizität)*, GA Bd. 63, Frankfurt am Main: Vittorio Klostermann, 1988, S. 16.

来,每一种把握都有其前拥有、前把握,诠释学就是实际性的自我解释和展开。“诠释学具有这样的任务,使自己的此在在其存在特征中对这个此在自身成为可通达的,向其宣告自己的此在”①。诠释学向此在提供一种可能性,“它对其自身而言成为理解着的(*verstehend*)去存在。”②此在的 Selbstauslegung 具有双重的意义,这种意义已经存在于 Auslegung 这个德语词汇本身之中,即展开和解释。

在《存在与时间》中,诠释学在此在的生存论分析中扮演重要角色,这一分析揭示了此在的“在世存在”(In-der-Welt-Sein)。在这里诠释学最重要的任务在于分析“在之中”(In-Sein),“从现象上提取出此在之在的原始统一结构”③。“现身情态”(Befindlichkeit)是“此”(Da)的首要生存论结构,它与“理解”一起构成了此在之在。海德格尔从基础存在的视角考察理解,理解现象被视为此在之在的基本样式。“此在生存着就是它的此,这意味着:世界在‘此’;世界的在此(Da-Sein)乃是在之中。这个‘在之中’也同样在‘此’,亦即作为此在为其故而在的东西在‘此’。在‘为其故’之中,生存着的‘在世存在’本身是展开了的,而其展开状态曾被称为‘理解’。”④原初的理解在生存意义上是指“能够主管某事”“胜任某事”和“能做某事”⑤。作为理解的此在首先是一种可能之在,此在向着自身的可能性展开。海德格尔区分了此在的可能性和逻辑上的空洞可能性以及现成事物的偶然可能性,“生存论意义上的可能性却是此在的最源始最积极的存在论规定性”⑥。作为理解的此在是一种能在,它绝不是一种现成存在,理解作为此在之此的样式表明了这一点。

---

① Heidegger:*Ontologie* (*Hermeneutik der Faktizität*), GA Bd. 63, Frankfurt am Main: Vittorio Klostermann, 1988, S. 15.

② Heidegger:*Ontologie* (*Hermeneutik der Faktizität*), GA Bd. 63, Frankfurt am Main: Vittorio Klostermann, 1988, S. 15.

③ Heidegger:*Sein und Zeit*, Tübingen: Niemeyer, 1967, S. 130.

④ Heidegger:*Sein und Zeit*, Tübingen: Niemeyer, 1967, S. 143.

⑤ Heidegger:*Sein und Zeit*, Tübingen: Niemeyer, 1967, S. 143.

⑥ Heidegger:*Sein und Zeit*, Tübingen: Niemeyer, 1967, S. 143-144.

“理解是此在本身的本己能在之生存论意义上的存在，也就是：这个于其本身的存在敞开了随它本身一道存在的何所在。”①海德格尔追问，理解何以总是随着其开展涌向可能性；在他看来，这是因为理解自身具有生存论的结构，即“筹划”(Entwurf)，理性具有筹划特征，它构成了此在之存在的能在之此。同时，这种筹划不能被主题化，不能将之等同于想出来的计划/方案(Plan)，因为这样一种计划会把筹划降格为被给予的现成存在状态。进行着筹划的理解，在原始意义上是此在的存在方式，它筹划自身的可能性并让这种可能性去存在，由此，此在不再是它事实上(tatsächlich)之所是，此在只是它实际上(faktisch)之所是，“因为能在在本质上属于实际性(Faktizität)”②。值得注意的是，实际性这一概念区别于现成存在的事实性(Tatsächlichkeit)。诠释学的实际性在于表明，构成此在实际之存在的东西是理解，理解是此在的基本样式，是向着未来可能性筹划的能在，此在存在之“此”是通过理解及其筹划建构起来的。“作为实际的(faktisches)此在，一向已经把它的能在置于理解的可能性之中。”③作为理解的此在向着可能性筹划自身的存在，“理解的筹划活动具有塑造自身的本己可能性。我们把理解的塑型活动称为解释。”④

解释植根于理解之中，但也同理解一样，在生存论意义上首先不与认知相关，在海德格尔看来，原初意义上的解释既不是理解者的一种认知活动，也不是其获得知识的结果，毋宁说，解释是“把埋解中所筹划的诸多可能性整理出来”⑤，是一种上手存在(Zuhandenes)。解释具有“作为”结构，即把某种东西作为某种东西来解释，这里的“作为”包含着“何所用”，它是前述谓的(vorprädikativ)，无须主题化的解释。解释的“作为”结构奠基于理解的前结构(Vorstruktur)，解释并不是无条件地把握被给予之物，把某物作为某物来解释，基于理解的前拥

① Heidegger: *Sein und Zeit*, Tübingen: Niemeyer, 1967, S. 144.

② Heidegger: *Sein und Zeit*, Tübingen: Niemeyer, 1967, S. 145.

③ Heidegger: *Sein und Zeit*, Tübingen: Niemeyer, 1967, S. 146.

④ Heidegger: *Sein und Zeit*, Tübingen: Niemeyer, 1967, S. 148.

⑤ Heidegger: *Sein und Zeit*, Tübingen: Niemeyer, 1967, S. 148.

有(Vorhabe)、前视见(Vorsicht)和前把握(Vorgriff)①,一切解释都运作于这种前结构之中,诠释学的循环通过海德格尔获得了本体论的意义。在传统的方法论诠释学中,诠释学的循环仅仅限于语词、句子与文本之间的循环(例如在语文学中),抑或作者的生命整体与其作品之间的循环(例如在施莱尔马赫那里),抑或普遍史与个别流传物之间的循环(例如在历史学派那里),并且这种循环被视为消极的、应当避免的。海德格尔则首次揭示了本体论意义上的诠释学循环及其积极意义,"决定性的事情不是从循环中脱身,而是以正确的方式进入循环。理解的这种循环不是一个任意的认识方式活动于期间的圆圈,它表达的乃是此在本身的生存论上的前结构。不能把这个循环降低为一种恶性循环,即使降低为一种可以容忍的恶性循环也不行。在这一循环中隐藏着最原始认识的一种积极可能性。当然,这种可能性只有在如下情况下才能被真正掌握,即:解释理解到其首要的、恒常的和最终的任务始终是不让各种前拥有、前视见和前把握以偶发奇想和流俗之见的方式出现,而是从事情本身出发整理前拥有、前视见和前把握,从而保障论题的科学性。"②理解的循环刻画了此在在生存论上的前结构,同时此在意义的展开也被理解的前结构所规定。"前拥有、前视见和前把握构成了筹划的何所向,意义就是这个筹划的何所向,由此出发某物作为某物成为可理解的。只要理解和解释构成了此之在的生存论结构,意义就必须被把握为属于理解的展开状态的生存论形式构架。意义是此在的一种生存论性质,而不是一种属性,依附于存在者,躲在存在者'后面',或者作为'中间领域'漂浮在什么地方。"③

我们看到,理解和解释在早期海德格尔那里获得了生存论—本体论的意义,它们不再是此在诸多活动方式之中的一种,而是此在的基本存在方式,它们首先不涉及对象性的认知,伽达默尔也完全赞同海德格尔的这些论断,"我

① Vgl.Heidegger:*Sein und Zeit*,Tübingen:Niemeyer,1967,S. 150.

② Heidegger:*Sein und Zeit*,Tübingen:Niemeyer,1967,S. 153.

③ Heidegger:*Sein und Zeit*,Tübingen:Niemeyer,1967,S. 151.

认为，海德格尔对人类此在的时间性分析令人信服地表明：理解不是主体诸行为方式中的一种，而是此在本身的存在方式”①，“自然科学的认知方式是理解的一种变式（Abart）”②，理解首先是此在在世存在、与世界打交道的能在，具有本体论的意义，而主题化的对象性的科学认知是从中衍生出来的、是第二位的。

伽达默尔把海德格尔所揭示的理解的前结构（前拥有、前视见、前把握）统称为“前见”（Vorurteile），并进一步为其本体论地位正名。他把前见视为理解得以可能的前提条件，而在诸多前见之中，传统和权威是两种重要的形式。伽达默尔在《真理与方法》中概述了“前见”通过18世纪启蒙运动被“污名化”的历史，启蒙运动基于抽象理性的普遍原则，要求把人的知识和判断从一切前见和权威中解放出来，要求把一切传统置于理性的法庭之上来检验，传统成为批判的对象。伽达默尔强调，前见最初是指一种前判断，它未必是错误的，“在判例形成过程中，前见就是在真正的终局判决之前的一种正当的先行裁判”③。这种先行判断本身有可能是积极的，也有可能是消极的，而启蒙运动却普遍要求克服传统中的一切前见，这在伽达默尔看来是一种独断论式的抽象，它把理性与传统抽象地对立起来。实际上，前见并不是什么需要克服的消极之物，反而是理解得以可能的条件，离开这种前结构，理解将是不可能的，一种从零开始的理解是一种幻象。所谓权威与理性的对立也只是一种抽象，权威本身也有可能是真理的源泉，因为它基于承认，即承认他者在某方面比自己更富有洞见，这与盲从没有任何关系，权威的真正基础是理性，对权威的认可本身属于一种理性行为，它是基于理性的认识④。同样，传统与理性也不是抽

① Gadamer：„Vorwort zur 2.Auflage“，in：GW Bd. 2，Tübingen：Mohr，1993，S. 440.

② Gadamer：*Das Problem des historischen Bewußtseins*.Tübingen：Mohr Siebeck，2001，S. 27.

③ Gadamer：*Wahrheit und Methode*：*Grundzüge einer philosophischen Hermeneutik*，GW Bd. 1，Tübingen：Mohr，1990，S. 275.

④ Gadamer：*Wahrheit und Methode*：*Grundzüge einer philosophischen Hermeneutik*，GW Bd. 1，Tübingen：Mohr，1990，S. 284-285.

象对立的,不存在一种脱离传统的抽象理性,理解者作为一种历史的存在始终已经处于传统之中,在理解者把传统视为自己的对立面、对传统进行反思之前,他已经被传统“占有”,从传统出发来理解传统和理解自身。“真正说来,并非历史隶属于我们,而是我们隶属于历史。早在我们在自我反思中理解自己之前,我们显然是在我们所生活的家庭、社会和国家中理解我们自己。主体性的焦点乃是哈哈镜。个体的自我反思只是历史生命封闭电路中的一种返照。因此,个人的前见比其判断更是个人存在的历史实在。”①伽达默尔的理解本体论转向与对前见的正名密切相关,由于理解按其本质来说具有这种前结构,从而就不再是纯粹的方法概念,“理解就是人类生命本身原始的存在特征”②。它不是主体的活动方式之一,而本身就是此在的存在方式。向其后观察,理解处于其前结构的循环之中,向前来看,理解又具有筹划的性质,在这一点上伽达默尔亦延续了海德格尔的想法。“只要理解是能在(Seinkönnen)和‘可能性’,那么,在把理解按照各种不同的实用兴趣或理论兴趣区分之前,理解就是此在的存在方式。”③与理解的筹划性质相关,伽达默尔主张理解的开放性、意义的开放性,他把理解的位置放在对于传统的隶属性和向着未来筹划的可能性之间。浪漫派诠释学或历史学派往往关注于“破解”或重构被理解对象(文本抑或“历史之书”)的意义,他们原本试图彰显的理解之个体性和特殊性,却“献身”于追寻意义的客观性。在伽达默尔看来,历史主义最终难免陷入现代科学方法论的窠臼,因为它仍然把理解导向一种效仿自然科学方法、与之并列的方法。

为了抵制方法论诠释学的天真客观主义理想,理解的本体论转向在伽达

① Gadamer: *Wahrheit und Methode: Grundzüge einer philosophischen Hermeneutik*, GW Bd. 1, Tübingen: Mohr, 1990, S. 281.

② Gadamer: *Wahrheit und Methode: Grundzüge einer philosophischen Hermeneutik*, GW Bd. 1, Tübingen: Mohr, 1990, S. 264.

③ Gadamer: *Wahrheit und Methode: Grundzüge einer philosophischen Hermeneutik*, GW Bd. 1, Tübingen: Mohr, 1990, S. 264.

默尔这里也以一种有条件的方式汲取了黑格尔的思想资源，他要求哲学诠释学必须返回到黑格尔的《精神现象学》的道路，直到在一切主体性中揭示出规定着主体性的实体性[①]。黑格尔称之为实体的东西，在伽达默尔看来正是一种作为理解之前提条件的前理解，它提供了一种诠释学的处境，我们向来处于这种处境之中，在这种诠释学的处境之外没有其他的认知立足点。理解传统意味着与传统照面（Begegnung），它是过去与现在的中介运动，理解中始终发生着视域融合和效果历史。“理解按其本质来说乃是一种效果历史进程。”[②]效果历史原则揭示了那种认知的直接性不过是一种臆想，理解者始终已经处于效果历史的影响之下，在理解中不断地发生着过去视域与现在视域的碰撞与融合，实际上，根本就不存在一种完全封闭的历史视域或现在视域，“毋宁说，理解总是这种被误认为是独自存在的视域的融合过程。”[③]既然如此，伽达默尔为何还要用“视域融合”这个概念？对此他给出了解释，诠释学的活动不在于掩盖流传物与当下时代之间的紧张关系，相反它要有意识地去暴露这种紧张关系，并筹划一种不同于现在视域的历史视域，当然，在这样做的时候要知道历史意识不是抽象的阿基米德点，它“本身只是类似于某个持续发生影响的传统之叠加过程（Überlagerung），从而它把互相区别的东西同时又结合起来，以便在它如此取得的历史视域的统一体中与自己本身再度发生中介。”[④]概而言之，伽达默尔证明，理解是此在的基本存在方式，是视域融合的效果历史过程，以此完成了理解的本体论转向。

---

① Vgl.Gadamer：*Wahrheit und Methode*：*Grundzüge einer philosophischen Hermeneutik*，GW Bd. 1，Tübingen：Mohr，1990，S. 307.

② Gadamer：*Wahrheit und Methode*：*Grundzüge einer philosophischen Hermeneutik*，GW Bd. 1，Tübingen：Mohr，1990，S. 305.

③ Gadamer：*Wahrheit und Methode*：*Grundzüge einer philosophischen Hermeneutik*，GW Bd. 1，Tübingen：Mohr，1990，S. 311.

④ Gadamer：*Wahrheit und Methode*：*Grundzüge einer philosophischen Hermeneutik*，GW Bd. 1，Tübingen：Mohr，1990，S. 311－312.

二、语言的本体论转向

接续理解的本体论转向,伽达默尔在《真理与方法》第三部分“以语言为主线的诠释学本体论转向”中进一步完成了语言的本体论转向。语言不再是一种摆在面前的工具,而是关于世界的经验,在这种经验中,流传物向我们诉说。“理解的语言性是效果历史意识的具体化。”①实际上,语言的本体论转向也肇始于海德格尔,尤其是晚期海德格尔。1953 年,他在与日本学者手冢富雄的一次对话中提到,“对语言和存在的沉思老早就决定了我的思想道路”②,海德格尔终其一生都在探寻存在和语言之意义。他认为,形而上学的思维方式和言说方式无法把握存在的本质,无力描述存在的本来意义;形而上学很早就以西方的逻辑和语法的形式霸占了对语言的解救,在逻各斯的理性语言中,存在被遗忘了、遮蔽了。本真的语言乃是诗性的语言,必须从形而上学的言说方式返回诗意的言说方式,把语言、思想从语法和逻辑理性中解放出来,从而恢复逻各斯的原初意义。从原始语意上以诗性方式解说语词,探寻语词原来包涵的人与世界的亲缘关系,以及所呈现的人的洞察力与启示力量。命名召唤着存在,语言给出存在,唯在语言中,存在才成其为存在,词语破碎处无物存在。语言使人能站立于一切存在的“显明状”之中,若没有词语对存在之物的揭示,“显明”是不可能产生的。语言使存在敞开就是“澄明”所命名的东西。由此,在海德格尔这里,解构就不再是胡塞尔意义上的向纯粹先验意识的回溯,而是在存在论的意义上借助于语言重新获得关于存在本身的原始经验。胡塞尔从传统的认识论角度,关注意识中的存在,海德格尔则是从存在论的角度,关注意识中的存在如何可能。

在晚年海德格尔那里,不是此在决定存在,而是存在自行发生、自行显现,那么存在是如何达乎显现、自行显示的?海德格尔给出的答案是语言,因为

---

① Gadamer: *Wahrheit und Methode: Grundzüge einer philosophischen Hermeneutik*, GW Bd. 1, Tübingen: Mohr, 1990, S. 393.

② [德]海德格尔:《在通向语言的途中》,孙周兴译,商务印书馆 2004 年版,第 93 页。

“语言是存在之家”,语言使存在得以澄明,存在通过语言向人并在人之中揭示自身。由此,海德格尔从其存在之思必然地转向了语言之思。语言的本质是“道说”,道说的本质是让显现和让闪亮意义上的显示,正是通过语言,存在本身才得以显现。这里,海德格尔似乎是在兜圈子,本有(Ereignis)、存在是先行敞开的,它本来就是让显现、让在场,而作为道说的语言也是让显现,这种语言是寂静之音,它自行道说,道说意味着:“显示、让显现、既澄明着又遮蔽着把世界呈示出来。”[①]存在与语言是原始本真地相互隶属、相互关联在一起的,在一定意义上说,存在即语言、语言即存在。

伽达默尔从海德格尔“听语言道说”的思想中看到诠释学经验的普遍性,进而提出“能被理解的存在是语言”[②]。他指出,当我们追究“事物的语言”所表述的含义时,它首先表达如下事实,“即在一般情况下,我们根本不准备倾听自在的事物,它们附属于人的计算,服从于人凭借科学理性对自然的统治。”[③]这是科学时代的理性导致的后果,在越来越技术化的世界中,人们已忘却了对事物本身的尊重,似乎只有诗人仍然守护着事物的存在。伽达默尔并非反对理性本身,而是“反对启蒙主义理性的预设,启蒙主义理性认为传统是教条”[④]。伽达默尔试图用诠释学理性去克服工具理性,事物不是仅供人使用之后就可以扔到一边的可有可无的工具,“相反,事物是有自身存在的东西,像海德格尔所说,是‘不能强迫它什么都做’的东西。事物自身的存在由于人想操纵事物的专横意志而被忽视了,它就像一种我们不能不听的语言。”[⑤]事

① [德]海德格尔:《语言的本质》,载孙周兴编,《海德格尔选集》下卷,上海三联书店1996年版,第1118页。

② Gadamer: *Wahrheit und Methode: Grundzüge einer philosophischen Hermeneutik*, GW Bd. 1, Tübingen: Mohr, 1990, S. 478.

③ [德]伽达默尔:《哲学解释学》,夏镇平、宋建平译,上海译文出版社2004年版,第73页。

④ [美]帕尔默:《哲学诠释学的实用性》,《安徽师范大学学报》2006年第3期。

⑤ [德]伽达默尔:《哲学解释学》,夏镇平、宋建平译,上海译文出版社2004年版,第73—74页。

物的存在具有语言性,它是在如下意义上说的,即事物是在语言中得以揭示的。“认为事物先于它们在语言中的展示这种谬见掩盖了我们的世界经验所具有的根本的语言性质。”①

语言性尤其是一切流传物(Überlieferung)的本质。流传物是诠释学的一般对象,在伽达默尔看来,流传物的本质在于它具有语言性。当然我们不能否认,存在着很多非语言形式的流传物,例如造型艺术、纪念碑等文物,但这里所说的语言性是指:流传物与我们攀谈、向我们诉说,其意义呈现在语言之中。同时伽达默尔强调,语言形式尤其是以文字形式固定下来的流传物具有更加充分的诠释学意义,在书面流传物中,“其文字符号对一切懂得去阅读它们的读者而言都是同样直接确定的”,“流传物的本质以语言性为标志,当流传物是一种**文字**流传物时,上述事实显然才达到其完全的诠释学意义”②。伽达默尔对文字、书写的强调,在一定程度上是反传统的,自柏拉图、亚里士多德以来,就有抬高口语、贬低文字的倾向,例如亚里士多德在《解释篇》中所言,“口语是心灵的符号,文字是口语的符号”③,从而文字成了符号的符号,离心灵越来越远。另外,伽达默尔对文字、书写的强调,受到德里达的影响,后者激烈地批评欧洲哲学中的语音中心主义。在前者看来,文字之所以具有更加充分的诠释学意义,是因为它超越于过去的世界进入意义的领域,“正是语词的理想性(Idealität),使一切语言性的东西超越了其他残存物所具有的有限、暂时的规定性。流传物的载体并不是那种作为以往时代断片的手书,而是记忆的持续。”④流传下来的文本既摆脱了作者,也摆脱了其产生的时代,获得一种独立

---

① [德]伽达默尔:《哲学解释学》,夏镇平、宋建平译,上海译文出版社 2004 年版,第 79 页。

② Gadamer: *Wahrheit und Methode: Grundzüge einer philosophischen Hermeneutik*, GW Bd. 1, Tübingen: Mohr, 1990, S. 393.

③ [古希腊]亚里士多德:《解释篇》,16a3-4。

④ Gadamer: *Wahrheit und Methode: Grundzüge einer philosophischen Hermeneutik*, GW Bd. 1, Tübingen: Mohr, 1990, S. 394.

性,它超越时空的限制,又与一切时空共在,它承载着真理与意义,通过理解的中介运动通达当下。

说到底,事物、流传物具有语言性,是指世界经验在根本上具有语言性、理解具有语言性。诠释学经验的普遍性指的是世界经验的语言特性和理解的语言特性。理解活动本身以及一切诠释学经验都是语言性的,语言是“理解本身得以进行的普遍媒介。理解的进行方式是解释”①。伽达默尔指出,一切理解都已经内在地包含着解释,解释意味着一种“翻译”、转换,即把文本的语言带入我们的语言,我们的前见也一同进入游戏,在这种语言转换中发生着过去与现在的中介运动,传统的活力就存在于不断的解释活动之中。解释都以语言为媒介,乃至非语言形式的解释,例如姿势语言、艺术表现等,其实也是一种特殊的语言,或者说其可理解性以语言性为前提,否则就不可能有意义的传达。

在海德格尔的基础上,伽达默尔实现了以语言为主线的诠释学本体论转向,体现这一转向的核心命题是“能被理解的存在是语言”。人是理解的存在,在理解中,语言起着至关重要的作用,任何存在物只有在语言中才能对人显现自己的真实存在。不是世界构成语言的对象,而是语言内含于我们生活其中的共同世界;不是人使用语言去认识存在、描述世界,而是世界已经体现在语言中。谁拥有语言,谁就拥有世界,“不仅世界之所以是世界,是因为它要用语言表达出来,语言之所以具有其真正的定在也只是在于,世界在语言中得到表述。语言的源始人类性同时也意味着人类在世存在的源始语言性。”②存在通过语言而呈现,伽达默尔借用并重新诠释了德国古典学者洪堡的观点,认为人永远以语言的方式拥有世界,语言给人一种

---

① Gadamer: *Wahrheit und Methode: Grundzüge einer philosophischen Hermeneutik*, GW Bd. 1, Tübingen: Mohr, 1990, S. 392.

② Gadamer: *Wahrheit und Methode: Grundzüge einer philosophischen Hermeneutik*, GW Bd. 1, Tübingen: Mohr, 1990, S. 447.

对世界特有的态度或世界观。“语言并非只是生活在世界上的人所获得的诸装备中的一种,而是人以语言为基础,并在语言中表现自身,即人拥有世界。世界就是对于人而存在的世界……但世界这个定在却是通过语言来表述的。”①人之存在的语言性、人类世界经验的语言性和人与世界关系的语言性正是诠释学在哲学上获得普遍性的根据。伽达默尔还赋予亚里士多德的命题“人是逻各斯生物”以新的理解,逻各斯的本义是语言,进而说明了人是语言的存在物。在伽氏看来,希腊哲学留给我们的问题是:“我们只能在语言中进行思维,我们的思维只能寓于语言之中,这正是语言给思想提出的深奥的谜。”②诠释学的语言经验即是人类的生存经验,关于世界的经验,“就‘世界’在语言性的相互理解中显现出来而言,人类的语言必须被认作是一种特殊的、独一无二的生活过程”,“世界就是这样一个整体,它指向语言图像的经验”③。世界本身只有在语言中才能得到显现,世界经验的语言性先行于一切认识论。

之所以实现以语言为主线的诠释学本体论转向还在于,伽达默尔在海德格尔的启发下,从语言中看到了解决传统哲学问题的可能性。他认为,现代的主观主义哲学由于将人的意志置于决定性的优势地位而忽视了事物的自身存在,同样,客观主义哲学也未摆脱它所批判的对象,“表现出一种自在之物形而上学的片面性,这个观点同它的对立观点一样承认了意志所具有的决定性优势”。④ 面对这种情况,伽达默尔认为,现在的哲学既不能利用预定和谐的神学根据,也不能再去重复其世俗化的变种,例如思辨观念论对有限和无限的

① Gadamer:*Wahrheit und Methode*:*Grundzüge einer philosophischen Hermeneutik*, GW Bd. 1, Tübingen:Mohr,1990,S. 466-447.

② [德]伽达默尔:《哲学解释学》,夏镇平、宋建平译,上海译文出版社 2004 年版,第 63 页。

③ Gadamer:*Wahrheit und Methode*:*Grundzüge einer philosophischen Hermeneutik*, GW Bd. 1, Tübingen:Mohr,1990,S. 450,451.

④ [德]伽达默尔:《哲学解释学》,夏镇平、宋建平译,上海译文出版社 2004 年版,第 76 页。

辩证调和,“因此我们必定会问:是否有有限的可能性去适当处理这种符合呢? 是否存在一种符合的根据,不必冒险承认神圣思维的无限性,而又能够适当处理灵魂和存在之间的无限符合?”①伽达默尔认为是有的,“有一条道路可以证明这种符合,哲学正越益清楚地朝向这条道路——这就是语言的道路”②。在语言中,发生着主客体的视域融合,“对事物的意见一致发生在语言之中,它既不意味着事物的优先地位,也不意味着利用语言理解工具的人类思想的优先地位。毋宁说,在对世界的语言经验中实现其具体化的符合才是绝对优先的东西。”③这一点与海德格尔后期的语言观是一致的,即人与存在的交汇点是语言,语言使人与存在相契合,使人与世界合一。

伽达默尔声称,他的哲学诠释学正是试图遵循后期海德格尔的探究方向并以新的方式达到后期海德格尔所想完成的工作。一方面,哲学诠释学是对海德格尔后期思想的继承,“他肯定了海德格尔通过语言并将语言作为存在的同质性概念去理解存在意义的做法”④,将存在和语言关联起来,提出“能被理解的存在是语言”;另一方面正如伽达默尔所言,他试图以新的方式达到后期海德格尔想要完成的工作,这说明他对海德格尔进行了一定的改造。在诠释学的语言观上,伽达默尔的最大改造在于对语言的特征做出了与海德格尔不同的说明,这一不同的说明更加强调和体现了诠释学经验的实践性。概括地说,海德格尔强调语言的诗性和神圣层面,伽达默尔则强调语言的开放性和普遍层面,前者是一种独白式的语言,而后者是作为对话的语言。

---

① [德]伽达默尔:《哲学解释学》,夏镇平、宋建平译,上海译文出版社 2004 年版,第77页。

② [德]伽达默尔:《哲学解释学》,夏镇平、宋建平译,上海译文出版社 2004 年版,第77页。

③ [德]伽达默尔:《哲学解释学》,夏镇平、宋建平译,上海译文出版社 2004 年版,第80页。

④ 张能为:《理解的实践——伽达默尔实践哲学研究》,人民出版社 2002 年版,第2页。

海德格尔晚年邀神的聆听,期待人类最终能诗意地栖居于天、地、人、神的四重整体之中,天、地、人、神处于亲密的区分之中,只有此区分,才能亲密而宁静。所谓区分而亲密者,是高于人的力量,人只是参与其中的共居共生,人是其守护者,因此那是人应该小心维护着的区分,唯有它成为我听、我思、我言、我生的无知无用的神性之源。后期海德格尔声称抛弃"诠释学循环",企图回避前理解结构的先验限定或内存限定,主张遮蔽的存在只能靠神秘的体悟而放弃诠释学,转向了一种诗思的语言或沉思独白的语言。伽达默尔认为这"乃是一个错误"。这个错误是以形而上学语言和非形而上学语言的划分为前提的。在这一前提下,在海德格尔那里继续存在的困难是如何避免形而上学的语言。他虽提出一种思与诗的语言与形而上学的语言相对,但是,"每当海德格尔进行自我解释时,真正的辩证对立没有起作用吗?例如,我们在抛掷和投射、真实性和非真实性、作为存在的遮蔽物的无中发现的辩证张力,最后最重要的,发现真理和错误、显现和掩蔽之间的内在张力和模棱两可(Gegenwendigkeit)。显现和掩蔽构成作为真理事件的存在事件。黑格尔关于生成真理即具体真理中有与无的中介不是已经确定海德格尔关于真理的内在张力的学说可以存在其中的概念框架吗?黑格尔的辩证思辨强化知性中的对立来克服这种知性支配的思维。为了从总体上克服形而上学的逻辑和语言,有可能超越上述这种成就吗?"①

在伽达默尔看来,海德格尔取消形而上学的语言,就像黑格尔取消认识的逻辑、东方人取消存在领域的多样性,以及诗人取消一切给定的东西一样,"取消(aufheben)意味着采纳和使用"②,其实是一种扬弃。更进一步说,"一种语言——或一种语族——仅仅因为思考形而上学或者更有甚者期望形而上

① [德]伽达默尔:《哲学解释学》,夏镇平、宋建平译,上海译文出版社2004年版,第230—231页。

② [德]伽达默尔:《哲学解释学》,夏镇平、宋建平译,上海译文出版社2004年版,第239页。

学,就应当被称之为形而上学思维的语言吗? 语言不总是祖国的语言和在这世界上到家(becoming-at-home)的过程吗?"①伽达默尔认为把语言区分为形而上学的语言和非形而上学的语言这个前提本身就是有问题的,因此他说,"现在我自己也不得不提出与海德格尔对立的看法:根本不存在形而上学的语言","只存在形而上学的概念,其内容规定来自语词的使用"②,有的只是对从活的语言中提取出来的概念词语的形而上学式的思辨构造。因此,要避免这种概念化,不能靠半诗意的独白,而应该走本已存在于活的语言中的对话(Gespräch)之路。语言尽管在一切方面有其先行的不可超越性,尽管哲学的语言承荷着沉重的传统负担,但它仍然试图使语言提供的所有内容具有灵活性,而不单单是精神的巴比伦囚牢。伽达默尔自称他从伟大的对话家柏拉图那里学习到,"科学意识的独白结构永远不能完全使哲学思想达到它的目的","形而上学的语言现在是并永远是一种对话,尽管这种对话已经进行了数百年数千年之久。"③一方面语言呈现出歧义的疏离性,另一方面无疑也提供了克服疏离性的可能,即对话。只有在对话中,在问与答的无限开放中,人与人之间才能共生出通用的话语。"这事实④难道不意味着,因为语言具有准备表达的无限可能性,因而它知道没有限止并且决不会失败吗? 在我看来,这就是解释学的范围,并以在对话中发生的说话方式论证了它内在的无限性。"⑤

哲学诠释学的对话理论同时也进一步论证了诠释学经验的普遍性,即

---

① ［德］伽达默尔:《哲学解释学》,夏镇平、宋建平译,上海译文出版社 2004 年版,第 238 页。

② Gadamer:„Zwischen Phänomenologie und Dialektik. Versuch einer Selbstkritik", in: GW Bd. 2, Tübingen: Mohr, 1993, S. 11.

③ Gadamer:„Zwischen Phänomenologie und Dialektik. Versuch einer Selbstkritik", in: GW Bd. 2, Tübingen: Mohr, 1993, S. 13.

④ 指前文所说的语言总是祖国的语言和在这世界上到家的过程。

⑤ ［德］伽达默尔:《哲学解释学》,夏镇平、宋建平译,上海译文出版社 2004 年版,第 238 页。

“能被理解的存在是语言”。理解是人的存在方式,在理解中完成的不是对外在对象的中立把握,而是在双方的对话中完成视域融合,完成意义的交流与沟通。理解就是理解者与文本之间的一场对话,是与一切文本之间发生的意义交流,是理解者与文本之间不断发生的、相互开放的视域融合过程。在对话过程中,在理解者和被理解者之间必须有某种通约性语言,即不同视域融合后生成的共同语言。伽达默尔认为,诠释学的谈话正像真正的谈话一样,会发现一种共同的语言。理解本身就是理解者和文本双方在对话引导下创造共同语言的过程。在理解中所发生的视界融合乃是语言的真正成就。每一次谈话都预先假定了某种共同的语言,或者更准确地说,谈话创造了某种共同的语言。因此,语言是使对话得以进行、理解得以实现的普遍媒介。语言向我们言说、建议、撤销、发问和自作自答,理解的视域融合过程就是理解者与文本之间无穷的语言游戏过程。真正的对话像游戏一样,呈现出没有主体的、自我呈现、自我更新的结构。对话就是语言本身在游戏,语言的对话特征是效果历史意识的具体体现。伽达默尔认为,他提出效果历史意识概念,会造成与早期海德格尔的探究密切相连的假象,这种探究从此在出发,而此在只与它的存在相关并通过这种存在理解而表明自身。后期海德格尔则力求克服《存在与时间》所具有的先验哲学立场。伽达默尔认为,引入效果历史意识概念的动机却正在于开辟通往后期海德格尔的通道,这便是诠释学经验的实践性,它体现在无限开放对话的效果历史运动之中。

诠释学的对话理论典型地体现其实践哲学取向(参见上文“语言承担具体化的实现”)中。伽达默尔认为,在科学理性占统治地位的技术时代,希腊实践哲学传统“沦为现代的科学概念压力之下的牺牲品”①。“哲学失去了对人的行为、实践活动的关切,也丧失了对人的存在与命运思考的兴趣,求知代替且抹杀了求善、求美。正是针对这种情形,从上个世纪开始,许多学者都在

---

① [德]伽达默尔:《科学时代的理性》,薛华等译,国际文化出版公司1988年版,第42页。

谈论哲学的终结,可以说,哲学的发展又处于一个转折点上。”①在海德格尔实现生存本体论的变革的基础上,伽达默尔力图恢复希腊的实践哲学传统,捍卫实践理性的合法地位,将哲学反思确立为一种“有价值”的生活的基本前提。在伽达默尔看来,人的实践行为根本上是一种理解行为,理解是此在的存在方式,而理解的展开过程本身就是实践过程。彭启福认为,伽达默尔理解本体论的中心是理解的应用性,正是理解的应用性决定了伽达默尔的哲学诠释学必定是实践哲学。在伽达默尔那里,应用不再是理解之后发生的事情,而是内在于理解过程之中,它是读者将对文本的理解应用于自身处境的效果历史运动,“在这种视域中,应用具有了双重指向性:它既指向现时态生活,也指向文本本身。文本的理解乃是一种‘对话’,理解的应用过程也必定是在文本与读者的‘对话’之中实现的。”②对话具有历史性、相对性和开放性,这是一个意义的理解和创生的过程,人类行为的意义在对话的理解中得以铸造。在对话的效果历史运动中,实践着人类的相互理解,这种实践“指向我们实践生活的总体,指向我们人类全部的行动和行为,指向人类作为一个整体在世界上做出的自我调适”。③ 特别在伽达默尔晚年其哲学诠释学的实践维度更加凸显出来,他对科学时代人类的生活状况,诸如科学理性的弊端、人类向善的追求以及对话协商在当今时代的必要性等做了深刻的反思,提出了富有建设性的意见。

从根本上来讲,伽达默尔回避了海德格尔的神学背景,他不赞成海德格尔的非人式的诗意独白,要求理解在人类的实践生活中得以实现。他以语言的可传达、可沟通的普适层面为取向,要求在无限开放的对话中实现共同的理解。不管在理解的过程中经历怎样的变态与扭曲,他相信对话最终会重返达到正常理解的视域融合和效果历史中来。因此,不难理解为什么伽达默尔称

① 张能为:《理解的实践——伽达默尔实践哲学研究》,人民出版社2002年版,第97页。

② 彭启福:《理解之思——诠释学初论》,安徽人民出版社2005年版,第112—113页。

③ Gadamer, Palmer: *Gadamer in Conversation: Reflections and Commentary*, New Haven & London: Yale University Press, 2001, p.78.

自己的方法论是“在现象学和辩证法之间”,声称其对话逻辑同黑格尔的辩证法“并驾齐驱”,不同的是,对话逻辑更强调向未来的无限开放。伽达默尔持守理解得以可能的“先验”条件,坚信通过对话不断达成共识的可能,“但这不过是像新康德主义的思维数轴,把围绕理解中心的理解、认同、意义与表达结合的完满性置于定向的无限延伸的数轴上—— 一个延缓着的本体论承诺。”①

此外,伽达默尔指出,应当正确理解语言性的优先地位。无疑,有时候语言相对于艺术表现,在表达情感/感觉上可能是无力的,这会引起语言批判;但他强调,即使这一点也无法改变语言性所具有的根本优越地位,“语言超越了所有对它管辖权的异议。语言的普遍性与理性的普遍性同步。诠释学的意识在这里仅仅参与了那种构成语言和理性之一般关系的东西。如果一切理解与其可能的解释都处于一种必然的等值关系之中,如果理解在根本上没有界限,那么理解在解释中所经验到的语言性领会也必定在自身中具有克服一切限制的无限性。语言就是理性本身的语言。”②语言与理性的亲缘关系同时意味着语言和思维的亲缘关系,它们甚至是不可完全分割开来的,也是在这种意义上,伽达默尔反对工具主义的语言观,语言不是外在的工具,语言中渗透着理性和思维,“解释者对语词和概念的使用与工匠不同,工匠拿起工具,用完就扔在一边。我们却必须认识到一切理解都与概念性内在地交织在一起,必须拒斥一切不愿承认语词和事情之间内在统一性的理论。”③语言是诠释学经验乃至世界经验的一般媒介,世界经验并非首先现成存在而后再进行表达,毋宁说在语言表达中形成了世界经验,存在(Sein)被带向语言,在语言中得以实现,这种“走向语言”(Zur-Sprache-kommen)在伽达默尔这里获得了普遍的本体论意义,即:能被理解的存在是语言。

---

① 张志扬、陈家琪:《形而上学的巴别塔》,同济大学出版社2004年版,第279页。

② Gadamer: *Wahrheit und Methode: Grundzüge einer philosophischen Hermeneutik*, GW Bd. 1, Tübingen: Mohr, 1990, S. 450, 405.

③ Gadamer: *Wahrheit und Methode: Grundzüge einer philosophischen Hermeneutik*, GW Bd. 1, Tübingen: Mohr, 1990, S. 450, 407.

第五章　人文传统的回归与超越：理解和自我理解的展开

在反思批判现代科学方法论和方法论诠释学的基础上，伴随着诠释学的本体论转向，伽达默尔提出哲学诠释学的经验、经典和教化理论，理解不再作为外在的方法，它本身就展开于诠释学的经验和经典教化过程之中。哲学诠释学审视现代科学对经验概念的偏狭使用，以审美经验作为范例揭示诠释学经验的本质，进而形成一种对经典文本特征反思的经典意识，并且凸显出经典在诠释学意义上的教化功能，最终指向人的自我理解和自我塑造。在这种意义上来说，哲学诠释学是对人文传统的回归与超越。

第一节　经验概念的诠释学考察

"诠释学经验"是伽达默尔哲学诠释学最重要的概念之一，它的理论地位不亚于"效果历史意识""视域融合""对话""游戏"等。伽达默尔批评现代经验科学方法论对经验的偏狭理解和使用，并引证黑格尔的意识经验概念①，探

---

① 20世纪70年代初 Claus v.Bormann 的论文„Die Zweideutigkeit der hermeneutischen Erfahrung"(《诠释学经验的歧义性》)和90年代初 Reiner Wiehl(曾为伽达默尔的助手)的论文„Gadamers hermeneutischer Erfahrungsbegriff"(《伽达默尔的诠释学经验概念》)探讨了伽达默尔视野中的诠释学经验概念。2005年山小琪的论文《伽达默尔"诠释学经验"之省思》勾勒了伽达默尔在《真理与方法》中对经验和诠释学经验概念的论述框架。除此以外，诠释学界很少有人集中探讨过伽达默尔的诠释学经验概念，尤其是从反思批判的角度考察它与黑格尔意识经验概念的复杂关系。

究诠释学经验的本质和具体形式。另一方面,伽达默尔又试图与黑格尔划清界限,强调诠释学经验的直接性和彻底开放性,它不能完全消融在意识的自我认识之中。

一、经验、科学与方法:科学方法论中经验概念的偏狭使用

如前所述,在《真理与方法》的导言中,伽达默尔明确指出其诠释学理论的出发点,即“在现代科学范围内抵制科学方法的普遍要求”①。哲学诠释学对现代科学方法论②的抵抗从一开始就包含着对经验优先地位的强调,“在经验(着重号为笔者所加)所及并且可以追问其合法性的一切地方,去探寻那种超出科学方法论控制范围的对真理的经验(着重号为笔者所加)”③。但伽达默尔认为,由于经验概念在现代自然科学方法论中的理解和使用过于偏狭,并且这种理解被强加于精神科学,导致精神科学在自然科学面前日渐式微;毋宁说,精神科学的经验方式不同于或者超出自然科学的经验方式,它“与哲学的经验、艺术的经验和历史本身的经验接近”,“所有这些都是那些不能用科学方法论手段加以证实的真理借以显现自身的经验(着重号为笔者所加)方式”④。

现代科学方法论以及作为其哲学理论基础的经验论对经验概念的偏狭理

---

① Gadamer:*Wahrheit und Methode*:*Grundzüge einer philosophischen Hermeneutik*, GW Bd. 1, Tübingen:Mohr, 1990, S. 1.

② 现代科学方法论包括两种进路和哲学基础(参见第一章第一节):一是唯理论所主张的普遍精确的数学方法,二是经验论的科学归纳法。这两种方法的奠基人分别是笛卡尔和培根,虽然二者所代表的哲学流派大相径庭,但对于科学方法论的诉求却有不约而同之处,科学性、普遍性、精确性、统一性是他们在方法论上的共同追求。伽达默尔哲学诠释学对现代科学方法论的抵制囊括了这两种进路,即数学的方法和自然科学/经验科学的归纳法。由于我们这里关注的是经验概念,因此唯理论的数学方法不在探讨范围之内。

③ Gadamer:*Wahrheit und Methode*:*Grundzüge einer philosophischen Hermeneutik*, GW Bd. 1, Tübingen:Mohr, 1990, S. 1.

④ Gadamer:*Wahrheit und Methode*:*Grundzüge einer philosophischen Hermeneutik*, GW Bd. 1, Tübingen:Mohr, 1990, S. 2.

解和使用主要体现在:片面追求经验的可重复性和可检验性,实证性成为经验是否有用的唯一标准。这里我们再简单回顾一下现代经验论的脉络:在哲学史上,经验论内部虽然出现过各种不同的流派,比如具有唯物主义倾向的经验论(培根、洛克)和观念论的经验论,后者又包括主观观念论的经验论(贝克莱)和怀疑主义的经验论(休谟),经验论(与唯理论相对)的一个普遍观点在于,经验是知识的最终来源。尽管如此,自然科学家和哲学经验论者都看到,经验的简单叠加和汇集毕竟不等于科学,偶然的经验如何提升为科学知识?答案是科学归纳法。经验本身不是目的,它有待于提升为科学,实证的归纳法是现代经验科学的方法论基础。这一方法由"现代科学方法论之父"弗兰西斯·培根创立,并为现代经验科学广泛运用和发展(参见第一章第一节)。科学归纳法要求通过实验获得可靠的经验,按照严格的方法论程序,一步一步地从特殊归纳出具有普遍性的科学原则,现代经验论"奠基于按照方法运作的经验之上,它要求通过归纳和实验推断出自然现象的实际合法性"①。一切经验,只有当它们被证实的时候,才是合法有效的。这种可重复性、可检验性的原则构成了经验是否合法有效的唯一标准②。只有被证实的经验才具有科学价值。科学的普遍性产生于经验的类似性和规律性,它一经产生,则可以运用于类似的现象,只要没有反例出现,科学的普遍法则便一直有效。然而,无论科学归纳法再怎么"科学",它始终无法实现完全归纳,无法达到百分之百的可靠性,因此现代经验论难以逃脱怀疑主义的命运。怀疑主义的经验论摧毁了一切因果联系的必然确定性,把它弱化为心理上的习惯联想,这种习惯联想

---

① Leonhard G.Richter:*Hegels begreifende Naturbetrachtung als Versöhnung der Spekulation mit der Erfahrung*,Würzburg u.a.:Königshausen[u.] Neumann u.a.,1985,S. 25.

② 与传统经验论主张证实相反,卡尔·波普尔提出证伪主义理论,认为只有被证伪的理论才具有科学价值。伽达默尔在一定程度上肯定了这种观点的合理性,因为它重视经验的否定性(Vgl. Gadamer: *Wahrheit und Methode*: *Grundzüge einer philosophischen Hermeneutik*, GW Bd. 1, Tübingen:Mohr,1990,S. 359),但关于经验的否定性,伽达默尔主要援引的是黑格尔,而不是波普尔,后者作为经验论(实证主义)的例外在此不予讨论。

使经验对我们有用。休谟说:“习惯是人生的伟大指南。只有这个原则才使我们的经验对我们有用,它使我们期待将来会出现一系列事件,与过去出现过的事件相类似。”①19世纪的实证主义思潮延续了现代自然科学和经验主义的方法论理想,并把这种方法论诉求应用于精神科学领域的研究,即应用到道德、社会、历史和哲学等领域,极尽之所能地追求方法论上可控制的客观性(参见第一章第一节)。

伽达默尔不满于现代自然科学和经验论框架下的经验概念,他认为这个概念被狭窄化了,正是这种狭窄化导致了对精神科学合法性的威胁。当实证主义把归纳法应用于社会、政治、道德领域时,由于社会、历史、文化等精神现象的可归纳性远远低于自然现象(比如一年四季周而复始,其重复性和规律性非常明显),其精确性、可重复性、可检验性以及那种整齐划一的规律性远远低于自然科学,以至于穆勒把归纳法在这些领域的运用比作气象学。当精神科学依附于经验归纳法时,它在自然科学面前就必然处于劣势地位,甚至失去其独立的合法性,因为在这个范式下,它不精确、不规律。在伽达默尔看来,现代经验科学以及经验论意义上的“经验”概念其最大问题在于,经验的历史性完全被忽视了。“科学的目标在于,使经验客观化,以至于使经验不再带有任何历史因素。自然科学实验是通过其方法论程序做到这一点的”,“就此而言,经验的历史性在科学之中没有地位。”②

实际上,伽达默尔接续了狄尔泰和胡塞尔对这种经验概念的批评,他们已经看到精神科学知识和自然科学知识具有不同的经验形式。狄尔泰批评现代经验论将经验完全置于归纳法之下,缺乏历史的教养③,并把经验概念从外在

---

① Hume:*An Enquiry concerning Human Understanding*, edited by Stephen Buckle, Cambridge: Cambridge University Press, 2007, p.45.

② Gadamer: *Wahrheit und Methode: Grundzüge einer philosophischen Hermeneutik*, GW Bd. 1, Tübingen: Mohr, 1990, S. 352.

③ Vgl. Dilthey: *Die geistige Welt: Einleitung in die Philosophie des Lebens. Erste Hälfte: Abhandlungen zur Grundlegung der Geisteswissenschaften*, GS Bd. 5, Stuttgart[u.a.]: Teubner, 1990, S.LXXIV.

经验拓展到内在经验,这两种经验形式分别适用于说明(erklären)和描述(beschreiben)、理解(verstehen)的方法(参见第三章第二节)。同样,胡塞尔在《经验与判断》中也批评了经验的理想化对生活世界的遮蔽,主张回溯到原初的经验世界,即生活世界,它是“这样一个世界,我们始终已经生活于其中,它为一切认知成果和一切科学规定提供基础”①。但是,在伽达默尔看来,狄尔泰和胡塞尔都没有真正克服经验论经验概念的片面性,最终没有摆脱自然科学的方法论模式,因而也没有揭示出经验的本质。

二、从黑格尔的意识经验到伽达默尔的诠释学经验

为了探索经验的本质,伽达默尔援引了三个代表人物,亚里士多德、黑格尔和埃斯库罗斯②。其中,他尤其重视黑格尔在《精神现象学》中发展的意识经验概念,后者对经验之辩证否定性的揭示是伽达默尔反对实证经验概念片面性的重要依据。黑格尔的《精神现象学》作为“关于意识经验的科学”③,以显现的知识(或将 das erscheinende Wissen 译为现象知识)为对象,走的是一条经验之路,它是自然意识向真知发展和灵魂纯化为精神的道路,“灵魂通过对其自身的充分经验(着重号为笔者所加)达到对自身所是的认识”④。这条经验之路也是一条彻底的怀疑之路,意识怀疑并审视一切自然的观念、思想和意

---

① Edmund Husserl:*Erfahrung und Urteil:Untersuchungen zur Genealogie der Logik* ,ausgearbeitet und herausgegeben von Ludwig Landgrebe,Prag:Academia/Verlagsbuchhandlung Prag,1939,S. 38.

② Vgl.Gadamer:*Wahrheit und Methode:Grundzüge einer philosophischen Hermeneutik*,GW Bd. 1,Tübingen:Mohr,1990,S. 357-363.

③ 《精神现象学》原书名为“关于意识经验的科学”,至于黑格尔为什么更改书名,在学术界一直存在颇多争议。Wolfgang Bonsiepen 认为黑格尔对书名的更改意味着其原定书写计划在内容上的拓展,这种拓展源于黑格尔耶拿时期体系建构中逻辑学和形而上学的融合;Hans Friedrich Fulda 和 Klaus Vieweg 则认为这两个标题在内涵上并无差别,都能概括《精神现象学》全书的内容。笔者以为,意识的经验结构(意识—对象)贯穿并适用于《精神现象学》的全篇,就表达的内容来看,两个标题是一致的,但“精神现象学”这个标题更好,因为它明确表达出了意识经验运动的过程和结果,即意识经历自身运动的一连串现象将自身提升为精神。

④ Hegel:*Phänomenologie des Geistes*,Hamburg:Meiner,2006,S. 60.

见,自觉洞见现象知识的非真理性,从中产生出新的真实对象,这种辩证运动黑格尔称之为意识经验。“意识对它自身——既对它的知识又对它的对象——所实行的这种辩证运动,由此从意识中产生出新的真实对象,就此而言,它正是被称之为经验的那种东西。”①

我们可以从以下逻辑视角来分析黑格尔的意识经验概念:(1)被动性。经验着的意识开始于一个被直接给予的对象,对象的直接被给予性构成了经验的被动性,也就是说,现成的某物呈现于意识面前,意识遭遇到它,它与意识面对,成为意识的对象。但这种自然的意识很快被证明是不可能的,不存在完全被动的经验,特别是《精神现象学》第一章“感性确定性”对“这一个”的分析表明,在任何一个貌似“赤裸裸的”直接的感性经验当中都已经隐含着意识的倒转(Umkehrung),即意识的反思活动。意识的倒转表明意识经验具有否定性。(2)否定性和肯定性。按照黑格尔对经验的定义,意识的倒转引起一种双重变化,它既改变了意识的知识,也改变了意识的对象。意识首先遇到一个外在于自身的对象,这个对象的自在存在(外在于意识存在,不依赖于意识存在)被认为是本质和真实的东西,然而,这个所谓的自在对象其实只是“对于意识而言的自在”②,意识的认知在此发生了变化,进入一个新阶段;同时,意识的对象也发生了变化,第一个所谓自在存在的对象被认为是不真实的,它其实只是为着意识的自在,“这样一来,这个自在的为着意识的存在就是真实的东西,而这意味着,这个自在的为着意识的存在就是本质,或者说是意识的对象。”③关于第一个对象的知识变成了意识的第二个对象,现在这个对象被认为是更真实的。这种双重变化包含着双重否定,意识的新知识否定并纠正了其前一阶段的知识,意识的新对象否定并取代了其前一阶段的对象。“这

---

① Hegel:*Phänomenologie des Geistes*,Hamburg:Meiner,2006,S. 66.

② Hegel:*Phänomenologie des Geistes*,Hamburg:Meiner,2006,S. 60.

③ Hegel:*Phänomenologie des Geistes*,Hamburg:Meiner,2006,S. 67.

个新对象包含着对第一个对象的否定,它是关于第一个对象的经验。”[1]这里的否定并不导向虚无,它是特定的否定,从中产生出新的意识形态(Gestalt des Bewusstseins),包括新的知识形式和新的意识对象。这种经验是意识自身的经验,它来自自身并作用于自身,因此意识经验是一种主动的自我运动。(3)主动性和主体性。意识经验的主动性来自哲学家立场[2],来自我们的考察。对于自然意识而言,新出现的东西只是一种对象,是在意识的不知不觉中出现于意识面前的,“这种存在是为我们的,而不是为意识的,因为意识正在聚精会神地忙于经验自身”,对于我们而言,这种新对象不是从无到有、凭空出现的,它源自对旧对象的否定,是意识经验必然运动的结果。“对事情的这种考察是我们的额外做法,借此意识的经验系列就提升为一个科学的发展进程”[3],哲学家对意识经验的考察和加工是一种主体化的过程,包含着主体的构造因素。意识立场和哲学家立场的区分最终要被克服,意识经验的运动将一直进行到那样一种结果出现——一切实体的东西都是主体。(4)运动性。意识经验的运动不停留于某一个特定的形态,意识必须穿越其整个领域,直到概念和对象的相互符合。(5)内在性。如前所述,意识经验来自意识自身并作用于自身,“意识自身给它自己提供尺度”[4],哲学家作为观察者虽然构造着意识经验发展的必然进程,但哲学家不允许从外界拿来任何标准强加于意识之上,所有的考察和检验必须是内在性的,实际上是让意识自己检验自己,一切标准来自意识自身。意识经验的内在运动经历了一系列的形态,这些形态构成了意识的

---

① Hegel:*Phänomenologie des Geistes*,Hamburg:Meiner,2006,S. 67.

② 意识立场(für es)和哲学家立场(für uns/Philosophen)的区分对《精神现象学》的叙述形式具有决定意义。所谓意识立场是指自然意识的立场,它在不知不觉中经历着不同的对象;哲学家立场即观察、考察的立场,我们考察意识经验是怎样发生的,检验各意识形态的有效性,并把它们加工构造成具有科学性和逻辑必然性的发展序列。当然,《精神现象学》最终要求克服这两种立场的对立,在绝对知识中,意识对象的外在性被扬弃,意识的确定性和对象的真理性被统一起来,精神达到对自身的概念式理解,这时,意识立场和哲学家立场的区别也不复存在。

③ Hegel:*Phänomenologie des Geistes*,Hamburg:Meiner,2006,S. 67.

④ Hegel:*Phänomenologie des Geistes*,Hamburg:Meiner,2006,S. 64.

详尽历史。(6)历史性。意识经验的历史不是通常意义的实在历史(Realgeschichte),而是意识的逻辑发展史。“意识在这条道路上所经历的它自己的一系列形态,可以说是意识自身走向科学的详尽教化史。”[①]通过历史经验的积累,意识越来越成熟、有教养,这是一种必然的教化过程。(7)教化。对于特殊的个体而言,其实体是高于它而存在的精神,个体的教化是对历史的经验,并将历史消化于自身之中;对于精神自身而言,教化的过程是一种自我认知、实体主体化和历史当下化的过程。意识经验的教化过程是走向科学的必然过程。(8)科学性。在意识经验的必然教化过程中,自然意识逐渐摆脱非本质、非真实的东西,把自身教化成本质的真知。“通过这种必然性,这条通向科学的道路本身已经就是科学了,就其内容来说,乃是关于意识经验的科学。”[②]

在黑格尔意识经验概念的以上逻辑视角中,伽达默尔特别重视经验的辩证否定性和历史性,他进一步援引海德格尔对意识经验辩证否定性的解读,并从经验的历史性中引申出经验的有限性。伽达默尔指出,他的诠释学经验概念具有经验的一般结构,可以说经验的辩证否定性、历史性和有限性是诠释学经验概念的三大基本要素。诠释学经验除了具有经验的一般特征以外,还具有自身的特殊性,这种特殊性在于,“诠释学经验与流传物有关”[③],它是我们要去经验的对象,“但流传物并不是一种人们通过经验所认识并学会支配的事件,而是语言,也就是说,流传物像一个‘你’那样自行言说”[④]。在伽达默尔看来,流传物对我们具有言说的无限可能性,它敞开了一个流动的意义世界。实际上,诠释学经验的开放性直接来自经验的辩证否定性。具有普遍性

① Hegel:*Phänomenologie des Geistes*,Hamburg:Meiner,2006,S. 61.

② Hegel:*Phänomenologie des Geistes*,Hamburg:Meiner,2006,S. 68.

③ Gadamer:*Wahrheit und Methode:Grundzüge einer philosophischen Hermeneutik*,GW Bd. 1,Tübingen:Mohr,1990,S. 363.

④ Gadamer:*Wahrheit und Methode:Grundzüge einer philosophischen Hermeneutik*,GW Bd. 1,Tübingen:Mohr,1990,S. 364.

的经验并不只是从一系列的重复现象中归纳得出的,似乎这种普遍性是一种不中断的叠加和发展,“这个过程本质上是一个否定的过程”,“错误的概括不断地被经验拒绝,被认为是典型的东西也就不再典型”①。流传物作为诠释学经验的对象,我们每一次与之相遭遇都意味着从流传物的言说中获得一种经验,整个传统不断地被重新经验,新的经验对之前的经验构成挑战,它重新审视并修正旧的经验,其中包含着否定,而这种否定是一种包含着肯定的否定,“我们称这种经验为辩证的”②。海德格尔在其论文《黑格尔的经验概念》中从词源学的角度分析了意识经验的辩证否定内涵,伽达默尔说道:“在我看来,海德格尔正确地指出,黑格尔在这里不是辩证地解释经验,而是相反地从经验的本质来思考什么是辩证的东西。”③海德格尔在这篇论文中指出,“否定之否定”或“正题与反题之合题”不过是辩证法的派生含义;辩证(dialektisch)一词源于古希腊文,从词源的角度更易于揭示黑格尔经验概念的内涵。“Dialektisch”由 δι ά和 λ έγειν 组成,δι ά有两种含义:通过,穿过;在……之间。λ έγειν也有两种含义:收集、采集;说话。相应地,辩证(dialektisch)就有两种意思:穿过……收集……;在……之间对话。意识经验在本质上是辩证的,它是这样发生的:意识穿过、经历自身的各个发展形态(Gestalten),将这些意识形态采集起来,并对它们进行考察、检验,使之成为一个合乎逻辑的、科学发展的序列,而这种考察、检验实际上是一种意识的自我对话,意识自己检验自身,它自己为自身提供尺度,这是一个自我商榷、自我校正的对话过程,同时也可以说这是一种在自然意识与哲学意识之间的对话。因此,经验在以上两个层面上具有辩证否定性。至于经验的历史性,值得注意的是,伽达默尔并不完全

① Gadamer: *Wahrheit und Methode: Grundzüge einer philosophischen Hermeneutik*, GW Bd. 1, Tübingen: Mohr, 1990, S. 359.

② Gadamer: *Wahrheit und Methode: Grundzüge einer philosophischen Hermeneutik*, GW Bd. 1, Tübingen: Mohr, 1990, S. 359.

③ Gadamer: *Wahrheit und Methode: Grundzüge einer philosophischen Hermeneutik*, GW Bd. 1, Tübingen: Mohr, 1990, S. 360.

在黑格尔的意义上谈论经验的历史性,而是对之进行了改造,他所强调的诠释学经验的历史性以及理解的历史性更加接近于海德格尔对此在的历史性分析。从海德格尔对理解前结构的揭示中获得启发,伽达默尔进一步把前见归结为理解得以可能的条件(参见第四章第三节),并把理解的历史性提升为诠释学的原则。“一种真正的历史思维必须同时思考其自身的历史性”,“一种名副其实的诠释学必须在理解本身中显示历史的实在性”①,这被称之为“效果历史”。相应地,在理解中发生的诠释学经验亦具有历史性。简单地说,诠释学经验的历史性无非是指理解的条件性和有限性。在伽达默尔看来,意识的反思活动(在此:意识的理解和解释活动)不可能完全超越其诠释学处境从而摆脱前理解的效果/作用(Wirkung),诠释学经验必然打上前理解的烙印,在此意义上说,诠释学经验具有有限性;另一方面,诠释学经验的有限性使理解总是处于一种开放的问—答逻辑结构中,理解者每一次与传统相遭遇都被抛置于一种问题视域之中,进入一种悬而未决的状态,对传统的理解实际上就是一次次地试图回答传统向我们提出的问题,成功的对话结果是一种公共性的交换,是相互理解、达成一致的“视域融合”,伽达默尔强调,在这场对话中没有终极有效的回答,传统需要不断地被重新经验,诠释学经验的有限性同时开启了理解中意义的无限性。伽达默尔的诠释学经验概念最终以经验的有限性和开放性为归宿,因此他还特别援引了埃斯库罗斯促使希腊悲剧诞生的宗教意识,认为其名言“通过受苦而学习”并不简单地意味着通过经受苦难而学会这个或那个特殊的东西,“而是对人类存在之界限的洞见,对人类与神之间不可消除的界限的洞见。”②“真正的经验就是这样一种使人类认识到自身有

① Gadamer:*Wahrheit und Methode*:*Grundzüge einer philosophischen Hermeneutik*, GW Bd. 1, Tübingen:Mohr, 1990, S. 305.

② Gadamer:*Wahrheit und Methode*:*Grundzüge einer philosophischen Hermeneutik*, GW Bd. 1, Tübingen:Mohr, 1990, S. 363.

限性的经验”①,在经验中,人类的自我认识看到了自己的界限,“在这种界限内,对于[人类的]期望和计划而言,未来仍是开放的”②。

诠释学经验以流传物为对象,而流传物具有语言性③,像一个对话伙伴“你”一样,向我们诉说着某种东西。伽达默尔把对“你”的诠释学经验由低到高分为三个层次:(1)作为人性知识的经验。这一层次对应于经验论者和实证主义者的人性研究,他们无非是把归纳法运用到社会、道德领域的现象上,同归纳法在自然现象上的运用一样,这里的关键也在于“寻找统一性、规律性和法则性,以便能够预见特殊的事实和事件”④。这种经验试图从同伴的行为中归纳出典型的行为规则,“并且能够根据经验获得对他人的预见”⑤。从道德的角度来看,这里“你”不是被当作人经验的,而只是一种工具,服务于我们的认识和控制目的。把这种经验方式应于诠释学,“那么与此对应的是对方法的朴素信仰以及通过方法可能达到的客观性”⑥,流传物被看作与我们无关的对象,我们应该排除一切主观因素,按照科学的方法论程序去“客观地”把握它。在伽达默尔看来,这不过是模仿自然科学方法论的陈词滥调,这一层次的诠释学经验有很大欠缺,它所获得的普遍性、规则性是以牺牲个性和特殊性为代价的。(2)“你”作为人被经验。在这种经验方式中,“你”被承认为一个人,“你”的历史性和特殊性得到前所未有的关注。伽达

---

① Gadamer: *Wahrheit und Methode: Grundzüge einer philosophischen Hermeneutik*, GW Bd. 1, Tübingen: Mohr, 1990, S. 363.

② Gadamer: *Wahrheit und Methode: Grundzüge einer philosophischen Hermeneutik*, GW Bd. 1, Tübingen: Mohr, 1990, S. 363.

③ 伽达默尔的意思并不是说一切流传物都直接以语言(口头或书面)为媒介,显然,纪念碑等历史遗迹不是以语言为载体的,流传物具有语言性是在下述意义上说的:流传物向我们诉说(参见第四章第三节)。

④ Gadamer: *Das Problem des historischen Bewußtseins*, Tübingen: Mohr Siebeck, 2001, S. 12.

⑤ Gadamer: *Wahrheit und Methode: Grundzüge einer philosophischen Hermeneutik*, GW Bd. 1, Tübingen: Mohr, 1990, S. 364.

⑥ Gadamer: *Wahrheit und Methode: Grundzüge einer philosophischen Hermeneutik*, GW Bd. 1, Tübingen: Mohr, 1990, S. 364.

默尔认为,这种经验方式尽管比人性知识恰当,但对“你”的理解采取的只是一种自我相关(Ichbezogenheit)的形式,这里的“我—你关系不是一种直接关系,而是一种反思关系”①,从而“你”丧失了直接性。“你”的个性、历史性和特殊性只是在“我”的反思中得到承认,“我”要从自身出发去认识“你”,甚至要求比“你”更好地理解“你”自己。这种经验方式在诠释学领域中对应于历史主义的历史意识。“历史意识如此了解他物的他性,了解过去的他性,正如理解‘你’一样,知道‘你’为一个人。”②历史主义不像人性知识那样牺牲特殊性和历史性追求空洞的普遍性,而是试图在过去的特殊性和一度性中理解过去,就像理解一个“你”一样。然而伽达默尔认为,历史意识仍囿于一种辩证幻象之中,它试图摆脱传统,超出自身与历史的相互关联,运用历史批判的方法去反思历史,获得“客观的”历史知识,没有真正重视历史的一度性与特殊性,从而没有在真正意义上超越自然科学方法论的认知模式。(3)“你”作为“你”被真正地经验。这种经验方式是伽达默尔建立并推崇的诠释学经验方式。“如我们所看到的,在人类行为中最重要的东西乃是真正地把‘你’作为‘你’来经验,也就是说,不要忽视他的要求,让他向我们诉说。”③这里要求对传统具有彻底的开放性,这不意味着我们盲从传统,而意味着让传统向我们诉说,让传统对我们自身的认识标准提出问题,这种经验使我们的认知不断得到修正和更新。诠释学的意识不是通过方法论的自信实现,而是通过一个经验的共同体,“这就是我们现在可以更精确地用经验概念来刻画效果历史意识特征的东西”④。效果历史

① Gadamer:*Wahrheit und Methode*:*Grundzüge einer philosophischen Hermeneutik*, GW Bd. 1, Tübingen:Mohr, 1990, S. 365.

② Gadamer:*Wahrheit und Methode*:*Grundzüge einer philosophischen Hermeneutik*, GW Bd. 1, Tübingen:Mohr, 1990, S. 366.

③ Gadamer:*Wahrheit und Methode*:*Grundzüge einer philosophischen Hermeneutik*, GW Bd. 1, Tübingen:Mohr, 1990, S. 367.

④ Gadamer:*Wahrheit und Methode*:*Grundzüge einer philosophischen Hermeneutik*, GW Bd. 1, Tübingen:Mohr, 1990, S. 368.

意识在根本上具有经验的结构。

由此可见,伽达默尔不满于现代经验论以及现代经验科学的经验概念,认为它们忽视了经验的否定性,转而援引黑格尔在《精神现象学》中发展的意识经验概念,后者揭示了经验中包含的意识倒转结构,任何表面上看似纯粹、被动的感性经验中都已经包含了意识的反思活动,因而经验总已经是意识经验。基于伽达默尔对黑格尔的引证,仓促之下可能会得出如下结论:诠释学经验是一种意识经验,效果历史意识是一种意识。但实际上,伽达默尔对黑格尔的援引是有保留的,同时他对黑格尔意识经验概念的解读也存在某些值得质疑的地方。以下围绕“诠释学经验是意识经验吗?”这个问题及其派生问题“效果历史意识是意识吗?”进一步分析伽达默尔的诠释学经验概念。

黑格尔的精神现象学之路是一条经验之路,意识在经验的道路上逐渐提升为精神,以绝对知识为其运动结果。在绝对知识里,意识和它的对象达到同一,克服了其经验结构中的不一致性,达到不再有任何异己之物的自我认知。伽达默尔认为,这种结果是荒谬和狂妄的,黑格尔最终消除了经验,“由此经验的辩证法必须以克服一切经验而告终”,“经验的本质在这里从一开始就被用某种超出经验范围的东西来思考。经验本身从来就不可能成为科学。经验与知识、与那种由理论的或技艺的普遍知识而来的教导处于不可消除的对立之中”①。在回答“诠释学经验是否是意识经验”之前有必要思考两个问题:(1)是否如同伽达默尔所言,黑格尔最终要求在绝对知识中消除、克服一切经验;(2)按伽达默尔的理解,在黑格尔的体系中,精神现象学/意识经验之旅完成后的逻辑学、自然哲学和精神哲学中将不再有经验存在,这种理解是否妥当。

① Gadamer: *Wahrheit und Methode: Grundzüge einer philosophischen Hermeneutik*, GW Bd. 1, Tübingen: Mohr, 1990, S. 361.

显然,自然哲学和精神哲学都离不开对经验的思维加工和提升①。对于第一点,伽达默尔把黑格尔的要求——在绝对知识中扬弃(Aufhebung)经验——表述为“克服(Überwindung)经验”,显然这里存在着概念上的转换。在黑格尔那里,“扬弃”是“否定”(negare)、“保留”(reservare)和“提升”(elevare)三种含义的统一,而“克服”仅仅强调了“否定”这一层含义。经验对于黑格尔而言无论如何是重要的,乃至不可或缺,从《小逻辑》的导言中可以清楚地看出黑格尔关于经验和思维认知之间关系的立场:“有句古话,往往被误认是亚里士多德所说、并表达了他的哲学立场:nihil est in intellectu,quod non fuerit in sensu,即:不曾在感官、经验中存在的东西也不在思维中存在。如果思辨哲学家不承认这句话,那只是一种误解。但反过来也同样可以说,nihil est in sensu,quod non fuerit in intellectu,从广义上来看,这句话的意思是,努斯及其更深层的规定——精神,是世界的原因,从狭义上来看,法律的、伦理的和宗教的情感——它们是一种情感,从而也是一种经验——其内容以思维为根源和基地。”②黑格尔强调,哲学所面对的内容无非是经验的内容,只是它们的认知方式不同,哲学的最高目的就在于达到思想与经验的一致,达到理性与现实的和解③。

现在我们回到第一个问题“诠释学经验是否是意识经验”,按照黑格尔的观念,意识经验的运动最终必然导向绝对知识,伽达默尔不与之为伍,他要求

① 不过,把精神现象学之后的经验仍然称之为“意识经验”可能欠妥,因为精神现象学之后的经验已经扬弃了意识经验中的分裂性,属于理性自我认知的领域。Ralf Beuthan 在其论文„Erfahrung und spekulatives Denken“中认为,黑格尔在精神现象学终结处并没有放弃经验,而是把意识经验提升为一种真正的哲学经验,它是理性的当下经验,黑格尔称之为“回忆”(在德语中,回忆一词 Erinnerung 在词根上具有内化的含义,这里是指理性消化吸收历史,将历史内化为自身的经验,并在当下呈现出来)。

② Hegel:*Enzyklopädie der philosophischen Wissenschaften im Grundrisse:Zum Gebrauch seiner Vorlesungen*,Berlin:Verlag von L.Heimann,1870,S. 37-38.

③ Vgl. Hegel:*Enzyklopädie der philosophischen Wissenschaften im Grundrisse:Zum Gebrauch seiner Vorlesungen*,Berlin:Verlag von L.Heimann,1870,S. 33-34.

经验的彻底开放性,保持悬而未决的认知状态,经验永远不可能消融于精神的自我认知之中,相反它始终对这种自我认识提出挑战,在这种意义上说诠释学经验不是黑格尔意义上的意识经验。随之而来的问题是,由于伽达默尔强调经验与科学知识的绝对对立,在二者之间设置一条不可逾越的鸿沟,诠释学经验概念在一定程度上陷入理论困境。他一方面援引黑格尔批评经验论的经验概念,另一方面又很难与经验论划清界限。一般而言,经验论虽然以经验的可重复性和可检验性为价值取向,但它并不否认经验的彻底开放性,这是在以下意义上说的:经验归纳法永远不可能穷尽所有事例,从归纳中得到的普遍知识始终受到未来经验的挑战。正因为如此,经验论的宿命必然是认识论上的怀疑主义,这一点我们在休谟那里看得很清楚,知识的根基无非是习惯联想,严格意义上的科学知识成为不可能。同时,伽达默尔的诠释学经验概念也没有解决黑格尔所批评的认识论的恶无限问题,相反他声称要为这种恶无限的知识观做辩护,他在其论文《在现象学与辩证法之间》(1985 年)中写道,“我一向承认自己是‘恶’无限的辩护人,这使我同黑格尔处于一种紧张的关系之中”①。这种辩护不仅没有解决知识论中的相对主义、怀疑主义等问题,相反却倾向于宣布它们本身是合法的。

伽达默尔在第二个问题(“效果历史意识是否是意识”)上的立场也同样引起了一定的理论困难。他强调效果历史意识在本质上具有诠释学经验的开放结构,并力图与黑格尔的反思哲学②划清界限。首先,伽达默尔承认,既然

---

① Gadamer:„Zwischen Phänomenologie und Dialektik. Versuch einer Selbstkritik“, in: GW Bd. 2, Tübingen: Mohr, 1993, S. 8.

② 伽达默尔在《真理与方法》“反思哲学的界限”一节中特别把效果历史意识概念与黑格尔的反思哲学划清界限。实际上,能否把黑格尔的哲学称作反思哲学在学界是有争议的,黑格尔在《信仰与知识》中批评雅戈比、康德和费希特的哲学是主体性的反思哲学(Reflexionsphilosophie der Subjektivität),而伽达默尔把黑格尔所建立的哲学看作理性的反思哲学(Reflexionsphilosophie der Vernunft)。有的学者如 Dieter Henrich 同伽达默尔一样,认为黑格尔哲学完全是反思哲学的模式,而有的学者如 Klaus Vieweg 认为反思概念不足以描述黑格尔哲学,准确的表述应该是思辨哲学(Philosophie der Spekulation)。对这种争论的研究不是本文的内容,为了论述方便起见,我们姑且跟随伽达默尔把黑格尔哲学称作反思哲学。

"效果历史意识"中包含着意识概念,那么它也应该具有意识的反思结构,"反思性的结构在原则上是一切意识所具有的,那么它对于效果历史意识也必然有效"①。在黑格尔那里,意识的反思结构中包含意识的认知和意识的对象两个方面,意识的反思活动要求自己超越其意识的东西,最终把一切异己性和解于自我认知活动之中。伽达默尔虽然不否认效果历史意识具有意识的反思功能,但他竭力限制这种反思功能,在知识和效果的关系问题上,伽达默尔和黑格尔具有不同的立场,这也是区分二者的关键。伽达默尔强调效果历史意识中的意识(Bewusst-sein)更多的是存在(Sein),而不是意识(bewusst)②,"也就是说历史的效果和规定多于对这种效果和规定的意识"③,历史对意识的作用和影响超出了意识对这种作用和影响的反思和认知,诠释学经验中的异己性永远不可能消融于诠释的认知和实践活动之中。由此可见,效果历史意识实际上并不是黑格尔意义上的意识,黑格尔要求在意识中达到知识、概念的绝对明晰性,要求理性与历史的完全渗透(Durchdringung),这恰恰是效果历史意识所做不到也不愿做的。"对于我们来说,效果历史意识是这样来思考的,即作品的直接性和优越性在效果意识中并不分解成单纯的反思实在性,因而我们是在设想一种超出反思全能的实在性。这一点是批评黑格尔的关键"④。我们有理由追问:何谓超出反思活动的作品的直接性和实在性,这是否会重新陷入伽达默尔本人所批评的经验论(包括实证主义)的素朴性,它天真地寻找着不掺杂任何主观性玷污的直接经验,试图达到纯粹的实证性、客观性。伽达默尔一方面借助黑格尔的经验概念批评经验论的素朴天真,并凸显诠释学经

---

① Gadamer:*Wahrheit und Methode*:*Grundzüge einer philosophischen Hermeneutik*, GW Bd. 1, Tübingen:Mohr, 1990, S. 347.

② Vgl. Gadamer:„Replik“, in:*Hermeneutik und Ideologiekritik*, Frankfurt am Main:Suhrkamp, 1971, S. 78.

③ Gadamer:„Kant und die hermeneutische Wendung“, in:GW Bd. 3, Tübingen:Mohr, 1987, S. 221.

④ Gadamer:*Wahrheit und Methode*:*Grundzüge einer philosophischen Hermeneutik*, GW Bd. 1, Tübingen:Mohr, 1990, S. 348.

验的辩证否定性和历史性；另一方面又求助于一种类似于经验主义的直接经验来抵制意识的反思和认知活动，以凸显诠释学经验和效果历史意识的开放结构。我们不能否认，伽达默尔提出的诠释学经验概念具有积极的意义，尤其揭示了现代自然科学方法论之经验概念的局限性，但这里没有解决的问题主要体现在诠释学的知识论维度上，诠释学的认知功能没有得到充分重视，相反受到了极大的限制；同时，由于他限制诠释学的认知维度、彰显其实践维度，也没有很好地解决知识与实践的二元对立问题，这一局限应当在更高的层面上得到克服（参见本章第四节和第六章）。

第二节　审美经验作为诠释学经验的范例

哲学诠释学的经验概念以审美经验为范例，在伽达默尔看来，发掘艺术经验的真理问题，能够为精神科学的合法性辩护开辟有利的前景；他批评“审美区分”的抽象意识，提出艺术作品和艺术经验中的“审美无区分”原则，并探讨艺术经验的“同时性”及其承载的意义运动。伽达默尔哲学诠释学之理论建构的基本思路在于，从艺术经验中展现真理问题，进而追问精神科学中的理解之真理，并完成语言的本体论转向。他在为精神科学的真理及其合法性进行辩护时，直接将审美经验作为入手处①；虽然“美”与“真”的关系自古以来就是哲学上的大问题，但从艺术、审美的角度引申出精神科学领域的真理问题，这种做法却是鲜有的②。在伽达默尔看来，对艺术经验中真理问题的重新发

---

①　参见《真理与方法》第一部分“揭开艺术经验中的真理之问”（Freilegung der Wahrheitsfrage an der Erfahrung der Kunst）。

②　这方面海德格尔可以被看作先驱，他晚年对真理和艺术关系问题的研究启发了伽达默尔。伽达默尔坦言，他在1936年所听的海德格尔关于艺术的一系列演讲对自己影响很大，引起共鸣，并声称：“我的哲学诠释学正是试图遵循并以新的方式通达后期海德格尔的探究方向。”（Gadamer：„Zwischen Phänomenologie und Dialektik“，in：GW，Bd. 2，Tübingen：J. C. B. Mohr，1993. S. 10）

掘,能够为精神科学开辟恰当的前景,他批判并吸收以康德、席勒、黑格尔为代表的德国古典美学思想,并且沿着后期海德格尔的方向完成了美学的诠释学转换,他的审美经验理论既为诠释学也为美学打开了一个新的视野。

一、"审美区分"批判

伽达默尔对审美经验之真理问题的揭示始于"审美区分"批评,康德可以看作审美区分的肇始者,这源于规定的判断力(die bestimmende Urteilskraft)和反思的判断力(die reflektierende Urteilskraft)、逻辑的认知判断和审美的趣味判断(Geschmacksurteil)之区分①。康德通过对趣味判断四个契机(无利害的愉悦、无概念的普遍性、无目的的合目的性和共通感)的分析,不仅把"真理性"排除于"美"之外,而且把"伦理性"排除于"美"之外,趣味不涉及利害、功用、理想、欲念、意义、概念、目的等内容,只涉及形式上的愉快,这种愉快作为主观上的自由的快感而存在,既非对象的客观属性,也非经验性的审美主体的私人偏好,从而审美判断具有一种基于共通感的主观普遍性。康德要求清洗出纯粹的美,要求审美意识抽象出美的先验纯正性,在审美要素和非审美要素之间做出了严格区分。伽达默尔把审美意识的这种抽象活动称为"审美区分"(die ästhetische Unterscheidung)②。哈曼和席勒都受到了康德的影响,并将康德式的抽象区分在艺术鉴赏和审美教育中推进,伽达默尔也援引了此二者并进行批判性的审视。

哈曼(R.Hamann)美学的基本概念"感知的自身意味性",以"意味性"(Bedeutsamkeit)取代了"意义"(Bedeutung),是对"意义"标准的弱化和消解,

---

① 规定性的判断力对应逻辑的认知判断,反思的判断力包括审美判断力和目的论判断力。审美判断力是感性的,涉及主观的形式的合目的性,目的论判断力是超感性的,涉及客观的实在的合目的性。关于规定性的判断力和反思性的判断力的区分,参见《判断力批判》导言第 IV.节;关于逻辑判断和鉴赏判断的区别,参见《判断力批判》第 35 节。

② Vgl.Gadamer:*Wahrheit und Methode*:*Grundzüge einer philosophischen Hermeneutik*,GW Bd. 1,Tübingen:Mohr,1990,S. 91.

"把某种特定意义的关联有意味地推到不确定的东西上"，而"自身"(eigen)则强调"根本断绝与那种可能规定其意义的东西的关联"①，因此哈曼与康德一样从审美经验中把认知上的意义标准排除出去，以便达到纯粹的审美感知。按照伽达默尔的解读，先验抽象的审美意识应用到审美教育上，就在于培养这样一种区分的眼光，以趣味判断为尺度来培养经验的趣味并调解艺术批评之间的分歧，"从而也为趣味的培养和砺练(Verfeinerung)进行了准备"②。

席勒则在自然性质、逻辑性质、道德性质和审美性质之间进行了区分，强调审美性质的自主性。例如我们说一个人是美的，这里既不考虑任何法则，也不考虑任何目的，却在纯粹的观照中并通过他的纯粹的显现方式给人以快感，在这种意义上我们审美地判断他。与那些性质区分相对应，有身体健康教育、智力认知教育、伦理道德教育，亦有鉴赏力和美的教育③。在康德的基础上，席勒进一步确立了艺术的自律原则和审美教育的救时方案。"艺术像科学一样，摆脱了一切实在的东西和一切人类习俗带来的东西，而且两者都享有绝对的豁免权，不受人的专制。""这种理想的艺术必须离开现实，并且必须以足够的勇气超越需要；因为艺术是自由的女儿，她只想从精神的必然而不想从物质的需要去接受她的规范。"④审美教育的重要目标也是达到摆脱现实功利的自由，就个人而言，美育应当"训练感知，使其摆脱自私的利害关系"，"将私人感觉扩展成普遍的感觉"⑤。伽达默尔承认，这种审美意识在一定程度上符合教化的基本特征，能够采取审美态度已经表明一种有教养的意识，审美意识包含着对实在的异化，用黑格尔的话说，它是"异化了的精神"形态，是教化，"因为

① Vgl. Gadamer: *Wahrheit und Methode: Grundzüge einer philosophischen Hermeneutik*, GW Bd. 1, Tübingen: Mohr, 1990, S. 95.

② Gadamer: „Ästhetik und Hermeneutik", in: GW Bd. 8, Tübingen: J. C. B. Mohr, 1993, S. 10. 不过，按照康德的说法，他对审美判断力的批判并不是为了陶冶和培养鉴赏力，而只是出于先验的意图。(参见《判断力批判》序言)

③ 参见[德]席勒：《审美教育书简》，张玉能译，译林出版社2012年版，第63页。

④ [德]席勒：《审美教育书简》，张玉能译，译林出版社2012年版，第23页，第3页。

⑤ Klaus Disselbeck: *Geschmack und Kunst*, Opladen: Westdeutscher Verlag, 1987, S. 95.

在审美意识里我们发现有教养的意识的突出特征:向普遍性提升,放弃直接接受或拒绝的偏颇性,承认那种不符合自己的预期或偏好的东西"①。但同时伽达默尔认为,席勒的审美教育理念所确立的艺术立足点,乃是基于抽象的反思,艺术被放在实在和现象的对立中来理解,主体的审美意识居于主宰地位,把艺术作品看作"纯粹的艺术作品",仅仅观照其审美品质,从而艺术作品所从属的世界及其植根的原始生命关系被抽离。实际上,在教化意识中,审美要素和历史要素是有内在关联的。席勒的美育思想不仅在个人层面具有这种抽象特征,在社会政治层面亦是如此,他提出在自然国家和道德国家之外建立不受任何感性强制和理性强制的审美国家(der ästhetische Staat),审美的国度是自然国家和道德国家之外的"第三个王国,即游戏和外观的快乐的王国。在这个王国里,审美的创造冲动给人卸去了一切关系的枷锁,使人摆脱了一切称为强制的东西,不论这些强制是身体的,还是道德的。"②一般认为,席勒的美育思想在这里发生了显著的转变,即由"借助艺术进行教育"(Erziehung durch die Kunst)转变为"通往艺术的教育"(Erziehung zur Kunst),他的初衷是通过审美教育达到政治自由,而《审美教育书简》却以建立超然于自然、政治、伦理道德之上的审美国度这一目标而告终。在伽达默尔看来,这样一个理想的审美国度的教化,虽然试图克服康德哲学中感性与理性等种种二元对立,却"不得不进入到一种新的对立中。艺术对理想和生活的调解只是一种片面的调解。美和艺术赋予现实的仅仅是一线稍纵即逝的美好微光。"③这里的对立是艺术美与现实的对立,前者所能达到的自由只是审美国度中的自由,而不是现实中的自由。

康德对审美的主观化/主体化(Subjektivierung)是问题的症结所在,由于

---

① Gadamer: *Wahrheit und Methode: Grundzüge einer philosophischen Hermeneutik*, GW Bd. 1, Tübingen: Mohr, 1990, S. 90.

② [德]席勒:《审美教育书简》,张玉能译,译林出版社 2012 年版,第 95 页。

③ Gadamer: *Wahrheit und Methode: Grundzüge einer philosophischen Hermeneutik*, GW Bd. 1, Tübingen: Mohr, 1990, S. 88.

他对知识的特殊界定(知性范畴归摄感性材料)以及以上提到的区分划界，知识和真理被驱逐出美之外，“康德为趣味领域的批判进行合理性辩护，所付出的代价却在于，剥夺了趣味的任何认知意义(*Erkenntnisbedeutung*)。”①在纯粹的趣味判断中不产生任何知识，只有主体的无利害的快感，同时“共通感”也被剥夺了社会、道德、政治的传统内容，变成一种纯粹的主观普遍性原则。虽然伽达默尔批评康德美学的形式化、主观化倾向，但同时他也注意到康德为艺术美保留了特殊空间。以趣味判断的四大契机为标准，纯粹的自由美其实是很少的，大部分的美都属于依存美②，尤其艺术美更是如此，因为艺术美往往涉及概念、理想(Ideal)、对象的完善性、意义(Bedeutung)、目的等内容，所以是不纯粹、不自由的③。按照康德的观点，从美的纯粹性来看，自然美优越于艺术美，但在美的理想方面，艺术美却高于自然美，正如伽达默尔所说：“‘自由美’是指无概念、无意义的美，康德显然也不愿意说，艺术的理想是去创造这种无意义的美。”④康德认为，趣味的最高典范是理念，美的理想是一个符合理念的单一存在物的表象，“只有那种在自身中拥有其实存目的的东西”⑤，也

① Gadamer：*Wahrheit und Methode*：*Grundzüge einer philosophischen Hermeneutik*, GW Bd. 1, Tübingen：Mohr, 1990, S. 49.

② 关于自由美和依存美的定义，参见《判断力批判》第16节；自由美的例证参见第4节第二自然段和第16节，依存美的例证参见第16节。

③ 这看起来与艺术创作的自由、自律原则矛盾，在康德那里的确存在着这样一种张力。在趣味判断的契机分析中，康德区分了自由美和依存美，按照这里的分析，大部分艺术美应当归属于依存美(康德所举的例外，只限于无主题的幻想曲和无词的音乐，它们可以被看作自由美)，而不是自由美；但在天才美学说中，康德主张天才为艺术颁布规则，这里又建立了艺术创作的自由、自律原则。笔者以为，在康德的理论框架中，不管从审美判断角度还是从艺术创作角度，其实都可以谈艺术美的自由与不自由，从艺术鉴赏方面来看，如果最大限度地排除功利、实用、偏好、目的等内容因素而只关注艺术的纯粹审美特性，那么可以说这个审美判断就比较纯粹，倾向于自由美，反之则倾向于依存美，从艺术创作方面来看，因为艺术作品必定涉及内容、目的、意义，艺术创作并不能脱离社会、时代、创作者的目的等，因而是不自由的，但美的艺术是天才的艺术，天才是自然的宠儿，艺术的创作规则是天才自己制定的，不为外界所强迫，因而又是自由的。

④ Gadamer：„Die Aktualität des Schönen. Kunst als Spiel, Symbol und Fest“, in：GW Bd. 8, Tübingen：J.C.B.Mohr, 1993, S. 111.

⑤ Kant：*Kritik der Urteilskraft*, Leipzig：Verlag Philipp Reclam, 1930, S. 94.

就是人,只有人能成为一个美的理想,美是道德的显现,康德表明美必然向道德过渡,从而使道德内容与美结合起来,理智上的愉悦、利害/功利上的愉悦与审美上的愉悦合而为一。

为克服审美区分的抽象意识,伽达默尔进一步援引黑格尔的美学思想:在艺术中精神自我发现,美是精神的显现。即便“自然中被视为美并被欣赏的东西,[也]不是脱离时间、脱离世界的‘纯粹审美’客体的被给予性……自然如何使我们愉悦,这其实应该放在鉴赏兴趣的关联之中,鉴赏兴趣总是打上某个时代的艺术创作的烙印并受其规定。”①自然美仅仅是艺术美的反映,将审美经验聚焦于“美的艺术”,而非“美的自然”,“我们懂得感受自然中的美,是因为受到艺术家的眼光及其创作的引导”②,艺术美成为自然美的前提,伽达默尔所要探讨的是艺术经验中的真理。艺术美与精神、真理、伦理观念相联系,“艺术的使命不再是表现自然理想,而是人在自然界和人类历史世界的自我相遇(Selbstbegegnung)”③。薛华指出,伽达默尔是借鉴德国古典美学的思想资源来看待艺术美的真理问题的,“他不但强调艺术和美的真理性,而且突出伦理性”,“伽达默尔集中反对的是艺术理解上的主观主义,集中论证的是艺术真理的‘客观性’。”④

二、“审美无区分”:艺术作品和艺术经验

“审美区分”批判的主要结论在于:所谓“纯粹的艺术作品”只是审美意识抽象的产物,它消解了艺术作品和艺术家与其所属世界的统一性;审美意识作为一种抽象意识,同时要求欣赏者从所属的世界中抽离出来,“表现为零规定

---

① Gadamer:„Ästhetik und Hermeneutik“,in:GW Bd. 8,Tübingen:J.C.B.Mohr,1993,S. 3.

② Gadamer:„Die Aktualität des Schönen. Kunst als Spiel, Symbol und Fest“, in: GW Bd. 8, Tübingen:J.C.B.Mohr,1993,S. 122.

③ Gadamer:*Wahrheit und Methode*:*Grundzüge einer philosophischen Hermeneutik*, GW Bd. 1, Tübingen:Mohr,1990,S. 55.

④ 薛华:《黑格尔与艺术难题》,中国法制出版社 2008 年版,第 188、180 页。

性的状态”[①]。与此相对立，伽达默尔提出“审美无区分”（die ästhetische Nichtunterscheidung）[②]，要求还原艺术作品和艺术经验的内容因素，艺术作品本身以及我们对艺术作品的经验构成一个具有真理性的意义世界。如果说审美区分批判致力于美学主观化的溯源，并且表明把真理性排除于艺术经验之外的做法是不恰当的，那么伽达默尔还要进一步从正面说明艺术作品和艺术经验的真理性究竟是什么，其中何以建构意义世界，在这一点上，美学展开了它的诠释学维度。

“艺术是认识，对艺术作品的经验是使这种认识被分享/参与”[③]，这里有两层意思：第一，艺术作品本身就是知识，包含着意义和真理；第二，鉴赏者/理解者诠释、参与、分享着艺术作品的真理。在这两个层次上，伽达默尔都借鉴了黑格尔对康德进行纠偏，前者涉及“美”，按照黑格尔的观点，美是理念的感性显现，美是理念，所以“美与真是一回事”，“当真在它的这种外在存在中是直接呈现于意识，而且它的概念是直接和它的外在现象处于统一体时，理念就不仅是真的，而且是美的了”[④]；后者涉及艺术经验、审美经验，“对此任务，我们可以援引黑格尔令人钦佩的美学讲演录。在这里，一切艺术经验中的真理内容都以卓越的方式得到承认，同时被历史意识所中介。由此美学就成为一种世界观的历史，亦即真理的历史，如其在艺术之镜中呈现出来的那样。”[⑤]薛华认为，这两个层次在伽达默尔那里是不一样的，区别在于，艺术的真理性具有整体的意义联系，而艺术的经验处于局部水准，只是参与那个整体，对于艺术经验而言，艺术有固定的客观真理含义，艺术经验与艺术作品的真理性内容

---

① Gadamer：*Wahrheit und Methode*：*Grundzüge einer philosophischen Hermeneutik*，GW Bd. 1，Tübingen：Mohr，1990，S. 90.

② Vgl.Gadamer：„Vorwort zur 2.Auflage“，in：GW Bd. 2，Tübingen：Mohr，1993，S. 440-441.

③ Gadamer：*Wahrheit und Methode*：*Grundzüge einer philosophischen Hermeneutik*，GW Bd. 1，Tübingen：Mohr，1990，S. 103.

④ ［德］黑格尔：《美学》第一卷，朱光潜译，商务印书馆 2013 年版，第 142 页。

⑤ Gadamer：*Wahrheit und Methode*：*Grundzüge einer philosophischen Hermeneutik*，GW Bd. 1，Tübingen：Mohr，1990，S. 103.

意义之间的同一性,毋宁说在于艺术作品本身的真理性,而不在于审美意识的主观性[1]。这段阐释不可被误解为:伽达默尔是一个客观主义的实在论者。尽管他反对艺术理解的主观主义,但他对艺术作品存在方式[2]的阐发表明,艺术作品的内容、意义、真理性不可能处于理解之外,毋宁说,艺术作品的真理和意义是一个整体的实现过程,既超出创作者的主观意图,也超出个别欣赏者的体验,是在历史的纵深维度中通过不同时代的鉴赏、理解和诠释活动展现出来,这也就是伽达默尔针对黑格尔的"艺术终结"论断所提出的艺术的无时间性、同时性(参见下文"从艺术的消逝性到艺术经验的同时性")。

我们先从艺术作品的存在方式谈起。这里最重要的概念是"游戏",对于伽达默尔来说这并不是一个崭新的美学概念,但他赋予游戏概念不同于康德和席勒的崭新含义,简言之,对游戏去主体化,赋之以中性含义和真理含义。康德主要从美感角度讲游戏,他认为趣味判断中快感的普遍可传达性不是来自概念,而是在想象力和知性的自由游戏中的主体内心状态,这种游戏与知识、真理没有任何关系。席勒则提出,以游戏冲动协调感性/质料冲动和理性/形式冲动,促使二者和谐,扬弃一切强制,"使人不仅在自然方面而且在道德方面都达到自由"[3],而这种自由无非是主体在审美的游戏活动中达到的审美心境(die ästhetische Stimmung des Gemüts)。伽达默尔对康德、席勒游戏概念的突破在于,不再从审美主体的角度看待游戏,而是把游戏当作艺术作品本身的存在方式,进而把艺术作品和艺术经验联系起来,敞开一种既超出创作者又超出特定欣赏者的诠释学的意义世界。

对艺术游戏的理解,伽达默尔主要遵循后期海德格尔的想法,后者把艺术的真理看作存在天命(Seinsgeschick)的游戏以及在游戏中敞开的意义。"艺

① 参见薛华:《黑格尔与艺术难题》,中国法制出版社 2008 年版,第 181 页。

② 在《真理与方法》中,伽达默尔认为艺术作品的存在方式是游戏,在《美的现实性:艺术作为游戏、象征和节日》(„Die Aktualität des Schönen.Kunst als Spiel,Symbol und Fest")中,他进一步把艺术和游戏、象征、节日三个概念联系起来考察。

③ [德]席勒:《审美教育书简》,张玉能译,译林出版社 2012 年版,第 44 页。

术作品以自己的方式敞开存在者的存在。在作品中发生着这种敞开,亦即解蔽(Entbergen),亦即存在者之真理。在艺术作品中,存在者之真理自行置入作品之中。艺术就是真理自行置入作品。”①“存在作为奠基性的东西,它没有根基,作为无底的深渊(Ab-Grund),它进行着那样一种游戏,这种游戏作为天命将存在和根基传递给我们。”②海德格尔是在无蔽(aletheia)的意义上理解真理的,艺术在本质上是自行置入作品中的存在者之真理。伽达默尔把游戏看作艺术作品的存在方式,阐述游戏的一般特征以及艺术游戏的真理性。与康德、席勒主体化的游戏概念不同,伽达默尔强调游戏的中动性(Medialität)、运动性和无目的性。中动性本是来自语法学的概念“中动态”,它与主动态、被动态并列,其特征是句子中所表达的施动者和受动者相同,谓语动词既非主动含义,亦非被动含义,而是中动含义。游戏概念对于伽达默尔来说就具有这样的中动含义,它指一种中动态的发生,而不是主体的主动作为。“游戏的魅力,它产生的吸引力,正在于游戏超越游戏者而成为主宰。”“游戏具有自身特有的精神。这并不是指从事游戏的人的心境或情绪状况。”③这里的意思是说,游戏具有超越游戏者的实在性,它吸引着游戏者进入游戏的往复运动之中。此外,游戏本身没有目的,它只是“纯粹的自我表现(Selbstdarstellen)”④,虽然人类往往在游戏中为游戏者设定目标,要求游戏者遵守游戏规则完成某种任务,“好像那里有目的似的”⑤,但那种目标本身是一种无目的的运动,或者说,除了这种运动本身,游戏没有其他目的。游戏的存在方式是自我表现,

① Heidegger:„Der Ursprung des Kunstwerkes“, in: *Holzwege*, GA Bd. 5, Frankfurt am Main: Vittorio Klostermann, 1977, S. 25.

② Heidegger: *Der Satz vom Grund*, Pfullingen: Neske, 1992, S. 188.

③ Gadamer: *Wahrheit und Methode: Grundzüge einer philosophischen Hermeneutik*, GW Bd. 1, Tübingen: Mohr, 1990, S. 112.

④ Gadamer: *Wahrheit und Methode: Grundzüge einer philosophischen Hermeneutik*, GW Bd. 1, Tübingen: Mohr, 1990, S. 111.

⑤ Gadamer:„Die Aktualität des Schönen. Kunst als Spiel, Symbol und Fest“, in: GW Bd. 8, Tübingen: J.C.B.Mohr, 1993, S. 114.

就像自然的进程,不带有目的和意图。游戏的自我表现活动将每一个参与游戏的人融入其中,“在游戏中每一个人都是同戏者(Mitspieler)。这对于艺术游戏也应当适用,在这里,艺术作品本身的构成(Gebilde)和对这种作品构成进行经验的人,在原则上不可分离。”①我们看到,伽达默尔从艺术作品的存在方式中论证了艺术作品和艺术经验的统一性,艺术游戏的概念既超出了创作者,也超出了欣赏者,毋宁说使他们都成为游戏活动的同戏者,构筑一个诠释学的意义世界,以至于“艺术的存在不能被规定为某种审美意识的对象,因为正相反,审美活动(das ästhetische Verhalten)不只是审美意识自身所知道的东西。审美活动乃是表现活动的存在过程的一部分,它本质上属于作为游戏的游戏”②。

既然审美活动亦属于游戏的一部分,那么我们由此从艺术作品过渡到艺术经验问题。艺术经验涉及艺术作品的同一性和持存,按照伽达默尔的看法,艺术游戏的最重要特征就在于“为某人表现”(Darstellen für jemanden),它把欣赏者、观众的参与一同纳入艺术作品本身的持存之中,这意味着:艺术作品只有当它向着某人表现、被欣赏、被经验、被理解、被诠释的时候,它才继续存在,它的意义才能实现。但这并不是说,观赏者在游戏中处于主导地位,处于核心地位的毋宁说是游戏本身的意义内容,“游戏者和观赏者具有同样的要求,即在游戏的意义内容(Sinngehalt)中去意指游戏本身”③。这种意义内容构成了艺术作品的同一性,这里的同一性基于游戏活动,是诠释学的开放的同一性,“同戏者”以自己的经验去充实艺术作品,在艺术作品中灌注了自己的生活积累④,构筑了艺术作品意义的连续性和整体性,这是一项诠释学的任

① Gadamer:„Die Aktualität des Schönen. Kunst als Spiel, Symbol und Fest“, in:GW Bd. 8, Tübingen:J.C.B.Mohr,1993,S. 119.

② Gadamer:*Wahrheit und Methode*:*Grundzüge einer philosophischen Hermeneutik*, GW Bd. 1, Tübingen:Mohr,1990,S. 121-122.

③ Gadamer:*Wahrheit und Methode*:*Grundzüge einer philosophischen Hermeneutik*, GW Bd. 1, Tübingen:Mohr,1990,S. 115.

④ Vgl.Gadamer:„Die Aktualität des Schönen.Kunst als Spiel,Symbol und Fest“,in:GW Bd. 8, Tübingen:J.C.B.Mohr,1993,S. 116.

务，面对审美存在和审美体验的非连续性去证明理解的连续性、意义的整体性。因此，艺术经验“总是从根本上超越了任何主观的解释视域，不管是艺术家的视域，还是接受者的视域”①。艺术经验的真理性就在于，在对艺术作品的不断照面、经验中，在理解、诠释的活动中展开无限的意义，离开这种不断更新的经验和意义去谈论艺术作品本身，只是一种抽象。“艺术的万神庙不是一种把自身呈现给纯粹审美意识的无时间的现时性，而是历史地汇集和聚集自身的精神的业绩。审美经验也是一种自我理解的方式。但所有的自我理解都是在某个在此被理解的他物之上实现的，并包含着这个他物的统一性和自身性。只要我们在世界中与艺术作品照面，并在个别艺术作品中与世界照面，那么这个他物就不是一个我们暂时瞬间陶醉于其中的陌生的宇宙。”②艺术经验超出了所谓的“纯粹艺术”，也超出了抽象的审美意识，这里展开的是人类精神的集体业绩，“在艺术的万神庙里被礼拜的……是精神”③。

伽达默尔力图证明，艺术的真理实现于过去与现在的沟通，这种沟通的中介活动他称之为诠释学的经验，艺术的意义是无法穷尽的、开放的敞开过程，这里正是伽达默尔与黑格尔思辨哲学划界的分水岭。他并不赞同黑格尔将艺术经验最终扬弃于哲学的概念认识之中，从而使艺术为宗教和哲学所取代，“我们将要确立的不是这种无限知识的立足点，而是有限性的立足点”④。在这一点上，他更接近海德格尔。基于有限性的立足点，伽达默尔提出了艺术的同时性，并将黑格尔的古典概念改造成诠释学的经典概念。

三、从艺术的消逝性到艺术经验的同时性

黑格尔提出著名的“艺术终结”论，其核心观点在于，艺术已成为过去，不

---

① Gadamer:„Vorwort zur 2.Auflage“, in:GW Bd. 2, Tübingen:Mohr, 1993, S. 441.

② Gadamer:*Wahrheit und Methode*:*Grundzüge einer philosophischen Hermeneutik*, GW Bd. 1, Tübingen:Mohr, 1990, S. 102.

③ 薛华：《黑格尔与艺术难题》，中国法制出版社 2008 年版，第 181 页。

④ Gadamer:*Wahrheit und Methode*:*Grundzüge einer philosophischen Hermeneutik*, GW Bd. 1, Tübingen:Mohr, 1990, S. 105.

再是表达真理的最高形式,不再是精神的最高需要;象征型艺术扬弃于古典型艺术,古典型艺术扬弃于浪漫主义艺术,浪漫主义艺术自身解体。对黑格尔艺术终结论的理解分歧颇大,通常有以下几种解读:(1)黑格尔给艺术判了“死刑”,艺术不再有什么可说、可做的;(2)依据黑格尔对美的定义,从艺术史(象征型、古典型和浪漫主义艺术)和逻辑(自然的精神性经由美的精神性上升到自由的精神性)上分析艺术美的地位及其解体的必然性①;(3)从社会、宗教意识形态方面理解艺术的终结,在新教主观自由占主导地位的现代世界,精神从审美领域转到内在经验领域,艺术不再能胜任它以往引导整个伦理生活的功能②。薛华在其文章《黑格尔关于艺术终结的论点》中提醒我们,关于黑格尔的艺术终结论的误解太多,其实它“和悲观主义没有内在联系,正如它和乐观主义没有内在联系一样”③。薛华认为,黑格尔关于艺术消逝性的论断并未否定古典理想的不可消逝性,这从他对古典艺术的定义中可以反映出来,古典艺术之美是“那种自身赋义并因而解释自身的东西(das *sich selbst Bedeutende* und damit auch *sich selber Deutende*)”④,伽达默尔正是抓住这一界定,并进行诠释学的改造和发挥,赋予艺术不可消逝的同时性,使经典具有永恒性。

与经典的永恒性密切相关的概念是艺术的共时性(Simultaneität)和同时性(Gleichzeitigkeit),伽达默尔对此二者进行了区分。“共时性”基于抽象反思的审美意识,“它要求一切具有艺术价值的东西都聚集在它之中”⑤,在这里,事实上的同时性为某种原则上的共时性所取代;“同时性”是在不同时的视域之融合意义上说的,它是一种无时间性(Zeitlosigkeit),但又必须与时间性联系

① 参见[德]克劳斯·费维克:《黑格尔的艺术哲学》,商务印书馆 2018 年版,第 183—201 页。

② Cf.David James:*Art,Myth and Society in Hegel's Aesthetics*,London:Continuum,2009;Stephen Houlgate:*An Introduction to Hegel.Freedom,Truth and History*,Oxford:Blackwell,2005.

③ 薛华:《黑格尔与艺术难题》,中国法制出版社 2008 年版,第 28 页。

④ Hegel:*Vorlesungen über die Ästhetik II.*,Frankfurt am Main:Suhrkamp Verlag,1970,S. 13.

⑤ Gadamer:*Wahrheit und Methode:Grundzüge einer philosophischen Hermeneutik*,GW Bd. 1,Tübingen:Mohr,1990,S. 91.

起来思考。按照之前的考察,艺术作品的存在方式是游戏,它需要不断地表现自身,通过表现中形成作品的统一性和同一性;而“不断地表现”意味着复现,于是艺术具有节日庆典的特征,节日庆典的时间结构就是伽达默尔所说的同时性,它是不断地重返与复现,并且在重返和复现中构成自身的同一性,“只有在变迁和重返运动中它才具有它的存在”①。“无论如何,‘同时性(Gleichzeitigkeit)’属于艺术作品的存在。它是‘同在(Dabeisein)’的本质。同时性不是审美意识的共时性(Simultaneität)。因为这种共时性是指不同审美体验对象在某个意识中的同时存在(Zugleichsein)和同样有效(Gleich-Gültigkeit)。反之,这里‘同时性’是指,某个向我们呈现的单一物,即使它的起源如此遥远,但在其表现中却赢得了完满的当下/在场(Gegenwart)。因而同时性不是意识中的被给予方式,而是意识的任务,是为意识所要求的一项活动。这项任务在于,以事情(Sache)为依据,以至于事情成为‘同时的’,但这也就是说,一切中介被扬弃于彻底的当下性(Gegenwärtigkeit)之中。”②同时性中包含了持存性和永恒性,这尤其体现在经典概念之中。

通过对“klassisch”概念的诠释和发挥(参见下文),伽达默尔从黑格尔的艺术消逝性论断中引申出艺术和艺术经验的同时性,完成从古典到经典的转换。伟大的艺术作品必定具有经典的特征,经典作品意味着“历史性存在的精华,表示一种真理性的东西”③。经典要求自身被不断地被诠释、被赋义,理解者被卷入经典的历史运动和展开之中,生成无限的意义世界。“到此可以看出伽达默尔对黑格尔关于艺术的过去性的论点是做了新的解释。对于他来说,艺术的过去性似乎应该是艺术的同时性,过去时代的伟大艺术作品不会在时代变迁中失去它们的意义,失去它们的职能;对于后世意识它们是有待加以

---

① Gadamer: *Wahrheit und Methode: Grundzüge einer philosophischen Hermeneutik*, GW Bd. 1, Tübingen: Mohr, 1990, S. 128.

② Gadamer: *Wahrheit und Methode: Grundzüge einer philosophischen Hermeneutik*, GW Bd. 1, Tübingen: Mohr, 1990, S. 132.

③ 薛华:《黑格尔与艺术难题》,中国法制出版社 2008 年版,第 176 页。

理解或有待进一步理解的对象。”①

伽达默尔的审美经验、艺术经验理论,对于批判现代科学方法论狭隘化了的经验概念以及阐发哲学诠释学的经验概念无疑具有重要意义。从他对审美经验之真理性的追问和论证可以看出,他在很大程度上批判吸收、整合了德国古典美学和后期海德格尔的思想资源。不过,由于这些思想资源本身的差异性,也给伽达默尔理论建构的圆融性提出了一定的挑战。首先,他借助黑格尔美学矫正康德美学的主体化倾向,重新提出审美经验的真理性问题,但他对真理的理解主要不是依据黑格尔的立场,而更多的是依据海德格尔;其次,他从康德美学中汲取了美向道德过渡的思想,试图论证艺术美和艺术经验中包含着伦理性,但对此没有进行详细的阐发,并且道德性、伦理性与“无蔽”意义上的真理观显然也不那么协调;最后,他对古典艺术和艺术经验之同时性的阐释带有模棱两可的成分。

第三节 经典与经典意识

无论从中国的解经传统还是从西方诠释学的发展史来看,经典问题至关重要,这一问题也在哲学诠释学中得到反思并获得新的意义。经典往往被视为人类文明成就的制高点,经典的树立、诠释、效仿和践履是人类文化活动的重要方面,同时反权威、反经典、突破经典也是文化发展过程中的常态。近年来,越来越多的学者呼吁复兴传统文化,回归经典和经典诠释学②。发掘经典的当代意义、完成经典的当代转换、反思经典诠释中的问题,成为当下迫切需

---

① 薛华:《黑格尔与艺术难题》,中国法制出版社 2008 年版,第 174 页。

② 参见潘德荣:《经典诠释与“立德”》(《安徽师范大学学报》2015 年第 1 期)、《从本体论诠释学到经典诠释学》(《河北学刊》2009 年第 2 期);彭启福:《从“经学”走向“经典诠释学”》(《天津社会科学》2016 年第 3 期);林安梧:《“道”、“经典”与“诠释”——“经典诠释”的存有学探源》(《学术月刊》2014 年第 6 期);洪汉鼎:《诠释学与中国经典诠释问题及未来》(《武汉大学学报》2012 年第 4 期)。

要解决的时代课题。西方诠释学史上的特殊诠释学(如语文学诠释学、神学诠释学、法律诠释学等)将诠释活动限定在特定的古典或经典文本之上,现代诠释学之父施莱尔马赫所创立的一般诠释学则突破文本类型的界限,致力于一般诠释方法规则的提炼,但他作为神学家仍然关注经典文本《圣经》的解读。伽达默尔实现诠释学的本体论变革,似乎不再关心如何解读具体的经典文本,但这并不意味着他没有思考过经典问题;相反,他阐明了经典的诠释学本质及其对于人类精神生活的重要意义,完成了从"古典"到"经典"的视域转换。哲学诠释学的经典意识为我们处理经典问题提供了独特的视角和借鉴意义。

一、"古典"的尺度在于"经典"

在《真理与方法》的"经典型例证"(Das Beispiel des Klassischen)这一节中,伽达默尔集中探讨了何谓"klassisch"①。德语的"klassisch"在思想史发展过程中形成"古典的"和"经典的"两种不同的含义,后者带有强烈的规范价值意味,前者则侧重描述时代风格和类型,这两种含义对应着同一个语词,不像英语中有 classical(古典的)和 classic(经典的)那样的区分。"古典的"与"经典的"二者侧重点虽不同,但也有联系(参见下文论述)。"经典型例证"这一节力图表明,从诠释学的视角来看,"klassisch"这一概念并不单纯指涉特定的历史风格,而是包含着历史性与规范性的统一,毋宁说,"古典"的本质和尺度在于"经典"。伽达默尔援引黑格尔美学对"klassisch"的界定,即"那种自身赋义并因而解释自身的东西"(das *sich selbst Bedeutende* und damit auch *sich selber*

① 德语中的 klassisch 可译为"古典的"或"经典的",前者侧重时代、风格,后者侧重典范性、权威性。下面引用的是黑格尔在《美学讲演录》中对 klassisch 的界定,国内学界一般译为"古典型"(参见朱光潜翻译的《美学》),这一术语在黑格尔《美学》里专门用来描述古希腊艺术。诠释学语境中使用的 klassisch 意义更宽泛,有时译作"经典"更为恰当。我们根据不同的语境将 klassisch 译为"古典的"或"经典的"。

Deutende)①。黑格尔的这一界定其实是专门针对古典型艺术②的,以古希腊艺术为代表,伽达默尔基本上赞成这一定义,但他不主张把"klassisch"简化成用来描述某个时代艺术风格的概念。按照黑格尔对美的理解("理念的感性显现"),根据意义、理念与形象之间的关系,艺术的发展经历了象征型艺术、古典型艺术和浪漫主义艺术三个阶段。在象征型艺术中作为内容的理念还是晦暗不明的,并且意义和它的表现形式之间的联系具有偶然性;在浪漫主义艺术中精神性的内容则超出了感性形式的表现范围;只有在古典型艺术中,内容和形式达到完满的和谐统一。古典型艺术把"理念自由地、恰当地体现于按其概念特别适合这理念自身的形象,因而理念就能够与形象自由地、完满地协调一致"③。在黑格尔看来,古典美具有自由、独立自足的意义,因为它不是其他某物的意义,其本身就是意义,它自身显示其意义,是"自身赋义并因而解释自身的东西"。伽达默尔汲取黑格尔美学的这一思想,并转用到诠释学之中,"自身赋义并解释自身"被看作"klassisch"的内在要求,规范性的价值要求被凸显出来,这也就是说,"klassisch"必须被理解为"经典的",而不只是"古典的"。

对哲学诠释学而言,人类的整个历史文化传统都属于理解和解释的对象,即伽达默尔所说的"流传物"(Überlieferung)。这种"对象"不是站在我们对面、与我们不相干的异己之物,理解植根于人类的历史文化传统,受到传统的影响,而流传物、传统的实在性及其意义也唯有在理解之中才能呈现出来。在传统的诸多流传物中,经典的东西具有重要意义,经典是理解之历史性的一个典型例证,在根本上说,理解就是一场不断回归传统经典并与之对话的效果历史运动,在这种历史运动中诠释学的意识获得教养,理解者在理解传统、经典的同时也在理解自己、塑造自己。

① Hegel:*Vorlesungen über die Ästhetik II.*,Frankfurt am Main:Suhrkamp Verlag,1970,S. 13.

② 这里沿用朱光潜的译法,将 die klassische Kunstform 译为"古典型艺术"。

③ Hegel:*Vorlesungen über die Ästhetik I.*,Frankfurt am Main:Suhrkamp Verlag,1970,S. 109.

通过追溯经典在思想史中的意义变迁,伽达默尔探讨了经典之为经典的本质特征。在历史主义的开端如温克尔曼那里,规范性要素是历史研究本身的真正动机;自德国古典主义以来,“经典的古代”(das klassische Altertum)首先支配着教育学思想,它作为重要的教育素材,旨在培养成熟完整的人性,经典概念中结合着规范意义和历史意义,这种思想可以追溯到赫尔德,至黑格尔仍坚持这种联系,即使黑格尔美学从艺术类型、风格角度定义“klassisch”,但其中也始终包含着规范性的要素;自德罗伊森以来,历史思想把经典概念变成了一种纯粹的风格概念;第一次世界大战之后,标志着“第三次人文主义”的古典语文学重新思考经典概念,再次将经典的规范性要素和历史性要素结合起来①。伽达默尔试图阐明,经典之含义的历史变迁最终表明经典是规范性和历史性的统一。

“klassisch”这一概念的真正内涵并非在于描述特定历史时期、特定历史发展阶段的作品风格,准确地说,它应当更多地被理解为“经典的”。经典不局限于描述某个古老的历史时期具有某种特定风格的艺术,经典意味着一种尺度和标准,规范性是其不可或缺的要素。虽然“klassisch”一度被作为一种区别于以前和以后的东西并具有其明确历史性的风格概念加以使用,但实际上这一概念中的规范要素从未完全消失。② 经典的规范性标示着什么是出色的、一流的,并具有榜样性的价值导向作用。伽达默尔指出,语文学家不会同意把造型艺术史上的纯粹历史风格概念应用于他的文本,否则这是不是意味着“荷马不是经典的”? 这一问题“动摇了那种被用于与艺术史作类比的古典型历史风格范畴——这是一个例证,说明历史意识除了承认自身以外还总是

① Vgl.Gadamer:*Wahrheit und Methode*:*Grundzüge einer philosophischen Hermeneutik*,GW Bd. 1,Tübingen:Mohr,1990,S. 290-291.

② Vgl.Gadamer:*Wahrheit und Methode*:*Grundzüge einer philosophischen Hermeneutik*,GW Bd. 1,Tübingen:Mohr,1990,S. 292.

包含其他的东西"①。经典不局限于某个领域、某个时代,不同领域、不同时代的作品(艺术作品、文学作品抑或哲学理论等)都有可能成为经典,只要它们符合经典自身的内在规范性,真正的经典应当能"丰富人类的心灵,增进人类心灵的财富,并使之取得进步"②。经典的规范性本身不是"先验的"、超历史的,而是在历史的选择、过滤和积淀中形成的,打上历史的烙印,"这种规范回溯性地与某种实现和表现它的一度曾有的整个过去相关联,就此而言,这种规范总是已经包含了某种历史地表现它的时代声调"③。经典文本最初只是论著,之所以能够成为经典,除了其自身蕴含的思想高度以外,还离不开特定历史时代的选择,经典产生于一定的历史时期,不同历史时期对经典的认定不同,不同时代、不同的读者对同一部经典的理解和解释不同,在伽达默尔看来,经典是一种真正的历史范畴,是历史存在的一种独特方式。

经典的规范性和历史性分别体现了其普遍性与特殊性的维度,在经典诠释方面表现为普遍性与具体化的统一。经典是典型的一种,确切地说,是具有积极意义和价值的典型,而典型的辩证法就在于从个别性、特殊性中展现出普遍性。经典的普遍性决定了不同时代的人都可以从中汲取营养,为其所用,具有普适的价值,使得它从无足轻重、昙花一现的事物中脱颖而出并流传下去,"经典是在传统中被传递的事物,是流传物(legacy)的实质。"④在经典诠释方面,经典的普遍性表现为经典作品的无限言说能力和永恒的解释价值,经典要求自身通过不断的解释和中介而成为持续的存在,相反,如果某个作品完成之后无人问津,只是过眼云烟,是不可能成为经典的。伽达默尔继承德国浪漫主

---

① Vgl.Gadamer:*Wahrheit und Methode*:*Grundzüge einer philosophischen Hermeneutik*,GW Bd. 1,Tübingen:Mohr,1990,S. 292.

② Charles-Augustin Sainte-Beuve:"What is a Classic?",in:*Literary and Philosophical Essays*:*French*,*German*,*and Italian*,万卷出版公司 2006 年版,第 125—126 页。

③ Gadamer:*Wahrheit und Methode*:*Grundzüge einer philosophischen Hermeneutik*,GW Bd. 1,Mohr,1990,S. 293.

④ [美]约埃尔·魏因斯海默:《哲学诠释学与文学理论》,郑鹏译,中国人民大学出版社 2011 年版,第 146—147 页。

义的思想传统①,认为经典作品的表达力具有穿越时代的普遍性和无限性,经典的无限言说能力和广阔的解释空间使它能够超越作者及其时代,在历史的传承延续中生成鲜活流动的意义,经典"自身赋义并因而解释自身",它本身就是这样的意义显示和意义生成过程,既具有普遍价值的因素,又体现不同诠释学处境的要求与个性。普遍性与特殊性的统一是实践智慧着力解决的问题,普遍性与具体化的平衡是哲学诠释学实践维度的要求,伽达默尔把对普遍的东西具体化看作诠释学的基本经验。

与经典的规范性和历史性、普遍性和具体化相联系,经典还具有超越的永恒性和当下的境遇性特征,这里更加侧重从时间角度描述经典的特征。施莱尔马赫说,"经典的东西必定不是转瞬即逝的"②。经典之所以为经典,在于它"不过时"。伽达默尔在比较自然科学和精神科学的知识特征时谈到,自然科学可以借助于方法论不断取得进步,而精神科学的真理难以用"进步"这样的语词加以描述,因为精神科学的伟大成就具有超越性,几乎不会过时。精神科学、人文科学领域的成就具有恒久的典范性,值得后人不断效仿、学习和诠释,这种真理不同于科学方法、技术推动下的知识增长和进步,反过来我们可以说,能够取得进步的东西意味着它是可以过时的(如科技产品的更新换代),经典则不会过时,保存在人类的记忆和诠释中,具有流传价值的永恒性。"所谓经典,是从交替的时代及其变迁的趣味之差别中提取出来的东西"③。经典是经过历史的筛选与过滤而沉淀下来的一种历史实在,它为诠释学的意识提供尺度和标准,诠释学的意识隶属并服从于这种历史实在。然而,经典的超越

① 德国浪漫主义者普遍认为,作品的意义是不可穷尽的,例如F.施莱格尔(Friedrich Schlegel)认为经典作品不可能完全被理解,需要不断被解释,施莱尔马赫认为读者可以比作者理解得更多、更好。

② Schleiermacher:*Hermeneutik*, nach den Handschriften neu hrsg. und eingeleitet von Heinz Kimmerle, Heidelberg:Carl Winter Universitätsverlag, 1959, S. 83.

③ Gadamer:*Wahrheit und Methode*:*Grundzüge einer philosophischen Hermeneutik*, GW Bd. 1, Tübingen:Mohr, 1990, S. 293.

性、永恒性实现于历史的理解和解释之中,“经典当然是‘无时间性的’,但这种无时间性是历史存在的一种方式”①。真正说来,经典的无时间性指的是当下性、境遇性,经典作品对于每一个时代都意味着同时性,属于那个时代的当下世界,与那个时代的境遇同时并存,这种“同时性”本身也是一种时间性,经典唯有在理解、解释和践行的传承中才成为经典,经典不是某种“自在之物”,其意义通过诠释而展开并进入当下的世界,实现于过去视域与当下视域的不断中介运动之中,从而经典的意义在不同的历史境遇中呈现出独特的差异性和多样性。

如果说诠释活动要不断回归传统和古典作品,那么这里的尺度和标准则在于其经典特征,只有具有经典性质的流传物才能在理解、解释活动中得以持存并且焕发生命力。经典在历史中展现的意义就是经典本身,它是一场自我赋义的运动,它并不是不同时代的读者随心所欲地赋予它的外在意义;经典要求自身被不断地诠释,以至于这种“被诠释”不再是被动的,而是经典在历史中的自我解释和展开(sich auslegen)。

二、古今之争与经典意识

经典和古典既有区别又有联系,二者强调的侧重点不同,但由于经典的本质特征中包含着历史传承性,需要经过历史的选择和检验,没有历史的长期流传就没有经典的形成,因而经典往往来自遥远的古代世界。古代的经典到底有没有优越性,又具有何种程度的优越性,在一定意义上属于古今之争的问题。古与今何者更为优越,何者作为评判标准,这个问题在中西方思想史上不断引起争论并进入历史反思意识的视野,产生了厚古薄今派、厚今薄古派以及调和派。厚古派重视文化的历史继承性,而文化继承又以经典为主要载体,因此厚古派往往视经典为亘古不变的道理;厚今派是思想的改革派甚至革命派,

① Gadamer: *Wahrheit und Methode: Grundzüge einer philosophischen Hermeneutik*, GW Bd. 1, Tübingen: Mohr, 1990, S. 295.

他们主张因时制宜,所谓的权威经典都必须接受当前现实或理性的检验;调和派则要求在历史整体中融通古今,在古今的视域融合中有所创造。在中国的解经传统中,文字训诂抑或阐发义理、“我注六经”抑或“六经注我”在一定意义上都包含着古今之争的张力。近代以来,古今之争又与中西文化之争交织在一起,从五四新文化运动掀起对古代传统文化的激烈批判,到当代中国出现复兴儒学、复兴传统文化的思潮,其背后都隐含着深刻的历史辩证法。

在西方,古今之争也始终是思想史中的重要问题。古典主义的风气在古罗马时代就已形成,在理论研究和文学创作方面,罗马人推崇希腊的古典遗产,强调摹仿古人,维吉尔、贺拉斯等均以希腊为典范。文艺复兴运动借古希腊、古罗马文化典籍对抗中世纪的神学思想,在这种对抗中,复兴古典文化和阐发新时代的人文主义思想不但不矛盾,而且是相辅相成的,人文主义者有尊古、尚古的偏好,而他们所做的工作实际上既诠释、复兴了古典文化,又包含富有时代气息、符合时代需要的思考。在文艺复兴后期以及现代哲学的开端,随着反思批判的自我意识的觉醒,人们要求挣脱传统、权威的牢笼,古代的东西逐渐被置于理性的对立面。17 世纪末 18 世纪初在法国文学界发生的古今之争较为激烈①,厚今派以现代的逻辑学方法对抗古典的修辞学方法,肯定现代作家并不逊色于古代希腊罗马作家,较之于以布瓦洛为代表的新古典主义,厚今派的决定性胜利预示着 18 世纪启蒙时代的来临,英国的“书籍之战”是这场古今之争的延续。古今之争的问题也对意大利人文主义者维柯产生了重要影响②,他在这场争论中形成折中调和的立场,作为现代人文科学的奠基人,维柯赞赏理性主义科学方法论的同时又反对它的自命不凡,大力提倡以古典文化为素材的人文教育,力图在两者之间达到一种平衡。维柯认为,必须经常

---

① 伽达默尔十分关注这场争论以及施特劳斯的有关探讨,参见 Gadamer:„Hermeneutik und Historismus“,in:GW Bd. 2,Tübingen:Mohr,1993。

② Cf.Joseph M.Levine:“Giambattista Vico and the Quarrel between the Ancients and the Moderns”,in:*Journal of the History of Ideas*,Vol. 52,No. 1(Jan.-Mar.,1991),University of Pennsylvania Press.

参阅永垂不朽的作家作品,选择神学、法学、医学、哲学等不同领域的经典把玩、效仿,训练思维并形成越来越完善的观念,至于那些平庸的、不值一提的作家作品,对于公共教育则是没有益处的①。19 世纪上半叶德国的浪漫与古典之争再次以独特的方式展开了古今之争的话题,这里当然绕不开歌德那段著名的话:“我把‘古典的’叫作‘健康的’,把‘浪漫的’叫作‘病态的’。这样看来,《尼伯龙根之歌》就和荷马史诗一样是古典的,因为这两部诗都是健康的、有生命力的。最近一些作品之所以是浪漫的,并不是因为新,而是因为病态、软弱;古代作品之所以是古典的,也并不是因为古老,而是因为强壮、新鲜、愉快、健康。如果我们按照这些品质来区分古典的和浪漫的,就会知所适从了。”②歌德在这里提出有别于时间尺度的判断标准,浪漫抑或古典跟时间先后、作品新旧没有关系,而是以“是否健康”为标准,歌德强调的是“klassisch”的内在规范要素,实际上是一种经典意识。他推崇古典、经典,不满于逃避现实、软弱而感伤的浪漫主义,其根本目的是现实主义的。反映在文学创作手法上,古典主义以客观原则进行创作,而浪漫主义以主观原则进行创作。歌德说:“我主张诗应采取从客观世界出发的原则,认为只有这种创作方法才可取。”③从文学创作手法上看,浪漫主义不以古代希腊和罗马文艺为典范,而侧重彰显人类心灵深处的主观力量,把直觉、情感和想象提高到创作的首位,但作为对启蒙精神的反叛,浪漫主义美化中古时代,中世纪的骑士传奇与浪漫主义有直接的渊源关系,浪漫主义幻想从古老的时代中寻找精神上的寄托,其实它也不缺乏尚古的情愫,只不过它美化的是中古时代,而不是古典时代,歌德则是从现实主义的角度批评浪漫主义的。

从哲学诠释学的视角来看,古今之争孕育了经典意识,这里的“经典意

① 参见[意]维柯:《大学开学典礼演讲集:维柯论人文教育》,张小勇译,上海人民出版社 2012 年版,第 214—215 页。

② [德]爱克曼:《歌德谈话录》,人民文学出版社 1982 年版,第 188 页。

③ [德]爱克曼:《歌德谈话录》,人民文学出版社 1982 年版,第 221 页。

识"是从广义上来说的，它也包括泛经典意识、去经典意识，甚至是反经典意识。经典意识要求对以下问题进行诠释学的反思：有没有经典、经典是否局限于特定的时代和作品、经典有没有独特的价值和功能、诠释学的意识与传统文化中的经典具有何种关系、诠释学应当如何对待经典等。如前所述，一般而言厚古派维护经典的权威性和典范性，而厚今派有质疑、批判经典的倾向，一种极端的论调便是：不存在经典，所有文本都是平等的，人文教育不再是对所谓经典的介绍和钻研，而应是自由教育，培养能够积极拷问、质疑传统的有批判能力的自由人，因此没有必要树立经典、神化经典，并对之过度诠释①。伽达默尔对经典型例证所做的分析具有独到的深刻性和启发性，他既不在于为古典主义辩护，也不在于消解经典，而是表明经典是一种怎样的诠释学意识和理解的效果历史运动。他强调："如果有人认为我在这里是为古典主义和柏拉图主义的肤浅概念讲话，那么在我看来就误解了我在经典概念的例子中所阐明的理解的历史性。情况正好相反。《真理与方法》中的经典型例证应当表明，历史的运动性是如何深深地进入人们称之为经典的东西(以及规范成分所包含的东西，但这种东西不是风格特征)的无时间性之中，从而理解不断地变化和更新。"②

首先，经典意识是一种对持续存在价值的意识，也是延续和保存这种存在的意识。诠释学的循环表明，理解者对传统、权威和经典等前见(Vorurteile)具有隶属性，前见是理解得以可能的条件，而经典是一种重要的前见，经典具有自我保存的性质，在一定程度上对抗历史反思、历史批判，"经典是那种对抗历史批判的东西，因为它的历史性的统治、它那种负有义务地流传和保持其有效性的力量，已先于一切历史反思而存在，并在这种反思中

① 持这种极端论点的代表人物有 William Bennett，Robert Scholes，Christine Froula，Steven Cohan 等，参见［美］约埃尔·魏因斯海默：《哲学诠释学与文学理论》，郑鹏译，中国人民大学出版社 2011 年版。

② Gadamer：„Zwischen Phänomenologie und Dialektik. Versuch einer Selbstkritik“，in：GW Bd. 2，Tübingen：Mohr，1993，S. 13.

继续存在”①。伽达默尔对传统等前见的强调引来不少批评②,称其缺乏反思意识、具有保守主义倾向,但他认为,传统、经典的持续存在不完全出于惯性和被动接受,而是不同时代的理解共同选择的结果,需要经过历史反思的确认,保存意味着选择、承认和认可,因此也是一种理性的反思活动,只不过这种反思没有变革那么明显。毋宁说,经典是经得起历史检验和历史批判的东西,正因为如此,它才不会过时,始终在历史反思中存在,成为值得延续和保存的东西,“确切地说,在那种对持续存在的意识、对不可磨灭的独立于一切时间情形的意义的意识中,我们称某物为‘经典的’—— 一种无时间性的当下存在,它对于每一个当代都意味着同时性。”③经典意识就是一种对持续存在、永不消失的意义的意识,以及去流传和延续这种意义的意识,“经典的理念包含着某种具有连续性和持久性的东西,从中产生出统一性和传统,形成自身并传递下去,持续存在。”④

其次,经典意识又是变革和更新的意识。理解者隶属于传统和经典,但传统和经典也属于我们的世界,什么是值得保存的,我们应当选择什么、延续什么,都需要理解者反思意识的参与。经典的形成总需要一定的历史过程,既在延续保存的活动中也在批判否定的活动中逐渐获得认可,经典在理解中显示其实在性,也通过诠释的反思活动生成变化更新的意义,因此经典意识中必然包含着适应时代而变革、重新塑造流传物之意义的意识。诠释学的意识之所以产生,在于传统成为“可疑的”,需要被变革。“解释经典的全面过程在于相互的质疑,一种对话,通过这种对话解释者也成为被解释者。经典在这方面的

---

① Gadamer: *Wahrheit und Methode: Grundzüge einer philosophischen Hermeneutik*, GW Bd. 1, Tübingen: Mohr, 1990, S. 292.

② 例如哈贝马斯对伽达默尔的批评。

③ Gadamer: *Wahrheit und Methode: Grundzüge einer philosophischen Hermeneutik*, GW Bd. 1, Tübingen: Mohr, 1990, S. 293.

④ Charles-Augustin Sainte-Beuve: “What is a Classic?”, in: *Literary and Philosophical Essays: French, German, and Italian*,万卷出版公司 2006 年版,第 124 页。

问题是怎样把这种对话保持下去。”①理解者与经典的对话,不仅创造、更新了经典本身的意义,而且也实现了理解者的自我塑造、自我更新,这里发生的双向变革和更新,正是伽达默尔所言的发生在经典意识之中的历史运动性,这里既没有封闭的作为理解“对象”的经典,也没有封闭的理解“主体”,二者在互相隶属、互相影响的对话活动中实现自身的实在性。“这种关于经典概念的探讨并不要求独立的意义,而是想唤起一个普遍的问题。即:过去和现在的这种历史性的中介,正如它给经典概念打上的烙印,最终是否作为有效的基石而成为一切历史行为的基础? ……理解不能被认为是一种主体性的行为,而是将自身置入传统的过程,在这种置入中过去和现在不断得以中介。”②

经典属于记忆和思维,是一种非直接的异己的东西,在诸多的流传物中,经典“自身带着富有魅力的趣味,这趣味吸引着我们进行研究并付出努力”③,这种研究是理论教化的要求,在理解与解释的活动中实现的理解者的自我塑造、自我更新则是经典教化的实践效果。无论何种类型的诠释学,它们重视经典的根本原因大都在于经典的教化功能,经典是在历史文化传承中经过理解者的共同选择而沉淀下来的思想精华,是文明和教养的出发地,是人类需要不断返回的“精神家园”。

第四节　诠释学的教化和教化的诠释学

从诠释学的角度来看,经典具有教化功能。教化概念属于 18 世纪最伟大的观念,伽达默尔把这一概念引入哲学诠释学的视域。他认为,抵制现代科学

---

① [美]约埃尔·魏因斯海默:《哲学诠释学与文学理论》,郑鹏译,中国人民大学出版社 2011 年版,第 136 页。

② Gadamer:*Wahrheit und Methode*:*Grundzüge einer philosophischen Hermeneutik*,GW Bd. 1,Mohr,1990,S. 295.

③ Hegel:„Rechts-,Pflichten-,und Religionslehre für die Unterklasse“,in:*Nürnberger und Heidelberger Schriften*,Werke 4,Frankfurt am Main:Suhrkamp,1970,S. 321.

方法论的普遍要求、捍卫精神科学之真理的合法性,应当诉诸人文主义的教化传统。教化(Bildung)①被伽达默尔视为人文主义②的首要主导概念③,这一概念之所以进入哲学诠释学的视域,缘于他对方法论问题的反思。他认为,抵制现代科学方法论的普遍要求、捍卫精神科学之真理的合法性,应当诉诸人文主义的教化传统,教化概念"表明了19世纪精神科学赖以生存的要素"④。教化概念内在地贯穿于伽达默尔的诠释学之中,在诠释学的视野之下开展出新的意义,形成一种独到的诠释学教化理论⑤。教化获得了诠释学的旨趣,诠释学亦展开了教化的维度。

伽达默尔追溯了"教化"概念的发展史,从中世纪的神秘主义到赫尔德、

---

① Bildung在现代日常德语中意为"教育",该词起源于中世纪神秘主义神学和自然哲学思辨的意义领域,它的宗教神学意义和哲学意义远比狭义的"教育"概念宽泛。至18世纪下半叶这一概念获得教育学和观念论哲学的意义,1770—1830年,随着现代教育在德国的兴起,Bildung成为向开放社会过渡的主导概念,这种社会以实现上层公民(有教养者)的个体精神、自由社交和思想规范之自决为理想(Vgl. J. Ritter, K. Gründer(hrsg.), *Historisches Wörterbuch der Philosophie*, Bd. 1, Basel[u.a.]:Schwabe, 1971, S. 921)。

② 主要指第二次人文主义,即18世纪末至19世纪初期的德国古典文学运动(Deutsche Klassik)。

③ 伽达默尔在《真理与方法》中考察的人文主义主导概念有:教化、共通感、判断力和趣味,教化处于首位。

④ Gadamer: *Wahrheit und Methode: Grundzüge einer philosophischen Hermeneutik*, GW Bd. 1, Mohr, 1990, S. 15.

⑤ 罗蒂早在20世纪80年代初就关注了伽达默尔诠释学中的教化概念,他在《哲学和自然之镜》第八章中提出,伽达默尔的诠释学以教化概念取代了作为传统哲学之思想目标的知识概念,罗蒂进一步区分出两种哲学:系统哲学和教化哲学。他认为,前者致力于建设具有普遍公度性的理论体系,后者以谈话的方式启迪智慧,拒绝把自己装扮成任何客观真理的发现者。罗蒂的见解有一定道理,但这种区分未免过于简单化,而且没有真正挖掘出伽达默尔诠释学教化理论的深刻意蕴;基于这种区分,黑格尔必然被划为系统哲学家之列,如此一来,伽达默尔的教化理论与德国古典哲学以及人文主义一脉相承的渊源关系就被淡化甚至抹杀了。国内关注过伽达默尔诠释学教化概念的学者有龚群、何卫平、黄小洲和张颖慧等,参见《哲学诠释学中的教化与共通感》(《河北学刊》2005年第3期)、《伽达默尔的教化解释学论纲》(《武汉大学学报》2011年第2期)、《伽达默尔教化解释学的实践哲学特征》(《求是学刊》2012年第5期)和《伽达默尔审美教化思想研究》(2012年博士学位论文)。鉴于伽达默尔的教化思想受黑格尔的影响最大,这里试图以这种理论背景作为切入点,在前人研究成果的基础上进一步全面深入地阐发诠释学的教化理论。

黑格尔、威廉·冯·洪堡、赫尔姆霍茨等，其中最受重视的是黑格尔的教化概念，他认为“黑格尔对于什么是教化实际上已经作出了最清楚的说明”。[①] 诠释学的教化概念深受黑格尔影响，本节以这种理论背景作为切入点，考察伽达默尔诠释学的教化概念与黑格尔的渊源关系，探究诠释学教化理论的基本特征，并阐发教化的诠释学意蕴和诠释学的教化旨归。

一、传统作为异化和教化的世界

哲学诠释学的视野涵盖整个人类文化历史传统，它们与理解和解释相关，伽达默尔称之为“流传物”（Überlieferung）[②]。传统既是理解的对象，也是理解得以可能的条件，它是异化的也是教化的精神世界。伽达默尔批评两种对待传统的欠妥倾向：启蒙运动在反对传统偏见、宗教迷信的过程中逐渐把传统当作纯粹的批判对象置于理性的对立面；浪漫主义则认为，传统是历史因袭下来的被给予的东西，具有无名的权威，一切理性在传统面前都必须保持沉默。他指出，两者的共同错误在于，它们都把传统与理性的对立抽象化、绝对化了。诠释学的任务既不是把传统当作无意义的偏见一概加以批判，也不是把“原初的”过去重建起来。那么，诠释学应当如何对待传统？受黑格尔启发，伽达默尔认为：“精神的历史性的自我渗透，实现了诠释学的使命。……如果说历史精神的本质不在于对过去事物的修复，而在于与现时生活的思维性沟通，那么黑格尔说出了一个决定性的真理。”[③]历史、传统有待于融入、内化于诠释学的意识之中，而诠释学的意识对传统世界的理解、吸收和同化本身是一个自我教化的过程。诠释学面对的传统世界具有陌生性和熟悉性双重特征，它是异

---

① Gadamer：*Wahrheit und Methode*：*Grundzüge einer philosophischen Hermeneutik*，GW Bd. 1，Mohr，1990，S. 17.

② Überlieferung 是指流传下来的东西，包括口头的和文字的，可译为“流传物”“传说”“习俗”“传统”。

③ Gadamer：*Wahrheit und Methode*：*Grundzüge einer philosophischen Hermeneutik*，GW Bd. 1，Tübingen：Mohr，1990，S. 174.

化和教化的世界,这种特征在黑格尔《精神现象学》的“精神”章里得到充分的阐发。

“精神”章所描述的精神经历三个发展阶段:真实的精神、伦理;自身异化了的精神、教化;对自身具有确定性的精神、道德。“教化”处于第二阶段。异化之前的精神是未经反思的伦理统一体,“在这个阶段里,个人意识与集体意识、我与我们打成一片”①。实体是一切个人行动的根据和目的,它同时又是一切个人用行动创造出来的具有普遍性、统一性的作品,在这个伦理统一体中不存在个人与整体的冲突,这一阶段的精神以古希腊社会为代表,“希腊城邦优美的伦理对于黑格尔来说表达了个体与法则的统一”②。自觉的伦理行为的实现破坏了伦理世界的秩序,一面是基于共同祖先、血缘关系形成的直接、天然的伦理共同体(家庭),一面是基于共同的政治生活形成的公民、政府、民族,“家神与普遍精神相对立”③,神的法则和人的法则、神的知识和人的知识互相冲突,原本和谐的伦理精神发展成“希腊悲剧”,个体的自我从对悲剧命运的反省中显现出来,实体破裂成众多的“原子”,普遍性化为个人的直接有效性,过渡到古罗马的法权状态。法权上个人的有效性还仅仅是形式的、抽象的,由于自己存在而直接被承认,它需要成为现实的普遍性。“在那伦理世界中统一的东西,现在发展了,但也是异化了。”④异化了的精神所面对的世界具有双重特征:一方面这个世界是精神的世界,是自我意识的作品;另一方面它对于自我意识来说又是陌生的、显现为外在的东西,一种直接现成的异己现实,以至于自我意识在其中认不出自己。异化了的精神的世界分裂为二:此岸的现实世界和彼岸的纯粹意识世界。现实世界是异化和教化的世界,教化在

---

① 张世英:《自我实现的历程》,山东人民出版社 2001 年版,第 137 页。

② E.Weisser-Lohmann:„Gestalten nicht des Bewußtseins, sondern einer Welt-Überlegungen zum Geist-Kapitel der *Phänomenologie des Geistes*“, in: *Klassiker Auslegen: Phänomenologie des Geistes*, hrsg. von Dietmar Köhler und Otto Pöggeler, Berlin: Akademie Verlag, 2006, S. 193.

③ Hegel: *Phänomenologie des Geistes*, Hamburg: Meiner, 2006, S. 294.

④ Hegel: *Phänomenologie des Geistes*, Hamburg: Meiner, 2006, S. 320.

这里的意义在于,消除世界对于个体自我意识显现出来的异己性,融化历史、现实的“坚冰”,达到与世界的和解,使个体成为现实的存在。“简言之,‘教化’一节的主题就在于消解我和世界之间的陌生性之假象。”①具体来说,现实世界的个体教化可以从三个层面来理解:(1)个体认识到现实的世界是它自己的实体,认识到它的本性就是使自然存在发生异化的精神;(2)个体通过暴力占有、控制并统治这个世界;(3)个体使自己的普遍有效性成为现实存在,它的暴力看似压制实体,实际上这正是促使个体符合普遍实体的力量,“因此,个体的教化及其自身的现实性就是实体本身的实现”②。个体扬弃自然的自我,扬弃自身的个性及偏颇,将自己塑造/教化成自在的那种样子,“通过这种教化它才自在地存在,并具有现实的定在;它有多少教化,就有多少现实性和力量”③。教化的意义在于,自我认识、自我塑造着的个体将自身提升为具有现实性、普遍性的精神。

诠释学面对的传统世界也是这样一种异化和教化的精神世界。一方面,我们作为理解者向来处于传统之中,在占有传统之前,我们已经预先被传统占有了。传统是精神创造出来的世界,经过历史长河的洗涤和沉淀,流传下来的东西具有神圣性和权威性,它既是精神异化/教化的结果,又是个体教化的开端,“一切教育(Erziehung)都依据于此”④。理解着的个别意识总是已经生长在一个精神造就的传统世界,一个扬弃自然性的异化了的精神世界,也就是说,它总是已经处于教化的过程之中,“一切自我认识都是从历史的先行给定的东西开始的,这种先行给定的东西,我们跟随黑格尔称之为‘实体’”⑤。另

---

① Ralf Beuthan:„Grundzüge und Perspektiven von Hegels phänomenologischem Bildungsbegriff“, in:*Bildung zur Freiheit*, Würzburg:Königshausen & Neumann, 2010, S. 38.

② Hegel:*Phänomenologie des Geistes*, Hamburg:Meiner, 2006, S. 325.

③ Hegel:*Phänomenologie des Geistes*, Hamburg:Meiner, 2006, S. 324.

④ Gadamer:*Wahrheit und Methode*:*Grundzüge einer philosophischen Hermeneutik*, GW Bd. 1, Tübingen:Mohr, 1990, S. 285.

⑤ Gadamer:*Wahrheit und Methode*:*Grundzüge einer philosophischen Hermeneutik*, GW Bd. 1, Tübingen:Mohr, 1990, S. 307.

一方面,传统的世界对于理解的意识来说是直接被给予的、现成的对象性世界,因而显得陌生,正因为如此,才需要与传统进行沟通,传统需要被理解、同化和吸收,这个过程就是与传统和解的教化过程。在伽达默尔看来,诠释学的任务建立在传统对于我们的熟悉性与陌生性的两极对立之上,"这里给出了一种紧张关系。它发生在传统对我们所具有的陌生性和熟悉性之间,发生在具有历史意味的、枯萎的对象性和对某个传统的隶属性之间。诠释学的真正位置就在这种中间区域。"①在绝对的熟悉性或陌生性的极端情况下,要么不存在理解的必要性,要么不存在理解的可能性。诠释学在于理解和消化传统的实在性、实体性,"它必须返回到黑格尔的精神现象学的道路,直到在一切主体性中揭示出规定着主体性的实体性"②。对传统进行诠释的过程,就是将传统的实体性内化到理解的意识之中的教化过程。教化以理解为前提,理解以教化为旨归。

二、教化与理解

教化包含理解、内化的要求,诠释学的对象根本不是什么自在的"对象",而是一种理解关系,"在这种关系中同时存在着历史的实在性以及历史理解的实在性。一种名副其实的诠释学必须在理解本身中显示历史的实在性。"③离开自我的反思和理解,教化只能流于灌输的形式,教化以理解和自我理解为前提,从根本上说,"教育是自我教育,教化是自我教化(Erziehung ist sich erziehen,Bildung ist sich bilden)。"④同时,理解承担教化之功能,实现教化之目

① Gadamer:*Wahrheit und Methode*:*Grundzüge einer philosophischen Hermeneutik*, GW Bd. 1, Tübingen:Mohr,1990,S. 300.

② Gadamer:*Wahrheit und Methode*:*Grundzüge einer philosophischen Hermeneutik*, GW Bd. 1, Tübingen:Mohr,1990,S. 307.

③ Gadamer:*Wahrheit und Methode*:*Grundzüge einer philosophischen Hermeneutik*, GW Bd. 1, Tübingen:Mohr,1990,S. 305.

④ Gadamer:*Erziehung ist sich erziehen*,Heidelberg:Kurpfälzischer Verlag,2000,S. 11.

的,理解的过程本身就应当成为教化的过程。

在黑格尔那里,教化概念在多种层面和维度上展开,既有理论教化和实践教化,也有个体教化和社会教化,总体上可以断定,教化是精神的内在环节,精神的运动和发展可以看作是它自我教化的过程。伽达默尔承接这一思想,使教化成为理解的要素,也成为哲学诠释学的要素,这一论断乃是基于精神和理解的内在关联及其同构关系而言的。狄尔泰曾经从方法论的角度区分自然科学和精神科学,"我们说明自然,我们理解心灵生活"①,这一区分凸显了理解和精神的联系,并把关于理解和解释的诠释学提升为精神科学的普遍方法论。伽达默尔的诠释学冲破方法论的桎梏,理解与精神不再只是认识方法与认识对象的关系,而是渗透互摄的生存论关系。传统文化的精神在理解中得以形成、塑造(formieren,bilden)和发展,理解参与精神的活动,构建精神的历史,而精神的运动是一个自我认识、自我理解、自我教育(sich bilden)的过程。如果说精神的发展过程是一部教化史,那么作为此在生存方式的理解活动无疑也是一部教化史。

把意识所经历的不同形态以其内在的逻辑性串联成意识的发展史和教化史,是《精神现象学》的伟大贡献。在意识的经验之路上,自然意识逐渐向着有教养的(gebildet)意识发展,灵魂穿过一系列的"站台"将自己提升为精神。"意识在这条道路上所经历的它自己的一系列形态,可以说是意识自身走向科学的详尽教化史。"②这里涉及:自然意识—有教养的意识,灵魂—精神,经验—科学。精神现象学所描述的是前者向后者发展的过程及其必然性,这个过程被黑格尔视为教化的过程。他反对卢梭的自然主义教育观,后者认为教育在于回归自然,使人免遭文明的污染,使人的天性得到保存(参见卢梭:《爱弥儿》),黑格尔则看到精神异化的必然性,认为教育/教化恰恰在于克服意识

---

① Dilthey:*Die geistige Welt:Einleitung in die Philosophie des Lebens. Erste Hälfte:Abhandlungen zur Grundlegung der Geisteswissenschaften*,GS Bd. 5,Stuttgart[u.a.]:Teubner,1990,S. 144.

② Hegel:*Phänomenologie des Geistes*,Hamburg:Meiner,2006,S. 61.

的自然性、直接性,通往精神的普遍性和自由。黑格尔看到,现代人的教化方式与古人不同,古人对面前的事物及其细节进行详尽的考察和哲学的思考,逐渐给自己创造出一种渗透于事物之中的普遍性;现代人则能找到现成的抽象形式,其教化毋宁在于扬弃固化的思想,从而使普遍的东西变成现实的有生气的东西①。

使抽象的精神的客观化物变得流动,使传统中的经典成为现实的、有生气的东西,这无疑是诠释学的重要任务。黑格尔在纽伦堡中学执教期间大力提倡古典文化教育,视古典文化为高贵的精神养料,其伟大的教益作用是任何其他教育素材都无法取代的。"我们有必要掌握古代世界,不仅为了占有它,更多的是为了获得某种我们所领会吸收的东西。"②虽然伽达默尔称之为"古典主义的偏见",但他认为黑格尔的基本思想是正确的,即精神的普遍本质正是在古人那里容易被发现③,在诠释学的众多对象中,古典的、经典的东西具有举足轻重的意义。伽达默尔赞成黑格尔关于"经典"的界定,即"那种自身赋义并因而解释自身的东西"④,进而阐明经典的规范性和历史性,经典是历史存在的一种方式,又是一种无时间性的东西,在经常不断的理解与解释中被中介,属于当下的世界。经典意识是一种对持续存在、永不消失的意义的意识,"经典是自我保存的东西,因为它自身赋义并解释自身"⑤。质言之,经典是在历史传统中经过人类整体的选择而沉淀下来的思想文化之精华,具有永恒的价值和无限的生命力(参见本章第三节)。理论教化要求"研究一种非直接的异己的东西,研究那种属于记忆、回忆和思维的东西。——但这种分离的要求

---

① Vgl.Hegel:*Phänomenologie des Geistes*,Hamburg:Meiner,2006,S. 26-27.

② Hegel:„Rechts-,Pflichten-,und Religionslehre für die Unterklasse",in:*Nürnberger und Heidelberger Schriften*,Werke 4,Frankfurt am Main:Suhrkamp,1970,S. 320-321.

③ Vgl.Gadamer:*Wahrheit und Methode:Grundzüge einer philosophischen Hermeneutik*,GW Bd. 1,Tübingen:Mohr,1990,S. 19.

④ Hegel:*Vorlesungen über die Ästhetik II.*,Frankfurt am Main:Suhrkamp Verlag,1970,S. 13.

⑤ Gadamer:*Wahrheit und Methode:Grundzüge einer philosophischen Hermeneutik*,GW Bd. 1,Tübingen:Mohr,1990,S. 294.

如此必然,以至于它在我们心中表现为一种普遍而熟悉的本能。异己的遥远的东西,自身带着富有魅力的趣味,这趣味吸引着我们进行研究并付出努力"①。按照黑格尔的分析,古代世界作为研习的对象,必定已经是同我们对立的、已经获得某种异己的形态,这种异化是理论教化的条件,理论教化就在于通过研习传统及其经典而获得知识的丰富性、确定性,理论教化就在于通过研习传统及其经典而获得丰富的知识、普遍的观点,以及对客体之独立性的感受力。对异己的古典世界的认识、研究不仅仅停留于对象式的分离,不仅仅是为了"占有它",更重要的是精神对自身的"领会吸收"、自我认识、自我和解与自我回归②。"在异己的东西里认识自身、感到如同归家,这是精神的基本运动,精神的存在只是从他物出发向自己本身的返回。"③"构成教化本质的并不是这种异化,而是向着自身的返回,当然这个返回是以异化为前提的。"④理解传统包含着如下要求,个别的意识在异己的东西之中认识到自身的自在存在。对流传物进行理解意味着克服它对我们显现出来的陌生性和对象性,达到理解着的意识与这个异己世界的和解,意识在理解传统的过程中克服自身的个别性、局限性,认识到传统之中的实体性及其自身对传统的隶属性,向着普遍性提升,把自身教化成符合普遍实体的现实存在。

黑格尔认为,教化乃是基于人的双重性,即自然性和精神性。动物不需要教化,它是按其本性来说应当所是的东西;人却需要教化,他必须将自己的双重性统一起来,使他的个别性、自然性符合精神的普遍性,否则就是将自己降

① Hegel:„Rechts-,Pflichten-,und Religionslehre für die Unterklasse",in:*Nürnberger und Heidelberger Schriften*,Werke 4,Frankfurt am Main:Suhrkamp,1970,S. 321.

② Anders Odenstedt 将黑格尔的教化概念归纳为三个环节,即未经反思的统一体、异化与反思的和解,颇具说服力。Cf. A. Odenstedt:"Hegel and Gadamer on *Bildung*",in:*The Southern Journal of Philosophy* XLVI.,2008,p.562。

③ Gadamer:*Wahrheit und Methode*:*Grundzüge einer philosophischen Hermeneutik*,GW Bd. 1,Tübingen:Mohr,1990,S. 19-20.

④ Gadamer:*Wahrheit und Methode*:*Grundzüge einer philosophischen Hermeneutik*,GW Bd. 1,Tübingen:Mohr,1990,S. 20.

低为动物,"没有教养"。例如,如果一个人听任自己的愤怒而盲目行动,或主张某种利益却无法通过自己的行动产生任何结果,或在命运面前毫无耐心,那么可以说他就没有教养①。伽达默尔从这些论述中得出,"人类教化的一般本质是使自身成为一个普遍的精神存在。谁沉湎于个别性,谁就未受到教化"②。成为普遍的精神存在意味着具有抽象力,能撇开自身个别性的限制、束缚去看待问题和行动,这也是向自由的提升。《精神现象学》的主奴辩证法揭示了教化对于自由的自我意识的形成起到关键作用,这是通过劳动实现的。主人意识的实现依赖于奴隶的承认和劳动,而奴隶意识不再是纯粹的依赖、恐惧意识,它通过劳动塑造(bilden)了物品,并在物品中直观到自身的独立自主性,形成一种自由的自我意识。劳动的意识不仅塑造着事物,也塑造着自己本身,这是一种实践教化。"劳动意识的自我感包含了构成实践教化的一切要素:放弃欲望的直接性、放弃个人需求和私利的直接性,以及对某种普遍性的要求。"③纯粹的自我感首先体现在欲望的满足上,表现为对对象的纯粹否定和消灭,这种满足随着对象的消灭而很快消逝,没有留下客观持久的东西,但劳动的本质——如伽达默尔所指出的——不是消耗,而是塑造物品,劳动扬弃了欲望的直接性。它"是受到节制的欲望,即延缓的消逝,或者说,它进行塑造"④。劳动创造了产品,创造是一种加工、使成型(formieren),亦即造就、塑造(bilden),劳动对其对象的否定关系"成为对象的形式并且成为一种持久的东西"⑤。意识在劳动中将自己外在化,获得持久性,"从而那劳动着的意识就

① Vgl.Hegel:„Rechts-,Pflichten-,und Religionslehre für die Unterklasse",in:*Nürnberger und Heidelberger Schriften*,Werke 4,Frankfurt am Main:Suhrkamp,1970,S. 258.

② Gadamer:*Wahrheit und Methode*:*Grundzüge einer philosophischen Hermeneutik*,GW Bd. 1,Tübingen:Mohr,1990,S. 18.

③ Gadamer:*Wahrheit und Methode*:*Grundzüge einer philosophischen Hermeneutik*,GW Bd. 1,Tübingen:Mohr,1990,S. 18.

④ Hegel:*Phänomenologie des Geistes*,Hamburg:Meiner,2006,S. 135.

⑤ Hegel:*Phänomenologie des Geistes*,Hamburg:Meiner,2006,S. 135.

达到了对作为它自己本身的独立存在的直观。”①劳动的意识通过无私忘我的劳作放弃了个人欲望的直接性，获得普遍持存，并在物品中发现这形式正是它自身的纯粹自为存在，从而超越自己存在的直接性而向着普遍性和自由的自我意识提升。伽达默尔把向着普遍性提升的教化看作人类的一项重要使命，“它要求为了普遍性而舍弃特殊性。而舍弃特殊性意味着否定，即对欲望的抑制，以及由此对欲望对象的摆脱和驾驭欲望对象之对象性的自由。”②

精神在黑格尔那里是一种自觉的“自我关系”（Selbstverhältnis），具有承认结构和主体间性，它从直接、自然的统一性走向分裂、异化，最终与自身和解、返回自身；理解对于伽达默尔而言最终是一种自我理解，从理解他物/他者（传统）过渡到理解自我，消除理解对象的现成性、陌生性，理解者认识到自身对于传统的隶属性，受到传统的熏陶和教育，成长为一个视野更加开阔、更具有历史感和普遍性、放大更新了的自我。自我理解是一种自我和解，理解者逐渐把自己塑造成自在的样子，同化的教化过程解构了理解对象和理解者的现成性、陌生性。伽达默尔试图表明，传统哲学主客二分的认识模式乃是奠基于如下事实之上的，“不管是认识者还是被认识物，‘在存在上’都不是‘现成的’，而是‘历史性的’，即它们都属于历史性的存在方式”③。据此，他跟随狄尔泰批评经验论和实证主义缺乏历史的教养，这是现代科学方法论滥用的结果及其在哲学上的反映，现代科学要求通过方法论程序去除经验中的一切历史性因素，排除认识主体的主观性，达到具有可重复性、可检验性的精确知识，这种认知模式缺乏精神性和历史感。精神科学的研究并不在于追求那种与主

① Hegel：*Phänomenologie des Geistes*，Hamburg：Meiner，2006，S. 135.

② Gadamer：*Wahrheit und Methode*：*Grundzüge einer philosophischen Hermeneutik*，GW Bd. 1，Tübingen：Mohr，1990，S. 18.

③ Gadamer：*Wahrheit und Methode*：*Grundzüge einer philosophischen Hermeneutik*，GW Bd. 1，Tübingen：Mohr，1990，S. 266.

体无关的“客观知识”,精神科学的科学性在于教化,通过与传统相遭遇培养一种有教养的意识,在这种历史性的照面中自我理解、自我塑造①。“精神科学的研究不能认为自己与那种方式处于绝对对立之中,即我们作为历史存在对过去所采取的态度。在我们对过去采取的惯常态度中,真正的要求无论如何不是使我们放弃和摆脱传统。我们其实经常处于传统之中,这种处于不是对象化的行为,以至于传统诉说的东西被认为是某种其他的异己的东西——它一直已经是我们自己的东西,一种范例和鉴戒,一种对自身的再认识,在这种自我认识里,我们以后的历史判断几乎不被看作认识,而被认为是对传统的自然而然的吸收。”②从理解他物/他者到自我理解,包含着双重的中介运动,传统内化于个别意识之中从而具有现实性,个别意识自我教育、自我提升从而具有实体性。用黑格尔的术语来说,这是实体主体化和主体实体化的教化过程,教化其实就是精神的历史性的自我理解、自我认识,是历史与精神、历史与真理的互相渗透。黑格尔区分为三种研究历史的方式:原始的历史、反思的历史和哲学的历史③,处于最高层次的第三种方式要求用思维把握历史,使思想、精神与现成的过去发生的事情进行沟通。哲学诠释学也内在地包含着这样一种要求,使理解者的意识与传统互相沟通和渗透,理解“进驻于传统事件,其中过去和现在经常得以中介”④,这个中介过程使理解者的前见不断被更新、修正和提升,达到具有更高普遍性的视域融合,展现了教化诠释学的理论向度和实践归宿。

---

① 详细论证参见潘德荣:《文本理解、自我理解和自我塑造》(《中国社会科学》2014 年第 7 期)。

② Gadamer: *Wahrheit und Methode: Grundzüge einer philosophischen Hermeneutik*, GW Bd. 1, Tübingen: Mohr, 1990, S. 286-287.

③ Vgl. Hegel: *Vorlesungen über die Philosophie der Weltgeschichte. Erste Hälfte, Band I: Die Vernunft in der Geschichte*, hrsg. von Johannes Hoffmeister, Hamburg: Meiner, 1994, S. 4-22.

④ Gadamer: *Wahrheit und Methode: Grundzüge einer philosophischen Hermeneutik*, GW Bd. 1, Tübingen: Mohr, 1990, S. 295.

三、教化诠释学的理论向度和实践归宿

伽达默尔抓住黑格尔教化理论的要旨——向普遍性提升,并进行诠释学的发挥。按照艾伦·伍德的说法,黑格尔要求实现的普遍性可归结为三个层面,即概念的普遍性、社会的普遍性与他人的共同性①。在伽达默尔这里,教化诠释学也在不同程度上涉及以上三个层面,集中表达在"视域融合"这一概念中。个体的理解者总是已经处于教化的过程,具有自身的视域和前见,理解者必须首先"具有"一定的视域,带着自己的视域,才可能从某个角度理解他者,但带着某种视域进行理解并不意味着把这种视域强加给他者,相反自己的视域会受到对方影响,理解者的前见和视域随着理解的展开不断扩大和修正。真正的理解总是一种向着普遍性运动的教化过程,它"既不是一个个性移情到另一个个性之中,也不是使他者受制于自己的标准,而总是意味着向一种更高普遍性的提升,这种普遍性既克服了自己的个别性,而且也克服了他者的个别性"②。包含着异化和同化两个环节的教化表明,人类此在的历史运动不可能有一种完全封闭的视域,它始终处于运动之中,理解者每一次与传统相遭遇、相碰撞,由此获得一种新的视域,这个视域与原来的视域共同作用、互相激荡,形成一个自内而外不断运动着的大视域,我们自己的视域和异己的视域通过理解的中介运动都融入这唯一、普遍的大视域,"毋宁说理解总是这样一些被误认为独自存在的视域的融合过程"③。

在理解的视域整合中达到的普遍性,既是"知"的要求,也是"行"的要求。

---

① Cf.A.W.Wood:"Hegel on Education", in: *Philosophers on Education: New Historical Perspectives*, London: Routledge, 1998, p.313-316.

② Gadamer: *Wahrheit und Methode: Grundzüge einer philosophischen Hermeneutik*, GW Bd. 1, Tübingen: Mohr, 1990, S. 310.

③ Gadamer: *Wahrheit und Methode: Grundzüge einer philosophischen Hermeneutik*, GW Bd. 1, Tübingen: Mohr, 1990, S. 311.

理解"拓宽我们人类的经验,我们的自我知识,以及我们的眼界"①。诠释学的求知目标正是理论教化的要求,需要通过理论教化来实现。"理论教化在于,学会承认异己的东西,寻求普遍的观点"②,理论兴趣的培养显然是教化诠释学不可忽视的方面。同时,理论兴趣与实践行动密切相关,"普遍的求知欲与具体的实践审慎之间存在着一种相互作用关系"③。"哲学不能放弃这样的主张,即不仅要认知,而且它本身要产生实践效果"④。理解的意识实际上是一种"效果历史意识",理解者通过理解活动自我教育,把自己塑造成一个普遍的人。这要求理解的意识摆脱自身的直接性、自然性,对他者保持开放的态度,承认、尊重他者,聆听他者的意见,并与他者进行对话,使普遍的东西在理解的实践中得以具体化。伽达默尔以亚里士多德的实践智慧(phronesis)概念为典范,使诠释学以实践哲学为归宿。理解者在诠释传统的过程中以实践智慧为导向,把普遍的东西应用于当下的具体情境之中,使经典复活,并将之付诸践行,服务于当下。理解者通过对传统的诠释不仅保存、延续着传统,也构建和更新着传统,教化始于传统,也参与改变传统,此乃诠释学实践教化之要义。"实践哲学恰恰假定,我们总是已经被规范的思想观念塑造成型,在这些思想观念中我们被培养成人,它们是整个社会生活秩序的基础。这绝不意味着这些规范思想是确定不变、无可挑剔的。社会生活就处在对迄今为止有效的东西不断加以改造的进程之中。"⑤这就是诠释学在社会公共生活领域发挥

---

① Gadamer:„Hermeneutik als praktische Philosophie", in: *Vernunft im Zeitalter der Wissenschaft*, Frankfurt am Main: Suhrkamp, 1976, S. 106.

② Gadamer: *Wahrheit und Methode: Grundzüge einer philosophischen Hermeneutik*, GW Bd. 1, Tübingen: Mohr, 1990, S. 19.

③ Gadamer:„Hermeneutik als praktische Philosophie", in: *Vernunft im Zeitalter der Wissenschaft*, Frankfurt am Main: Suhrkamp, 1976, S. 109.

④ Gadamer:„Hermeneutik als theoretische und praktische Aufgabe", in: GW Bd. 2, Tübingen: Mohr, 1993, S. 304.

⑤ Gadamer:„Hermeneutik als theoretische und praktische Aufgabe", in: GW Bd. 2, Tübingen: Mohr, 1993, S. 317.

的实在的教化功能。

综上所述,伽达默尔的诠释学教化理论展现了诠释学的教化维度,也使教化获得了诠释学的意蕴,诠释学应当是教化的,教化应当是诠释学的。这是在如下意义上说的:(1)诠释学以传统尤其以经典作品为对象,对传统、经典的理解、解释以教化为旨归,包含理论的和实践的目标,使理解者向普遍性塑造和提升自身,达成普遍的观点,并化为正义、德性的践履笃行;(2)从教化来看,传统世界、经典作品是不可或缺的素材和精神养料,无论政治教导、公民教育,还是文化修养、历史教养、审美熏陶、道德化育,人在各方面素养的提升都需要不断回归人类的精神家园,重新理解、诠释传统和经典,人类教化的实现以理解、消化和发展历史上的人类思想之精华为前提,没有理解就没有真正的内化,也不可能实现由“知”到“行”的转化。

第六章　诠释学的当代争鸣与理论交锋

方法论诠释学在当代再度崛起，秉承施莱尔马赫、狄尔泰的传统，当代方法论诠释学家重申理解的客观性、有效性，主张通过方法、原则的控制为精神科学、人文社会科学的知识可靠性提供保障。在此过程中，产生了诠释观念的冲突与反思，哲学诠释学与当代方法论诠释学互相激荡、互相对话，并在一定程度上修正和发展了各自的理论。本章需要重点探讨的是，伽达默尔在与当代方法论诠释学代表人物的论争过程中如何进一步澄清其主张，哲学诠释学作为一种本体论诠释学，其方法论批评的实质是什么。

第一节　当代方法论诠释学的新崛起

当代方法论诠释学的主要代表人物有意大利哲学家、法学家贝蒂（E. Betti）和美国的文学批评家赫施（E.D.Hirsch），德国哲学家哈贝马斯的批判诠释学亦可算作其中。他们主要延续了现代方法论诠释学的理论诉求，但又有所创新，提出了各自的诠释学原则和方法。

一、贝蒂、赫施：客观性和有效性之追寻

与施莱尔马赫、狄尔泰一样，贝蒂也把诠释学视为一种方法论，并要求

把它提升为精神科学的一般/普遍方法论。其诠释学主要代表作有:(1)1954年发表《一般解释理论之奠基》(*Zur Grundlegung einer allgemeinen Auslegungslehre*);(2)1955年以意大利文发表《关于解释的一般理论》(*Teoria generale della interpretazione*),1967年贝蒂将之译成德文出版,标题为《作为精神科学方法论的一般解释理论》(*Allgemeine Auslegungslehre als Methodik der Geisteswissenschaften*),这是一本长达700多页的鸿篇巨制;(3)1962年发表《作为精神科学一般方法论的诠释学》(*Die Hermeneutik als allgemeine Methodik der Geisteswissenschaften*),这本小册子可以看作是上书的缩写本。从这些论著可见,"贝蒂诠释学取法方法论,并在其标题上明确用 Allgemeine Auslegungslehre(一般解释理论)取代 Hermeneutik,或者以 allgemeine Methodik(一般方法论)界定 Hermeneutik,都意在鲜明地表明自己的根本立场。"①

诠释学的对象在贝蒂那里被称为"精神的客观化物"和"富有意义的形式",精神、意义区别于物理层次的知觉载体,前者才是诠释学所涉及的真正内容,"凡在某种由他人精神而来的东西接近我们时,就有一种召唤我们理解能力的呼吁,希望它们得以被展示"②。理解和解释就意味着将对象的物质符号转换成思想和意义,当然,这种转换不是机械的,而是主动的能思维的解释者对创造过程的倒转,"解释者必须通过在他内在自我内重新思考富有意义形式而从相反的方向经历原来的创造过程"③,是一种重新认识和重新构造。理解和解释其实就是精神与精神的沟通,是主观性与主观性的转换,即以理解者的精神、主观性去构造作者的精神、主观性。贝蒂看到这其中包含的困难和二律背反,"一方面是那种不能与理解自发性相分离的主观因素,另一方面是

① 潘德荣:《西方诠释学史》,北京大学出版社2016年版,第373页。

② [意]贝蒂:《作为精神科学一般方法论的诠释学》,载《理解与解释》,洪汉鼎主编,东方出版社2001年版,第125—126页。

③ [意]贝蒂:《作为精神科学一般方法论的诠释学》,载《理解与解释》,洪汉鼎主编,东方出版社2001年版,第130页。

作为要达到的意义他在性的客观性"①,这种张力构成了解释过程的辩证法,也是诠释学的出发点。理解过程包含解释者、有待被理解的精神和富有意义的形式三个要素,是三者的辩证统一。

如何能够达到理解的客观性和正确性,是贝蒂诠释学致力于解决的问题。尽管他承认解释者的主观性必须参与到解释过程之中,情境主义的意义变迁亦在所难免,但他认为必须将解释和意义推论区别开来,并且通过诠释学方法、原则的控制捍卫人文科学/精神科学研究的客观性。为此,贝蒂提出诠释学的四条方法论原则:(1)诠释学的对象自主性原则。这条原则旨在强调,对象的自主性(Autonomie/Eigenständigkeit)是理解之客观性的根基和内在标准,"富有意义的形式必须被认为是独立自主的,并且必须按照它们自身的发展逻辑,它们所具有的联系,并在它们的必然性、融贯性和结论性里被理解"②。诠释学不能迎合解释者的外在目的,而是要使解释符合作者和文本的原有意向。(2)意义融贯原则/整体性原则。这条原则实际上是贝蒂对施莱尔马赫和狄尔泰诠释学循环思想的继承发挥,主张部分与整体相互阐明,这里的部分可以指一个语词、一个语句、一个文本的含义,整体可以指一个文本、作者个人的整体生命、历史文化体系等。个别的话语元素之间存在着内在联系和融贯性,"正是元素之间的这种元素关系以及元素与其共同整体的关系才允许了富有意义形式在整体与其个别或个别与其整体的关系里得以相互阐明和解释。"③(3)理解的现实性原则。如果说前面两条原则涉及解释的对象,那么后两条原则涉及解释者主体。贝蒂的诠释学并非"天真的客观主义",其认识论是后康德式的,他指出,"有些历史学家试图让自己抛弃他们的主观性是完

---

① [意]贝蒂:《作为精神科学一般方法论的诠释学》,载《理解与解释》,洪汉鼎主编,东方出版社2001年版,第130页。

② [意]贝蒂:《作为精神科学一般方法论的诠释学》,载《理解与解释》,洪汉鼎主编,东方出版社2001年版,第131页。

③ [意]贝蒂:《作为精神科学一般方法论的诠释学》,载《理解与解释》,洪汉鼎主编,东方出版社2001年版,第131—132页。

全无意义的”,“我们心灵所获得的任何东西都进入了我们自己已经具有的我们表象和概念的整个结构之中”①。贝蒂诠释学追求的理解之客观性既非被动的镜像反映,亦非心理主义的回溯,而是更加侧重于理性的认知,这一点显然与方法论诠释学家博克有相通之处,也类似于博克对施莱尔马赫诠释学的改造(参见第二章第二节)。(4)诠释学的意义符合原则。“按照这一规则,解释者应当以这样一种方式把他自己生动的现实性带入与他从对象所接受的刺激紧密和谐一致之中,以致我们和他人以一种和谐一致的方式进行共鸣。”②这种和谐一致仍然是以理解的正确性为基础的,理解要符合被理解的对象,“这包含一种在道德和理论上均是反省的态度,这种态度可以等同于无自我性和谦逊的自我消除”③,以无偏见的态度从事解释活动,虽然解释者的自发性(Spontaneität)是必要的,“但不能从外部蔓生而盖过被解释的对象,并且强加于被解释的对象”④。

此外,贝蒂还综合以往方法论诠释学对解释类型的划分,构造了一个庞大的解释类型学系统,包括语文学的解释、历史的解释、技术的解释、复现的解释(翻译)、戏剧的解释、音乐的解释、规范的解释(法律解释)、神学的解释和心理学解释。⑤

美国文学批评家赫施是当代方法论诠释学的又一重要代表人物,其诠释学著作有 1967 年出版的《解释的有效性》(*Validity in Interpretation*)和 1976 年出版的《解释的目的》(*The Aims of Interpretation*),他的诠释学理论主要受到施

---

① [意]贝蒂:《作为精神科学一般方法论的诠释学》,载《理解与解释》,洪汉鼎主编,东方出版社 2001 年版,第 135 页。

② [意]贝蒂:《作为精神科学一般方法论的诠释学》,载《理解与解释》,洪汉鼎主编,东方出版社 2001 年版,第 161 页。

③ [意]贝蒂:《作为精神科学一般方法论的诠释学》,载《理解与解释》,洪汉鼎主编,东方出版社 2001 年版,第 161 页。

④ Betti, Emilio: *Allgemeine Auslegungslehre als Methodik der Geisteswissenschaften*, Tübingen: Mohr, 1967, S. 229.

⑤ Vgl. Betti, Emilio: *Allgemeine Auslegungslehre als Methodik der Geisteswissenschaften*, Tübingen: Mohr, 1967, S. 229.

莱尔马赫、博克和贝蒂诠释学的影响,追求含义的确定性和理解的客观性,与传统的方法论诠释学一致,他也要求把理解、解释和批评结合起来,把批评理论引入诠释学,避免随意的解释。

解释的有效性(validity)被赫施视为诠释学的核心问题。“解释的有效性不同于解释的创造性。有效性意味着解释符合于文本所表现的含义(meaning)”①。这种符合一致还必须要与作者的意图关联起来,“倘若一个理论家想要挽救有效性这一理想,那么他也必须要挽救作者”②。赫施提出“保卫作者”,作者与文本的关系必须进入解释者的视野,有效的解释不能无视作者的意图。他批评了以下几种流行的观念:“驱逐作者”;“文本的含义在变化,甚至对于作者而言也是如此”;“作者的意指不重要,重要的只是他的文本说了什么”;“作者的意指不可企及”;“作者往往不清楚他意指什么”。进而认为,尽管我们不能钻进作者的头脑以便完全确定作者意图中的意指是什么,但不能把这种不可能性混同于理解本身的不可能性,“只有通过这样一种直接的比较,我才能确定作者的意指和我自己的理解是同一的”③。

为作者意图进行辩护的同时,赫施试图克服心理主义的缺陷。他指出,心理主义的错误在于把作者通过文本表达的含义等同于作者创作的心理过程。纵然含义具有意向性,包含着作者的意图,但赫施避免把它仅仅归为一种“意向类型”(willed type),而是更加强调它是一种“共享类型”(shared type),也就是说,作者所意指的语言含义是可分享、可再现、可复制的。“我这样做,就把对作者意向类型的强调变成了对作者和读者共同的类型体验的强调,这是同一枚硬币的另一面。如果说词义是一个能由语言符号传达的意向类型,那么

① E.D.Hirsch:*Validity in Interpretation*,New Haven and London:Yale University Press,1967,p.10.

② E.D.Hirsch:*Validity in Interpretation*,New Haven and London:Yale University Press,1967,p.6.

③ E.D.Hirsch:*Validity in Interpretation*,New Haven and London:Yale University Press,1967,p.17.

就得出,传达意向类型的可能性取决于解释者对该意向类型的在先体验,否则解释者就无法制造出意涵(implications),他也就无法知道,哪些意涵属于含义(meaning),哪些不属于。为了使交流传达得以发生,意向类型就必须是一个共享类型。换一种方式说,意向类型必须存在于众所周知的习俗之中,以便它能够被共享——这是共享概念从一开始就内在固有的要求。"①

语言和使用语言的主体相互作用,"正如语言构造着主体性,给主体性涂色(colors),主体性也给语言涂色"②,作者可以以一定的风格富有个性地使用语言,但语言同时也是公共的媒介,绝不是任由使用者所摆布的。语言固然也离不开人类整体的共同作用,有所发展变迁、因地因人因时而异,但它仍然具有自身的规范和使用习惯,具有不依赖于个别人的相对独立性,并且使在众多的潜在意涵中确定恰当的含义得以可能。在赫施那里,解释的有效性标准不在于作者的心理过程,而是作者的意指、意图和文本的含义,"任何有效的解释都奠基于对作者意指的再认识之中"③。这同时建立在主体间性和语言含义的稳定性、可传达性之上,作者的意图、文本的含义是稳定不变的,因而是可复制、可再现的。从认识论上来讲,客观知识是自然科学和精神科学的共同追求,诠释学不能放弃确定性、正确性的要求,获得准确的含义(meaning)是解释最为重要的目标,其余都是"二阶的",潜在的可能意涵(implications)、流转变迁的意义(significance)均以此为基础。赫施的这一主张带有很强的客观主义、实在论色彩,他对伽达默尔的批评在多大程度上站得住脚,还有待进一步考察(参见本章第二节)。

二、哈贝马斯:交往、批判与商谈

哈贝马斯的诠释学思想与其交往理论、意识形态批判理论和商谈伦理学

---

① E.D.Hirsch:*Validity in Interpretation*,New Haven and London:Yale University Press,1967,p.66-67.

② E.D.Hirsch:*Validity in Interpretation*,New Haven and London:Yale University Press,1967,p.225.

③ E.D.Hirsch:*Validity in Interpretation*,New Haven and London:Yale University Press,1967,p.126.

密切交织在一起。哈贝马斯旨在建立一种批判诠释学、“深层诠释学”(Tiefen-hermeneutik),他并不否认本体论诠释学有诸多贡献,但拒绝放弃反思和批判的方法,因为它们作为一种解放的力量,有利于促成无强制的交往共同体和普遍化的伦理道德规范。“交往”(Kommunikation)是这里的一个核心概念。在哈贝马斯看来,交往作为一种基本的社会文化生活形式,没有人能够摆脱交往关系和伦理关系,鲁滨逊的生活只是一种想象;理解、诠释活动也是以此为基础的。进一步来看,交往概念与语言、商谈密不可分,包含着主体间的相互承认和平等对话,承载着社会功能和伦理道德功能。

交往行为本身就具有诠释学的意义,它是指人与人之间的相互作用,以语言为媒介,通过对话,达到人与人之间的相互理解和一致。“所谓交往行为,是一些以语言为中介的互动,在这些互动过程中,所有的参与者通过他们的言语行为所追求的都是以言行事的目的,而且只有这一个目的。相反,如果互动中至少有一个参与者试图通过他的言语行为,在对方身上唤起以言取效的效果,那么,这种互动就是以语言为中介的策略行为。”①需要注意的是,哈贝马斯区分了工具、策略行为和交往行为。工具行为就是通常所说的劳动,它涉及的是人与自然的关系,策略性的行为表现为目的合理性的确定或手段的理性选择,或者二者的结合,遵循以经验知识为基础的技术规则。工具行为的合理化意味着技术控制力的扩大,技术的合理性变成了对人的统治的合理性。“工具理性行为模式的出发点在于:行为者主要关注的是要实现一定的目的。行为者选择他认为适合于一定语境的手段,并把其他可以预见的行为后果当作是目的的辅助条件加以算计。所谓达到目的,就是行为者所希望的状态在世界中出现了,而这种状态在一定语境中是计算的结果……如果我们从遵守行为规则的角度对以目的为取向的行为加以考察,并从对状态和事件的干预程度对它们加以评价,那么,我们就说这种行为是工具行为。但如果我们从合

① [德]哈贝马斯:《交往行为理论》第一卷,曹卫东译,上海人民出版社2004年版,第281页。

理选择规则的角度来考察它们,并从影响对手抉择的程度来对它们加以评价,那么,我们就说这种行为是策略行为。工具行为可能会和社会互动联系在一起,而策略行为本身就是社会行为。相反,如果参与者的行为计划不是通过各自的斤斤计较,而是通过相互沟通获得协调,那么,我们就说这是一种交往行为。在交往行为中,参与者主要关注的不是自己的目的;他们也追求自己的目的,但遵守这样的前提,即:他们在共同确定的语境中对他们的行为计划加以协调。因此,通过协商来确定语境,这是交往行为所需要的解释工作的重要组成部分。"①交往行为的合理化意味着人的解放和个体化,遵循主体间的相应规范,这些规范表现了主体之间对他人的期待。交往行为的参与者所提出的相互认可的合理要求,使共同行为取得一致成为可能。

交往与语言密切联系,以语言为媒介,交往行为在本质上是一种语言行为。哈贝马斯在奥斯汀语言行为理论②的基础上,区分出三重世界及其话语行为的有效性要求。通过语言言说的三种不同方式,语言行为者与不同的世界建立了不同的关系,通过对"客观世界"(外在实体的综合)中的某物的言说

① [德]哈贝马斯:《交往行为理论》第一卷,曹卫东译,上海人民出版社 2004 年版,第 273 页。

哈贝马斯将三种行为的关系用下图表示:

行为语境 \ 行为取向	以目的为取向	以沟通为取向
非社会的	工具行为	—
社会的	策略行为	交往行为

② 奥斯汀区分了以言表意行为(lokutionäre Akte)、以言行事行为(illokutionäre Akte)和以言取效行为(perlokutionäre Akte)。所谓以言表意行为,是言语者表达了事态,有所表达,即用句子表达某种思想。所谓以言行事行为,是指言语者在言说过程中完成了一个行为,句子在被说出时带有某种力量,以言行事作用决定了命题的形式,比如断言、命令、承诺、坦白等。在以言取效行为中,言语者追求的是在听众身上发挥效果,言语者通过完成一个言语行为,对世界中的人或事物发挥了影响,例如"他阻止我那样做"。这三种行为,可以概括如下:有所表达;通过表达有所行动;通过表达,有所行动,进而有所生效。奥斯汀在于表明这样一个中心思想,"说话就是做事"(To say something is to do something),说话就是人们在具体场合下完成的一种类似身体活动的行为,即言语行为,言语行为是人类行为的一部分。

(真实性陈述),与作为自然的外部世界发生关系;通过对"社会世界"(合法调节的人际间关系的总体)中的某一情态的言说(正确性言说),与别的行为者发生关系;通过对"主观世界"(个人内心情感或体验)中的事态的言说(真诚性言说),与自我发生关系。在以上三种语言运用方式中,言说对象的不同决定了言说者与"世界"的不同类型的关系。言语行为的有效性具有三个要求:陈述的真实性(propositionale Wahrheit)、规范的正当性/正确性(normative Richtigkeit)和表达的真诚性(expressive Wahrhaftigkeit)①。这些要求集中到一点,其实就是合乎理性。交往行为反思地同客观世界、社会世界和主观世界相关联,所以每个行为者都会明确或不明确地提出所有三个对应的有效性要求。在论及客观世界时,陈述应是真实的;论及社会世界时,陈述应是正确的;论及主观世界时,陈述应是真诚的。哈贝马斯特别指出,在言语行为中,三个有效性要求总是同时浮现,即使一个语言表达只是主题性地使一个有效性要求凸显出来,三个有效性要求在一个交往行为中仍然同时被要求。例如,当一个听者接受一个论断的真实性,但同时又怀疑言说者的真诚性或怀疑表达的正当性时,一致的协议是不可能达成的。在现实交往中,三个有效性断言能够提出、接受或被反驳,这都是理性的言说过程。

无强制交往是一种理想化的目标,现实生活领域中的交往极有可能是非正常的、虚假扭曲的、受意识形态遮蔽的,因此就需要分析、反思和批判,把交往和语言使用拉回到正常的轨道上来,这其实就是一个批判诠释的过程。"诠释学探讨一

---

① 它们之间的关系如下表:

世界	有效性要求	话语行为
客观世界	真实性	断言式
社会世界	正当性/正确性	调节性
主观世界	真诚性	表达式

种我们获得的能够‘掌握’某种自然语言的‘能力’，即理解语言上可交往的意义，以及在交往被曲解的各种情况下使得这种意义可被他人理解的艺术。”①

与其他方法论诠释学相比，哈贝马斯的诠释学不仅强调认识论、方法论的层面，即获得对文本含义的正确认知，而且涉及政治、伦理、道德。在这里，交往、行动、语言、理解、商谈、对话等交织在一起，语言和实践相互联系，语言和行动相互解释，“一种诠释的理论性是充满了实践性的，它包含了社会的‘交互行动’（Interaktion）以及由此而产生的多样性判断”②。小到以精神分析帮助病人恢复正常交往，大到社会通过理性批判摆脱传统、权威和强权的束缚，促成无强制的交往共同体和普遍化的伦理道德规范，这些都属于批判诠释学要思考的内容。批判诠释学既是技术的、方法的，又是实践的，它囊括心理学、精神分析、社会科学的实证方法，也强调公开运用理性，进行商谈、论证、反思和批判，在此过程中揭露意识形态的虚假性，改造和超越传统，实现人的解放。哈贝马斯指出，在现代社会中，工具理性过于膨胀，以至于它以强大的渗透力直指生活世界的交往理性，造成生活世界的殖民化和交往理性的异化，带来社会的非理性化。因此，重建交往理性以避免工具理性的侵蚀显得十分必要。他进一步提出“商谈伦理学”，这种伦理学致力于向社会提供一个互相理解、为交往共同体成员所认可的道德规范体系。具体有以下要求：（1）创造理想的话语环境。商谈伦理应该创造一种理想的话语环境，在其中，每一个进入话语论证的人都必须严格遵守四项条件③，任何在这些条件下达成的共识都应

---

①　［德］哈贝马斯：《诠释学的普遍性要求》，载《理解与解释》，洪汉鼎主编，东方出版社2001年版，第269页。

②　潘德荣：《西方诠释学史》，北京大学出版社2016年版，第431页。

③　这四项条件分别是：（1）一种话语的所有潜在参与者均有同等参与话语论证的权利，任何人都可以随时发表任何意见或对任何意见表示反对，可以质疑或反驳质疑。（2）所有话语参与者都有同等权利做出解释、主张、建议和论证，并对话语的有效性规范提出疑问、提供理由或表示反对，任何方式的论证或批评都不应遭到压制。（3）话语活动的参与者必须有同等的权利实施表达式话语行为，即表达他们的好恶、情感和愿望。（4）每一个话语参与者作为行为人都必须有同等的权利实施调节性话语行为，即发出命令和拒绝命令，做出允许和禁止，做出承诺或拒绝承诺，自我辩护或要求别人做出自我辩护。

当视为真正的共识。(2)将商谈伦理的基本原则运用到道德和法律领域。只有得到理性话语参与者赞同的行为规范,才具有有效性;“道德规范”具有“应该的有效性”(Sollgeltung),法律规范具有“事实有效性”(faktische Geltung),二者的统一基础就是商谈伦理的根据原则。只有按照交往理性的要求,一个社会或语言共同体的成员才能达到对客观事物的共同理解,建立大家认同一致的伦理道德规范,保持和谐的人际关系,维护生活世界的合理结构。这也是判断一个社会在总体上是否符合理性的根本标志。在此基础上,哈贝马斯认为,重建交往理性的唯一途径便是在生活世界和公共生活(包括政治和经济生活)中实现符合交往理性的“话语意志”的平等和自由:不论话语活动的参与者社会政治、经济地位如何,在不允许使用权力和暴力的前提下,每一个人都应享有平等的发言权。(3)程序理性(Verfahrensrationalität)。在规范的制定中,通过反复论证达成一种公正的话语规则和程序,使合理的交往前提得以体制化,目的是使交往共同体中的所有人都获得平等的话语权利,每个人的话语都得到同等程度的重视。而公正的规则和程序的关键,在于在话语实践中,防止权力的滥用,摒弃暴力的干预。“哲学应当仅限于澄清道德视角和民主程序,仅限于分析理性话语和协商的前提条件。”①建立公正的程序,包括三个组成部分,即话语论证的程序、决策程序和法律程序,其核心是话语程序,在话语程序中,人们通过理性论证对问题做出回答。(4)真理共识论。在哈贝马斯那里,真实性是体现在以言表意话语行为中的一种有效性要求,他借用了斯蒂芬·图尔敏(Toulmin)的论证,这种理论的出发点是,真实性必须在行为的关联中来考察,真实性要求只能在话语中实现。所谓真实,仅仅是人际语言交往的一种有效性要求;所谓真理,不过是这一要求的实现。真理应该定义为“话语主体通过语言交往而达成的共识”,真实和真理的检验并非客观性,而是主体间性。在哈贝马斯看来,“话语真实性的判断标准只能是它的主体间性。即是说,只有在话语主体

① [德]哈贝马斯:《包容他者》,曹卫东译,上海人民出版社2002年版,第85页。

的交往对话中,话语的真实性才能得到检验。当所有人都进入平等对话,并就同一话语对象进行理性的探讨与论证,最后达成共识时,该话语才可被看作是真实的。因此,真实性乃是话语交往中的三种有效性要求之一以及这一要求的实现。当然,为了达成有效、真实的共识,每一个话语主体还必须从理性动机出发,严格遵循普遍认同的话语规则和论证程序,表现出共同探求真理的真诚态度和愿望。综合起来,符合交往理性的话语活动,必须实现刚才提到的三大有效性要求,即真实性、正确性和真诚性。"①(5)意识形态批判。哈贝马斯始终没有远离批判反思这一原则,要保证每个人都有平等的话语权利和自由,彼此间相互尊重,就必须在话语交往中摒弃权力和暴力的使用(包括防止集体暴力),而要实现这一目标,关键是建立公正、合理的话语规则与程序。"当话语的整体和同一性,即所谓共识,通过反民主、不公正的程序,领先权力和暴力手段建立起来时,它便是虚假的,压抑个性的;而当它以主体间自由认同的方式,通过民主和合理的程序达成时,它便是对压制和统治的否定,便是真实的,因为它排除任何强权与暴力的使用,维护了个体的自由权利,体现了大多数人的意志。我所提出的话语伦理学,所主张的恰恰是话语的共识必须满足以下条件:每一个有语言和行动能力的主体在自觉放弃权力和暴力使用的前提下,自由、平等地参与话语的论证。"②"通过公正和合理程序达成的、符合有效性要求的话语共识,绝不会成为'多数人话语的暴政',因为在话语论证过程中,每一主体的话语权利都在程序和规则上得到保证,都能充分地得到行使。这里唯一起作用的是论证的合理性和正确性,而舍弃的恰恰是话语的霸权,维护的恰恰是话语的民主和自由。"③但这其中包含着悖论:一方面,为了确保每一话语主体享有平等、自由的话语权利,必须制定合理的规则和程序,以消解话语霸权;另一方面,我们看到,在现实政治中,只有拥有了权力才能制

① 章国锋:《哈贝马斯访谈录》,《外国文学评论》2000 年第 1 期。
② 章国锋:《哈贝马斯访谈录》,《外国文学评论》2000 年第 1 期。
③ 章国锋:《哈贝马斯访谈录》,《外国文学评论》2000 年第 1 期。

定程序和规则,它们本身就是统治的行使。为克服这一悖论,哈贝马斯指出,话语的程序和规则必须得到法律的体制化保障,绝不能在少数掌权者的操纵下制定,这种论证过程应当排除权力的干涉和暴力的威胁。自由只能通过如下途径来实现,即自主的、社会化的个人必须将他的需要和好恶同现在的规范体系协调起来,并使这种需要和好恶在其中得到体现。而这种实现只有在话语伦理的程序和规则基础上才有可能。

综上所述,在贝蒂和赫施那里,理解的客观性、正确性和有效性是诠释学的最大诉求,诠释学要致力于建立系统的方法原则,以保障人文精神科学领域知识的可靠性,在此意义上,他们又回归了方法论诠释学的传统。哈贝马斯亦试图通过批判反思的方法破除意识形态,矫正扭曲的理解,建立无强制的交往共同体和普适的社会规范,批判诠释学在这里充当一种手段、方法和程序,不具有本体论的性质。总之,他们的诠释学与伽达默尔的本体论诠释学大异其趣,因此,他们在各自发展自己诠释学理论的同时,也展开了激烈的论争。

第二节　哲学诠释学和方法论诠释学的交锋

当代方法论诠释学与哲学诠释学交相辉映,国内学界对后者的引介远远多于前者,因而常常导致后者一统天下的误解。实际上,这两条诠释学路向相互激荡,产生多次理论交锋,双方的观点通过深入的辩论得到进一步的澄清和修正。

一、关于含义的同一性问题

在文本含义的同一性问题上,贝蒂、赫施与伽达默尔展开了激烈的论争。从时间顺序来看,贝蒂 1955 年即以意大利文发表《关于解释的一般理论》,这一方法论诠释学的巨著早于《真理与方法》(1960 年)五年之久,1967 年贝蒂将之译成德文出版(参见上文),值得注意的是,此书的德文版加入了很多对伽达默尔哲学诠释学的援引和评论,而他在 1962 年发表的小册子《作为精神科学一般方法论的诠释学》中则有不少关于哲学诠释学的讨论,主要是论战性的。伽达默尔显然也熟悉贝蒂的方法论诠释学,并在《真理与方法》的再版和其他论文中不断与之对话,甚至还在 1978 年撰文《贝蒂和观念论的遗产》(Emilio Betti und das idealistische Erbe)发表在《佛罗伦萨法学杂志》(*Quaderni Fiorentini* 7)上。赫施的《解释的有效性》发表于《真理与方法》之后,即 1967 年,此书附录中有很大篇幅对哲学诠释学质疑,在 1976 年出版的《解释的目的》中批评伽达默尔是一种历史相对主义,而伽达默尔在《真理与方法》的再版和其他论文中对赫施做出了回应。

论战双方的分歧主要聚焦于,在理解中能否达到含义的同一性。赫施认为,伽达默尔的错误在于,没有将含义(meaning)和意义(significance)区分开来,没有将文本本身的含义和文本在历史关联中的意义区别开来;作者在文本中所意指的含义始终是保持同一的(identical),而文本在不同的历史文化语境的意义可以发生变化。赫施坚持捍卫传统的诠释学立场,理解者应当追寻解释的正确性、有效性。“如果他的有效性之要求站得住脚,他就必须使其解释以某个真正的标准为尺度。他所提出的令人信服的唯一规范原则就是那个过时的理想,即正确地理解作者所意指的东西。因此,关于再认识性的解释(re-cognitive interpretation),我的例证并不是立足于强大的道德论据上的,而是基于这样的事实:它是唯一的解释类型,它有确定的对象,因而它也是唯一能够提出有效性要求的解释类型,无论在那个术语(再认识性的解释——笔者注)的直接意义上还是实际可行的意义上。”①赫施仍然将诠释学牢牢锁定在认识论、方法论的层面上,从而解释活动的目的就是再认识,正确性、有效性是不可回避的问题,而正确性的标准就是含义的同一性、可复制性,无可否认,

① E.D.Hirsch:*Validity in Interpretation*,New Haven and London:Yale University Press,1967,p. 26-27.

作者所意指的词义会受到历史变迁的影响而发意义变化，但这正是解释活动需要解决和澄清的问题。“我必须指出，作者意指的词义是确定的、可复制的”，“再认识性的解释探寻作者的意指，这种观点应当成为其他一切解释目标的基石”①。赫施所谓的含义同一性具有很强的实在论色彩，亦即：这种同一性是一种不可动摇的实在，它是客观的、同一的，不依赖于主体，并且对他而言以往关于理解与解释的区分仍然有效，诸多不同的解释、诸多不同的意义可以同时指向一种绝对同一的含义，而不像伽达默尔所主张的，理解、解释和应用互相渗透。“因此，当我说词义是确定的，我的意思是它是一个自身同一的实体（entity）。而且，我的意思也是说，它是一个从这一刻到下一刻总是保持相同、没有变化的实体。”②赫施要求解释的有效性，这一要求植根于含义的同一性，同一文本在不同历史文化语境中会出现不同的解释，而含义的同一性构成了解释正确性的尺度和标准，以此比较、检验各种不同的解释，这是诠释学的规范性要求。

类似地，贝蒂也批评伽达默尔的理解概念中推出的只是意义的变迁，至多只是达成一致（Verständigung），漠视了对含义的同一性、客观性和正确性要求。“我认为，伽达默尔提出的诠释学方法具有的明显困难在于，虽然它为本文与读者之间，即本文表面容易接近的意义和读者的主观想法之间取得内容一致性提供了可能，但并不保证理解的正确性；因为理解必须要达到与作为心灵客观化物的本文所根深的意义完全符合。只有这样，结论的客观性才被保证是基于可靠的解释过程。我们很容易证明他所设想的方法不能要求成就客观性，并且它只涉及所欲的理解的内在融贯性和彻底性”③。他认为，伽达默

① E.D.Hirsch：*Validity in Interpretation*，New Haven and London：Yale University Press，1967，p.27.

② E.D.Hirsch：*Validity in Interpretation*，New Haven and London：Yale University Press，1967，p.46.

③ ［意］贝蒂：《作为精神科学一般方法论的诠释学》，载《理解与解释》，洪汉鼎主编，东方出版社2001年版，第154页。

尔的错误在于混淆了历史解释的诠释学过程与一种受具体境遇所规定的意义推论，混淆了理解的可能性条件与理解的对象，从而无视诠释学对象作为精神客观化物的自主性，对文本的含义认识持主观主义立场，为主观任意的解释开了方便之门。贝蒂在一定程度上克服了诠释学的心理主义色彩和天真的实在论色彩，不再强调通过心理移情等方法回溯到作者的原意，而是把解释的对象主要锁定为精神的客观化物和富有意义的形式，“我们并不研究任何客体，而只研究精神的客观化物，所以进行认识的主体的任务就在于重新认识这些客观化物里的激动人心的创造性的思想，重新思考这些客观化物里所蕴含的概念或重新捕捉这些客观化物所启示的直觉。由此推出，理解在这里就是对意义的重新认识（re-cognition）和重新构造（re-construction）”①。我们看到，贝蒂实际上仍然主张一种还原论的立场，即还原被解释对象的原义，即使不是机械地复制，也是发挥理解主体的创造性重新构造出原义，为此，他提出了解释的三要素之统一和解释的四大规则，解释过程是解释者、有待被理解的精神和富有意义的形式三要素的统一，为了达到解释的客观性，应当遵循诠释学对象自主性规则、意义融贯性规则（整体规则）、理解的现实性规则和意义符合规则（参见上文）。确切地说，贝蒂对伽达默尔的批评归根到底在于后者没有区分事实问题（quaestio facti）和法权问题（quaestio iuris），法权问题涉及辩护、合法性，“这问题并不旨在查明在解释中表现出的思想活动里实际发生的东西，而是旨在找出我们应当做什么——即我们在解释任务中应当致力于什么，在正确执行这一任务时使用什么方法以及遵循什么指导原则。”②尽管伽达默尔提出，时间距离具有过滤作用，能够区分真假前见，但这并不能使贝蒂满意，这种区分不能避免客观性失落的结果，它“依赖于自我欺骗，也就是说，它并不为

---

① ［意］贝蒂：《作为精神科学一般方法论的诠释学》，载《理解与解释》，洪汉鼎主编，东方出版社 2001 年版，第 129 页。

② ［意］贝蒂：《作为精神科学一般方法论的诠释学》，载《理解与解释》，洪汉鼎主编，东方出版社 2001 年版，第 160 页。

理解的正确性提供一种可靠的标准”①。贝蒂主张,诠释学必须要解决理解的认识论问题,完成意义的传递与转换,诠释过程就是创造过程的倒转,真实性、可靠性是不可或缺的向度。

无论赫施还是贝蒂,他们的诠释学都主要基于一种符合论意义上的真理观,文本被视为解释者面前的自在对象,其含义已然确定,自身同一,现成存在,解释的正确性、有效性就在于符合这种同一性的含义。

伽达默尔在《真理与方法》中已经预先探讨了相关问题,并在与他们的理论交锋中进一步发展了自己的诠释学主张。首先,他在《真理与方法》第二版序言中重申方法论问题不是他探究的根本目的,其理论旨趣不同于贝蒂,他要证明的是理解的真实运作过程如何,亦即效果历史运动。其次,伽达默尔认为,追求抽象的含义同一性是一种天真的客观主义,“倘若从超立场的立场出发去思考问题的真正同一性,这种超立场的立场乃是一个纯粹的幻觉”②。不存在这样一种抽象的同一性,理解总是不同的理解,它“绝不可能固定于一种僵死的同一性之中”③。尽管贝蒂已提出“辩证的同一性”(dialektische Identität),但在伽达默尔看来,这种同一性并没有真正摆脱心理主义和实在论的色彩,因为贝蒂仍然要求理解者借助于心理工具实现作者创作过程的倒转。他一方面要求避免主观意见达到正确的理解,“另一方面仍然如此紧密地跟随着施莱尔马赫所创立的‘心理学解释’,以至于他的诠释学立场总是面临再度模糊的危险。他如此努力地克服心理学的狭隘,并将重构价值和意义内容之间的精神联系视为任务,却也只能够通过一种类似心理学解释的方式才能为所提出的这种真正的诠释学任务进行奠基。”④最后,伽达默尔在同一性问

① [意]贝蒂:《作为精神科学一般方法论的诠释学》,载《理解与解释》,洪汉鼎主编,东方出版社2001年版,第153页。

② Gadamer:*Wahrheit und Methode*:*Grundzüge einer philosophischen Hermeneutik*, GW Bd. 1, Tübingen:Mohr,1990,S.381.

③ Gadamer:„Dekonstruktion und Hermeneutik“,in:GW Bd.10,Tübingen:Mohr,1995,S.141.

④ Gadamer:„Hermeneutik und Historismus“,in:GW Bd.2,Tübingen:Mohr,1993,S.393.

题上做出一定调整,亦即:不放弃对同一性的追寻,同时力图协调同一性和多元化,不应把作品的同一性和理解的开放性、多样性绝对对立起来。“再认识即理解的同一性的起点是作品的规定性,这种规定性还决定着同一性是与变化和差别紧密相连的。任何作品几乎为每一个接受它的人让出了一个他必须填充的游戏空间。”①

二、批判之方法 vs.效果历史之本体

20 世纪六七十年代,哈贝马斯和伽达默尔关于诠释学曾有若干回合的争论,在学界引起很大反响,相关文章被收入《诠释学与意识形态批判》(*Hermeneutik und Ideologiekritik*)这一论文集中。按照时间顺序,我们将主要的线索梳理如下:(1)伽达默尔于 1960 年发表其哲学诠释学的代表作《真理与方法》;(2)1967 年,哈贝马斯所著《论社会科学的逻辑》(Zur Logik der Sozialwissenschaften)(在伽达默尔 1953 年创办的杂志《哲学评论》)(*Philosophische Rundschau*)上作为附刊(Beiheft 5)发表,后又于 1970 年在苏坎普出版社(Suhrkamp Verlag)出版,这部著作中有不少篇幅涉及伽达默尔的哲学诠释学,后来在此基础上写成书评《评伽达默尔的〈真理与方法〉一书》(Zu Gadamers *Wahrheit und Methode*),发表在 1971 年出版的《诠释学与意识形态批判》之中;(3)伽达默尔 1967 年完成《修辞学、诠释学和意识形态批判》(Rhetorik, Hermeneutik und Ideologiekritik)一文,对哈贝马斯的《论社会科学的逻辑》做出了回应,这篇文章也收录于《诠释学与意识形态批判》;(4)1970 年,哈贝马斯在庆祝伽达默尔 70 寿辰的论文集《诠释学与辩证法》(*Hermeneutik und Dialektik*)中发表《诠释学的普遍性要求》(Der Universalitätsanspruch der Hermeneutik)一文,后收入《诠释学与意识形态批判》,此文包含对《修辞学、诠释学和意识形态批判》的回应,哈贝马斯一方面承认伽达默尔哲学诠释学的重要贡献,但同时也

① ［德］伽达默尔:《美的现实性——作为游戏、象征、节日的艺术》,张志扬等译,生活·读书·新知三联书店 1991 年版,第 41—42 页。

提出诸多尖锐批评;(5)针对哈贝马斯的批评,伽达默尔 1971 年撰写专文做出回应,题目即为《回应》(Replik),首次发表在《诠释学与意识形态批判》之中①,至此,这场旷日持久的学术论战算是暂告一段落。

一方面,哈贝马斯看到哲学诠释学的积极贡献及其重大影响,他在《诠释学的普遍性要求》一文中将之概括为四点:(1)摧毁了客观主义者有关传统人文科学的自我理解;(2)使社会科学注意到在它们研究对象的符号前结构化中产生的问题;(3)影响了科学主义对自然科学的自我理解;(4)会被应用到具有重大社会意义的领域,即把重要科学信息翻译成社会生活世界的语言。②另一方面,哈贝马斯又认为哲学诠释学存在许多弊端和局限,伽达默尔趋同一致的诠释学努力很可能只是无效交往、伪交往而被迫产生的结果,而这与他的"反方法论"立场有关。

哈贝马斯对伽达默尔批评的焦点主要在于忽视方法、前见的"保守性"以及语言唯心论问题。他认为,伽达默尔使真理与方法对立起来,把前见、传统提升到本体论的高度,把真理与传统密切绑定在一起,使真理弱化为效果历史和历史的效果,同时语言的本体论化也导致把传统语境看作一种实在的东西,缺乏反思批判性。"'真理'和'方法'的对峙,似乎不应该诱导伽达默尔把诠释学的经验同整个方法论的认识抽象地对立起来。"③尤其在社会科学、行为科学等领域,不可避免地要把经验分析的方法和诠释学的方法结合起来。诠释学具有社会学意义,不能局限于单纯的文化传统层面,它与由语言、劳动和统治构成的整个系统密切相关。哲学诠释学只适用于较为狭窄的文本理解、

---

① 这篇文章后被收入伽达默尔《著作集》(*Gesammelte Werke*)第 2 卷和《短论集》(*Kleine Schriften*)第 4 卷中,题目稍做改动,分别为 Replik zu Hermeneutik und Ideologiekritik(《对诠释学和意识形态批判的回应》)和 Replik zu „Hermeneutik und Ideologiekritik"(《对"诠释学和意识形态批判"的回应》)。下文所引的中译版《答〈诠释学和意识形态批判〉》即是这一篇文章。

② 参见[德]哈贝马斯:《诠释学的普遍性要求》,载《理解与解释》,洪汉鼎主编,东方出版社 2001 年版,第 275—276 页。

③ Habermas:„Zu Gadamers‚Wahrheit und Methode'", in:*Hermeneutik und Ideologiekritik*, Frankfurt am Main:Suhrkamp,1971,S.46.

文化理解之范围，并且预设了正常交往和日常语言的前提，在不可理解性、误解、交往扭曲占主导地位的情况下，以及在具有实证维度的社会科学领域，哲学诠释学的理解概念就显得非常局限了。哈贝马斯借鉴精神分析学，要求诠释学运用意识形态批判的方法，揭示虚假的交往和扭曲的理解。“在深层诠释学运用交往能力过程中，实际上存在着一贯被曲解的交往的现象，关于这种交往的种种条件隐含的知识，就已经足够使我们对伽达默尔（遵循海德格尔）提出来的哲学诠释学之本体论的自我理解，提出疑问。”①

在对待传统问题上，哈贝马斯认为伽达默尔过于保守，“伽达默尔对传统所证实的前见之权利持有一种前见/偏见，剥夺了反思的力量，而反思的力量表现为，它也能够拒绝传统的要求。实体性消融于反思之中，因为反思不仅能证明，也能打破教条的特权。”②诠释学应当有意识地对前见进行检验，这意味着与传统、权威保持距离，从传统的教条束缚中解放出来，“被显明的前见结构，就不可能再以前见的形式发挥作用”③。传统这一语境，往往包含着非真理和强制的轨迹，伽达默尔的那种“对话”可能根本就不是对话，“我们从深层诠释学体验中认识到，传统语境的武断不仅一般地受语言客体性的支配，而且也受种种抑制力量的支配，也就是这些抑制力量使同意本身的主体间性变形，并一贯地歪曲日常交往”④。深层诠释学能够澄清扭曲交往的不可理解性，深层诠释学的理解不像哲学诠释学那样总是从一种来自传统的前理解开始，而是“要求有一种总的来说扩展到语言之上的系统的前理解”⑤，这个系统就是

---

① ［德］哈贝马斯：《诠释学的普遍性要求》，载《理解与解释》，洪汉鼎主编，东方出版社2001年版，第295页。

② Habermas: „Zu Gadamers, Wahrheit und Methode ‘ “, in: *Hermeneutik und Ideologiekritik*, Frankfurt am Main: Suhrkamp, 1971, S.49–50.

③ Habermas: „Zu Gadamers, Wahrheit und Methode ‘ “, in: *Hermeneutik und Ideologiekritik*, Frankfurt am Main: Suhrkamp, 1971, S.49.

④ ［德］哈贝马斯：《诠释学的普遍性要求》，载《理解与解释》，洪汉鼎主编，东方出版社2001年版，第297页。

⑤ ［德］哈贝马斯：《诠释学的普遍性要求》，载《理解与解释》，洪汉鼎主编，东方出版社2001年版，第292页。

囊括了交往、语言、劳动和统治的整个系统。语言作为交往媒介也包含意识形态的层面,也是统治和社会权力的媒介,要探明理解的真理,诠释学的重要工作之一在于以批判反思的方法考察语言和交往,进行意识形态批判,矫正扭曲的交往,重新建立正常的交往以及对正义生活的预期。

对于上述批评,伽达默尔在某些方面同意哈贝马斯的观点,承认诠释学需要反思批判的方法,但同时他只是把意识形态批判视为一个不充分的要素,置于本体论的哲学诠释学之下。在与哈贝马斯的争论中,伽达默尔仍然坚持原来的基本立场:效果历史意识更多的是存在(Sein),而不是意识(Bewusstsein),"本体"、实体超越了个体的反思活动;他又强调,"但这不意味着,离开持续不断的意识活动能够摆脱意识形态的僵化"①。伽达默尔认为,在理解的对话中从来就不缺乏对前见的矫正,每一次理解和解释都会使某些前见发挥作用,接受检验,在理解中区分真假前见。哈贝马斯以精神分析为例说明反思的重要性和意识形态批判的重要性,伽达默尔则指出这并不是诠释学意义上的对话,更不能把这种模式应用于社会生活,"只要解放性的反思工作是以职业的责任性进行,病人和医生就可以在确定的社会角色游戏中进行游戏并被局限于这种社会角色游戏。如果越过医生治疗的范围并在解放性的反思中把他人的社会意识作为'病态的'来'处理',这就不可能属于医生的社会合法性"②,诠释学境遇中的对话伙伴关系是实践性质的,同分析、治疗中的认知、技术和方法是大不相同的。"在诠释学实践与其训练中总是有一种效果历史因素在共同规定理解者的意识,这就使它与一种纯技术的可学性相区别,虽说可以把这种技术叫作社会技术或批判的方法"③,并且这种批判的力量永远都只是一种有限的力量。

---

① Gadamer:„Rhetorik, Hermeneutik und Ideologiekritik. Metakritische Erörterungen zu ‚Wahrheit und Methode'", in: *Hermeneutik und Ideologiekritik*, Frankfurt am Main: Suhrkamp, 1971, S.78.

② [德]伽达默尔:《答〈诠释学和意识形态批判〉》,载《理解与解释》,洪汉鼎主编,东方出版社2001年版,第389页。

③ [德]伽达默尔:《答〈诠释学和意识形态批判〉》,载《理解与解释》,洪汉鼎主编,东方出版社2001年版,第405页。

不过,伽达默尔的这一条反批评实际上在哈贝马斯后来的交往行为理论和商谈伦理学中得到克服(参见上文),毋宁说表明了他们通过理论交锋取得某种程度的一致。哈贝马斯把商谈、对话、论证看作交往行动分化出来的独特形式,它是一个更高的阶段,对话伙伴之间以相互承认为前提,是一种辩证的角色结构,他们并非扮演固定的角色,如同医生和病人、教育者和被教育者,也不是独白式的言语,而是倡导理性的探讨,通过争论、批评、协商等达到共同认可的真理和社会规范。

第七章　走在理解的途中

回顾诠释学的发展史脉络，可以清晰地看到理解问题从“方法”到“本体”的转向，而在当代，方法论诠释学与哲学诠释学交相辉映、相互激荡。有待进一步追问的是，哲学诠释学在批评方法论的同时，它本身是否开启了另一种不同的方法论路向，即一条通往真理的“内在的”诠释学方法论之路。在此基础上，我们有必要将目光转向自身的诠释传统，中国无疑有着悠久的解经传统和诠释实践，我们将考察：参照西方诠释学，当代华人学者做出了怎样的反思与建构，他们为中国诠释传统的现代转型提供了怎样的方案。最后，我们尝试探索一种关于理解概念的更加综合、普适的界定。

第一节　探索新的可能性：一种反方法的方法？

从根本上说，伽达默尔所批评的现代科学方法论之局限性，其实质可归结为“外在方法论”，这种“外在的”方法把研究对象看作直接现成的、事先被给予的，方法在内容之外，方法的行动同事物自身相异，只是作为抽象的外在形式。从哲学诠释学中则可以引申出一种内在的方法论路向。

一、哲学史上的“外在方法论”批评

对外在方法论的反思和批评并非肇始于伽达默尔，亦不始于维柯和狄尔

泰为人文科学、精神科学探索新方法，而是早就见诸他们之前的哲学发展史之中。

当现代科学方法论的大潮涌现并成为主流的思维方式时，同时也产生了批判性反思的萌芽，并以不同的样态在其后的德国古典哲学中浮现出来。斯宾诺莎可谓是一个代表，他虽然推崇现代科学方法，尤其是数学、几何学方法，但他已开始反思方法论本身的问题，并着手批评外在的方法论。斯宾诺莎看到，方法论中存在一个悖论，如果我们要证明一个方法是正确的，首先要证明我们用以证明这个方法的方法是正确的，如此循环没有止境。他于是解答了如何获得方法论的方法问题，他把方法论比作工具，并且是原初的工具，它制造其他工具，而不是被另一种工具制造出来的。方法论告诉人们什么是证明的正确途径，它本身是不能也不需要被证明的。因此，方法论只能是反思性的，它不能在研究内容之前或者之外获得，而只能在对研究内容的反思中获得。在他看来，正确的方法是对真理本身的反思，“方法不是别的，只是反思的知识或观念的观念。因为如果不先有一个观念，就不会有观念的观念，所以如果不先有一个观念，也就会没有方法可言。所以好的方法在于指示我们如何指导心灵使依照一个真观念的规范去进行认识。”①真观念就是这种天赋的工具，它既是正确思想的出发点，也是方法论的前提，它是对一定的思想内容的反思，又是判断这一思想内容是否为真的标准。“所以真的方法不在于寻求真理的标记于真观念既已获得之后，而真的方法乃是教人依适当次序去寻求真理本身、事物的客观本质或事物的真观念的一种途径。”②斯宾诺莎的方法论是纯理智的，反思不需要外部的感觉经验，只与观念之间的比较有关，但是他并没有否认真观念与外部对象之间的符合一致，真观念必定符合它的对象。一般来说，唯理论者并不否认思想与外物的符合，但是他们把这种符合建

---

① ［荷］斯宾诺莎：《知性改进论》，贺麟译，商务印书馆 1986 年版，第 31 页。

② ［荷］斯宾诺莎：《知性改进论》，贺麟译，商务印书馆 1986 年版，第 30 页。

立在观念与观念之间的一致的基础上。“而正确的方法就在于认识什么是真观念”①。由此可见,斯宾诺莎并非简单地从外界拿来一种方法并加以应用,他反对把方法看作外在于知识本身的工具,好像认识主体可以随手取来、随手放回,而是追问“原初的方法”“原初的工具”,反思方法与真理的内在相关性,有意识地开启了一种内在方法论的思路。

继斯宾诺莎和维柯(参见第一章第二节)之后,德国古典哲学中尤其是康德和黑格尔也对方法问题进行了富有洞见的反思,尽管二者都怀着与现代科学方法论同样的理想,使形而上学、哲学成为“科学”(Wissenschaft),但他们又都看到,数学、自然科学的方法不适合运用于哲学,不可能通过这种方法来实现哲学的科学性和精确性。

康德对方法论问题的思考主要包括以下几点:首先,方法应在研究之后形成,而不是研究之前就有的现成工具。康德提到当时流行的分类,即关于普遍逻辑和特殊逻辑的区分②,他称前者为基本逻辑(Elementarlogik),后者为工具论(Organon),前者是绝对必然的知性规律,后者研究具体科学的规则。“工具论在学校里大多是作为各门科学的入门课而排在前面,虽然按照人类理性的进程它是最后的,人类理性只有在一门科学早已完成、只须最后一道工序加以修正和完善时才能达到它。”③康德强调,尽管工具论往往被排在各门科学之前进行学习,但实际上它是在科学研究之后才真正形成的。“当时欧洲大学里流行的做法是在讲授一门课程时先讲一套学习这门课程的工具,也就是方法指南,就像做一件事必须先把工具准备好一样,康德对这一套非常反感。

① [荷]斯宾诺莎:《知性改进论》,贺麟译,商务印书馆1986年版,第30页。

② “因为康德当时讲‘逻辑学’用的是沃尔夫派的迈埃尔教授的官方统编教材,康德必须这样来介绍。但按照康德自己的意思,这种‘特殊运用的逻辑’严格说来是不能称之为逻辑的,逻辑本身只可能是普遍的。但康德又不好在课堂上过于公开唱反调,所以只好在介绍一番以后接下来就说自己的观点,因此看起来《逻辑学讲义》中很多地方的说法似乎是自相矛盾的。《纯粹理性批判》中也有这种情形,不过更隐晦而已。”(邓晓芒:《康德〈纯粹理性批判〉句读》,人民出版社,2010年,第246页)

③ [德]康德:《纯粹理性批判》,邓晓芒译,人民出版社2004年版,第52页。

他认为一门科学的方法只应该在最后得到阐明，所以他的《纯粹理性批判》的'方法论'部分是在最后才提出来的。后来黑格尔也沿用了这种处理方式，他的《逻辑学》直到最后的'绝对理念'部分才谈方法。"[①]由此可见，康德绝不认为自己的纯粹理性批判是这种意义上的工具论，相反它是这种工具论的前提和基础，"尽可能为这类知识的一种工具论做准备"[②]，实际上，他把自己的纯粹理性批判当成一种原初的内在的方法、方法的方法。康德在阐明上述流行区分（普遍逻辑和特殊逻辑）的基础上进一步提出自己的先验逻辑，与普遍的形式逻辑相比，先验逻辑包含着知识内容，亦即包含对一个对象的纯思维的规则，同时它又排除了一切具有经验性的知识内容。

其次，关于数学知识和哲学知识、数学方法和哲学方法，以及实践哲学的方法论。在《纯粹理性批判》中，康德花了不少篇幅探讨数学知识和哲学知识、数学方法和哲学方法之间的区别，得出如下结论：哲学知识是出自概念的理性知识，数学知识则是出自概念之构造的理性知识，把与它相应的直观先验地展现出来；哲学知识在普遍中考察特殊，数学知识是在特殊、个别中考察普遍；二者都是理性知识，其本质区别在于上述形式，而不是基于它们的质料或对象的区别之上的，因而这两种知识的研究方法也是不同的。[③]"这两位理性的行家，一个按照诸概念行事，另一个按照他先天地依据概念而表现的那些直观行事"[④]。康德的实践哲学也探讨了纯粹实践理性的方法论，《实践理性批判》的方法论不同于理论理性方面的科学知识之处理方式，即按照理性原则使感性杂多成为知识系统的方法，而主要是为了确立道德的动机，"我们如何能够做到使纯粹实践理性的法则**进入**人的内心和**影响**内心准则的那种方式，也就是能够使客观的实践理性也在主观上成为实践的那种方式"[⑤]。康德认

① 邓晓芒：《康德〈纯粹理性批判〉句读》，人民出版社 2010 年版，第 247 页。

② ［德］康德：《纯粹理性批判》，邓晓芒译，人民出版社 2004 年版，第 19 页。

③ 参见康德：《纯粹理性批判》，邓晓芒译，人民出版社，2004 年，第 553 页。

④ ［德］康德：《纯粹理性批判》，邓晓芒译，人民出版社 2004 年版，第 556 页。

⑤ ［德］康德：《实践理性批判》，邓晓芒译，人民出版社 2003 年版，第 205 页。

为,实践领域理念的客观实在性不能以任何方式按照自然法则来阐明,从而也不能在任何可能的经验中被阐明,“在依照自然法则的规定终止的地方,一切说明也就终止了;剩下的就只有捍卫,亦即排除那些自称更深入地看到事物的本质且因此大胆地宣布自由不可能的人们的反驳。”①说明的方法只适用于自然知识,实践领域的理念不能被说明、阐明或认知,而只是一种必要的、必然的预设,并且这种预设需要被辩护、捍卫。同时,伦理学、德行论(Tugendlehre)作为一门实践的科学,它不仅告诉人们应当如何行事,而且也需要相应的方法论,以便获得实施规则的力量,成就德行(Tugend),康德在《伦理形而上学》中提出两种伦理方法论,即伦理教学法和伦理修行法。前者表现为道德问答手册,后者表现为道德的训练和修行。康德的《判断力批判》也提出了相应的方法论,包括鉴赏/趣味的方法论和目的论判断力的方法论。不过,在他看来,只有科学(Wissenschaft)、学说(Lehre)、学理(Doktrin)才有真正的方法论,而关于“美”“鉴赏”没有相应的科学,目的论也不是学理,它只属于批判的科学,因此,方法论在第三批判中仅仅具有附属的地位,是第三批判的“附录”(Anhang)。

最后,康德反对把数学方法、自然科学方法运用于哲学研究。“既然我们已给自己提出了一个义务,要严格地和确定地规定纯粹理性在先验运用方面的界限,……那么,就有必要仿佛再去拆除某种充满幻想的希望之最后支点,要指出在这种知识中遵守数学的方法是得不到任何好处的,除了更加清楚地揭示出这种方法本身的弱点这个好处之外;指出测量术和哲学是完全不同的两回事,尽管它们在自然科学中互相联手,因而,一方的处理方式是永远也不能由另一方模仿的。”②数学的方法是定义、公理和演证,哲学家既不可能做到,也无法模仿,哲学的方法是理性批判,同样也不适合于数学,“测量员按他

① [德]康德:《道德形而上学奠基》,李秋零译,《康德著作全集》第4卷,中国人民大学出版社2005年版,第467页。

② [德]康德:《纯粹理性批判》,邓晓芒译,人民出版社2004年版,第561页。

的方法在哲学中只会搭建起一些空中楼阁，哲学家按自己的方法在数学的分内之事中只可能掀起一场废话”①。批判尤其是先验哲学的固有方法，对于纯粹理性而言，一切教条性的(dogmatisch)方法都不适合。“现在，如果在纯粹理性的思辨运用中按其内容也根本没有教条，那么一切教条性的方法，不论它是向数学家借来的还是应当成为一种固有的风格，自身都是不合适的。因为它只会隐藏那些缺点和错误，并且，哲学的真正意图是使理性的一切步骤都在最明亮的理性之光中被看清，而它则使哲学落空。然而这种方法总是能够系统化的。因为我们的理性(在主观上)本身是一个系统，但是在它的纯粹运用中，凭借单纯的概念，却只是一个按照统一性诸原理来作研究的系统，只有经验才能给这种研究提供出材料来。但关于一个先验哲学的固有的方法，在这里却没有什么可说的，因为我们所涉及的只是对我们的能力状况的一种批判，看我们是否在任何地方都能盖房子，并且我们从我们现有的材料中(从先天的纯粹概念中)能够把我们的房子盖到多么高。”②

黑格尔对现代科学方法论问题做出了进一步的思考，首先，他参照哲学的内在要求指出现代早期方法论的缺陷，“在哲学里我们并不仅仅寻求表面上不错的界说，更不仅仅寻求由想象的意识直接感到可以赞许的界说，而是要寻求验证可靠的界说，这些界说的内容，不仅是假定为一种现成给予的东西，而且要认识到在自由思想中有其根据，因而同时是在其自身内有根据的”③。这种批评显然是针对现代理性主义的立场，以笛卡尔、斯宾诺莎、莱布尼茨等为代表，主张从理性的自明定义或观念出发，它们被认为是现成给予的、直接确定的，在理性看来简单、清楚、明白，无须论证，在此基础上引申出原理、推论。在黑格尔看来，这种定义、界说的数学/几何学方法不能满足哲学的方法论要求，哲学不会直接承认所谓自明、直观的东西，它必须要寻找知识的内在根据，

① ［德］康德：《纯粹理性批判》，邓晓芒译，人民出版社 2004 年版，第 562 页。
② ［德］康德：《纯粹理性批判》，邓晓芒译，人民出版社 2004 年版，第 569 页。
③ ［德］黑格尔：《小逻辑》，贺麟译，商务印书馆 2003 年版，第 219 页。

在每一个环节上给出合理的论证,这不仅意味着肯定性的方面,更意味着否定性,亦即通过一步一步地扬弃假象而达到真知,正如《精神现象学》所描绘的意识的"自我否定"之旅途、由意识经验通达科学之路。"现在试应用这一观点来讨论量的问题,无论数学里通常对于量的界说如何不错,如何直接,但它仍未能满足这样一种要求,即要求知道在何种限度内这一特殊思想(量的概念)是以普遍的思想为根据,因而具有必然性。此外尚另有一种困难,如果量的概念不是通过思想的中介得到的,只是直接从表象里接受过来的,则我们便易陷于夸张它的效用的范围,甚至于将它提高到绝对范畴的地位。事实上实有陷于这种观点的情形,例如认为只有那些可以容许数学计算其对象的科学才是严密的科学的看法,就是这样。"①我们看到,此处黑格尔甚至已经预先批评了现代科学方法论的狂妄,它对哲学领域的侵蚀所导致的严重后果正是后来狄尔泰、伽达默尔所致力于克服的,亦即:凡是不符合数学、自然科学方法论要求的科学都不是科学。

其次,黑格尔承认数学方法有其明确性和合理性,但只能在有限的理智科学中才能运用自如,这种方法并不适用于思辨的内容,因为它不能解释那些直接提出、直接假定的定义是从哪里来的。"这个内容是思想,但不是自我意识到的思想、概念;这内容虽具有着思维的意义,但这种思维是纯粹的、抽象的自我意识,是脱离个别者的、没有理性的认识;它并没有自我的意义。——情形和数学里一样;斯宾诺莎虽然对此做出了证明,人们不能不信服,但是人们并不理解其实质。这种证明的必然性里缺少自我意识的环节,是一种凝固的必然性;自我消失了,在证明中完全放弃了自身,耗尽了自身"②。

最后,黑格尔虽然反对以数学的精确性要求哲学,但他同时也尤其反对放弃哲学的严格性和科学性,而是主张哲学应当有满足自身的科学性之要求的

---

① [德]黑格尔:《小逻辑》,贺麟译,商务印书馆2003年版,第219页。

② [德]黑格尔:《哲学史讲演录》第四卷,贺麟,王太庆译,商务印书馆1997年版,第124页。

方法。“如果类似自由、法律、道德，甚至上帝本身这样的对象，因为无法衡量，不可计算，不能用数学公式来表达，就都被认作非严密的知识所能达到，于是我们只好以模糊的表象为满足，而让它们的较详细特殊的内容，听任每一个人的高兴，加以任意的揣测或玄想，这对于我们的认识会有不少害处。”①黑格尔要求哲学成为严格的科学，当然这种科学不是数学和自然科学意义上的，乃至是高于它们的科学，“哲学，由于它要成为科学，正如我在别处说过的，它既不能从一门低级科学，例如数学那里借取方法，也不能听任内在直观的断言，或使用基于外在反思的推理。而这只能是在科学认识中运动着的内容的本性，同时，正是内容这种自己的反思，才建立并产生内容的规定本身。”②在黑格尔看来，哲学的内容和方法其实是合一的，精神的自我认识、概念的内在发展既是思辨的内容，也是思辨的方法，“精神是否定物，这个否定物既构成辩证理性的质，也构成知性的质；——精神否定了单纯的东西，于是便建立了知性所确定的区别；而它却又消解了这种区别，所以它是辩证的。但是精神并不停留于无这种结果之中，它在那里又同样是肯定的，从而将前一个单纯的东西重新建立起来，但这却是作为一般的东西，它本身是具体的；并不是某一特殊的东西被概括在这个一般的东西之下，而是在进行规定及规定的消融中，那个特殊的东西就已同时规定了自身。这种精神的运动，从单纯性中给予自己以规定性，又从这个规定性给自己以自身同一性，因此，精神的运动就是概念的内在发展：它乃是认识的绝对方法，同时也是内容本身的内在灵魂。——我认为，只有沿着这条自己构成自己的道路，哲学才能够成为客观的、论证的科学。”③黑格尔认为，哲学的真正实现乃是方法的认识，而且在逻辑本身中有它的地位。

伽达默尔援引黑格尔逻辑学“外在的反思”这一概念批评现代科学方法论的局限性（进一步的论证参见下文），如前所述，这种外在的方法把研究对

---

① ［德］黑格尔：《小逻辑》，贺麟译，商务印书馆 2003 年版，第 219—220 页。
② ［德］黑格尔：《逻辑学》第一版序言，杨一之译，商务印书馆 2013 年版，第 4 页。
③ ［德］黑格尔：《逻辑学》第一版序言，杨一之译，商务印书馆 2013 年版，第 4—5 页。

象看作现成被给予的,方法在内容之外,只是作为抽象的外在工具。毋宁说,精神科学的研究方法蕴含在对内容本身的探索之中,内容之意义亦不在方法之外被给予,必然通过方法的渗透得以呈现。在一定意义上说,内容即方法,方法即内容,诠释学的真理是通过对传统的诠释而生成的具有历史感和时代感的意义。伽达默尔在与当代方法论诠释学论辩的过程中其观点虽然有所调整,但其根本观立场没有发生变化,而主要是进一步澄清、补充其原有的主张。

二、从"外在的方法"到"内在的方法"

如前所述,伽达默尔认为,现代科学方法概念的不足之处最为引人注目的哲学证明是黑格尔对"外在反思"(äußere Reflexion)方法的批评和向古希腊方法论的回归。外在反思"完全从一个被给予的、异己的直接物出发,并把自己看作一个徒具形式的行动,这个行动从外面接受内容和质料,而就自身来说,则只是受内容和质料所制约的运动"①。在此意义上说,现代科学方法论就是这样一种"外在的方法",它把研究对象看作直接已有的、外界给予的,方法在内容之外,方法的行动同事物本身相异,只是作为抽象的外在形式。黑格尔把自笛卡尔以来至康德、雅可比和费希特的观念论哲学称作"主体性反思哲学"(Reflexionsphilosophie der Subjektivität),这与他们的哲学方法不无联系,比如"外在反思"的方法在康德的知识论中表现为,认识主体带着感性直观的纯形式和知性范畴这套先天工具整理从外界获得的经验材料,构造出先天综合判断。实际上,黑格尔并不否认,方法往往表现出外在性、形式性,"方法可以首先仅仅表现为认识的样式,事实上它也具有这样的性质"②,作为认识样式的方法的确是一种形式,但黑格尔强调,这种形式应当由概念所规定,它应当成为内容及其客观性的灵魂,内容只有在形式中才具有其真理,"如果内容对于方法来说,重又被认为是已给予的和具有特别性质的,那么,方法就像一般在

① Hegel:*Wissenschaft der Logik*:*Die Lehre vom Wesen*,Hamburg:Meiner,1992,S.20.

② Hegel:*Wissenschaft der Logik*,GW Bd.12,Hamburg:Meiner,1978,S.237.

这样的规定中的逻辑的东西一样，仅仅是一个外在的形式。”①

同黑格尔一样，伽达默尔并不是完全否定“外在方法”的必要性，而是强调它的不足，“外在方法”的基础和根据在一种更加深刻的“内在方法”之中。他进一步援引黑格尔逻辑学中的方法论思想：真正的方法乃是事物自身的运动。所谓事物自身运动，并不是说不需要思维的努力事物便自行显现，而是说“这种行动或努力却在于，并非任意地、并非用自己的突发奇想，按照这种或那种业已存在的观念去侵入思想的内在必然性。……思维就意味着：使事物在其自身的结果中得到展开。属于此过程的还有防止‘习于侵入的’观念，以及坚持思维的结果。自希腊人以来我们把这称之为辩证法。”②在黑格尔的逻辑学中，逻辑概念运动的全过程表明，被给予内容和客体的全部形态证明自身具有过渡的性质，从而是不真实的，因此被给予的客体不能作为基础，绝对的形式把那样的客体基础只看作外在的和偶然的规定，并表明自身才是绝对的基础和最终的真理。“由此得出作为自知的、作为既是主观的又是客观的绝对的东西并以自身为对象的概念，从而又作为与概念及其实在性完全一致的东西，作为一种存在，它是概念本身，这就是方法。”③黑格尔这里所考察的作为方法的东西就是概念自身的运动，理念的活生生的开展又是内容本身，作为理念之形式，“除了仍是这一内容的方法之外没有别的了”④。方法是一种普遍、绝对、无限的力，它能穿透一切外在的、不依赖于理性的客体，“任何事物都只有在完全受方法支配时，才被把握，其真理才被知道”⑤，内容不再是外在的质料，恰恰只有在方法中内容才能呈现出来，才具有其真理，反过来说，若要

---

① Hegel：*Wissenschaft der Logik*，GW Bd.12，Hamburg：Meiner，1978，S.237.

② Gadamer：*Wahrheit und Methode*：*Grundzüge einer philosophischen Hermeneutik*，GW Bd. 1，Tübingen：Mohr，1990，S.468.

③ Hegel：*Wissenschaft der Logik II. Erster Teil. Die objektive Logik. Zweites Buch. Zweiter Teil. Die subjektive Logik*，Werke 6，Frankfurt am Main：Suhrkamp，1990，S.551.

④ Hegel：*Enzyklopädie der philosophischen Wissenschaften im Grundrisse*，GW，Bd.19，Hamburg：Meiner，S.177.

⑤ Hegel：*Wissenschaft der Logik*，GW Bd.12，Hamburg：Meiner，1978，S.238.

内容之真理得以呈现,必须要有这样一种“内在的方法”①,这种方法“不是外在的形式,而是内容的灵魂和概念”②。

在伽达默尔看来,黑格尔向古希腊辩证法的回归不仅证明了现代科学方法论的不足之处,而且指明了一条真正的方法论之路。同时,伽达默尔也在另外一种意义上③考察了方法的古代含义,即实践含义,它“不是指一种通向客观化和统治某物的工具,而是参与到我们所打交道、所处理的事物之中。这种作为‘同行’(Mitgehen)的‘方法’的意义,以[下述事实]为前提:我们已经处于游戏之中,没有中立的观点,我们已经冒着前见之险,即使我们仍然非常努力地寻求客观性。”④诠释学面临的对象是传统、流传物,然而,传统不是异己之物,对传统的理解最终是一种自我理解。精神科学的研究对象毋宁说不是一种与我们处于绝对对立之中的“对象”,“我们其实一直处于传统之中,而且这种处于并不是对象化的行为,以至于传统所言说的东西被认为是某种另外的、异己的东西——它一直已经是我们自己的东西,一种典范和震慑,一种对自身的重新认识,在这种自我认识里,就我们以后的历史判断而言,几乎没有认识[的成分]被觉察出来,有的只是对传统的自然而然的吸收融化。”⑤流传物的内容不在诠释之外,只有在理解的形式中才显现出来,其意义生成于诠释的过程之中,诠释这种方法不是强加于内容之上的偶然的“外在工具”,而是展现内容意义的必要中介,在此意义上说它是一种“内在的方法”,各种具体的解释规则和方法应在此基础上派生出来,因而也获得了它们的合法性。伽

---

① 黑格尔毋宁把这种方法称作“绝对的方法”,它既是主观的,又是客观的,既具有内在性,又具有外在性。

② Hegel:*Enzyklopädie der philosophischen Wissenschaften im Grundrisse*, GW, Bd.19, Hamburg: Meiner, 1980, S.179.

③ 之前我们提到,伽达默尔分析了方法一词在古希腊的词源学含义,即“再次走上某条道路”,包含着可重复性、可验证性的实证特征(参见第一章第一节)。

④ Gadamer:*Der Anfang der Philosophie*, Stuttgart: Reclam, 2000, S.39.

⑤ Gadamer:*Wahrheit und Methode: Grundzüge einer philosophischen Hermeneutik*, GW Bd. 1, Tübingen: Mohr, 1990, S.286-287.

达默尔通过援引黑格尔的方法论思想，暗示了一种内在的诠释学方法论之可能性，但他并不像黑格尔那样，将方法归结为概念运动和作为真理的整个思辨哲学体系的展开。他弱化了黑格尔那种绝对的方法之威力，诠释不像思辨那样具有穿透一切客体、融化一切外在性的无限力量，传统中始终保持着晦暗不明和不可理解的东西，也正因为如此，传统才需要不断地被理解和重新理解，诠释学的真理就是在这样的诠释过程中生成的既具历史感又具时代感的生存之意义。这种意义是开放的，诠释作为揭示传统之意义的内在方法，更接近柏拉图的对话辩证法，对话围绕某种事情展开，遵循问—答逻辑，以事情本身的必然进展为导向，在开放的对话结构中趋向真理，我们对传统的每一次诠释都是这样一场对话，在与传统的对话中事情本身（这里指传统的意义）得以显现，而“使事情本身显现”“自行显现”其实又是一种现象学的方法。

伽达默尔多次声明，他的诠释学是奠基于现象学之上的，“我的书在方法论上是立足于现象学基础之上的，这一点没有疑义”①。伽达默尔为理解传统开启了一种现象学意义的诠释方法，诠释作为内在的方法和中介，使流传物的意义显现出来，“显现”是现象学（Phänomenologie）的本有之义。海德格尔在《存在与时间》中追溯了“现象学”一词的希腊文词源，它有两个组成部分，即现象和逻各斯，“现象学这个词可以用希腊文表达为：λ έγειν τ ὰφαιν όμενα；而 λ έγειν 的意思是ά ποφα ίνεσθαι，于是现象学是说：άποφα ίνεσθαι τ ὰφαιν όμενα：让人从显现的东西本身那里如它从其本身显现的样子来看它。［……］因此这里表述出来的东西无非就是前面所表达的原则：‘走向事情本身！’”②在这里我们看到现象学与辩证法的交汇③，“使事物在自身的结果中展开”和“使事物如其自身所是的那样显

① Gadamer：„Vorwort zur 2. Auflage“，in：GW Bd.2，Tübingen：Mohr，1993，S.446.

② Heidegger：*Sein und Zeit*，Tübingen：Niemeyer，1967，S.34.

③ 关于诠释学视野下现象学与辩证法的关系，Thomas Schwarz Wentzer 进行了精辟的阐述，参见 Thomas Schwarz Wentzer：„Phänomenologie oder Dialektik? Zur Frage nach der Sachlichkeit der Philosophie bei Heidegger und Gadamer“，in：„*Dimensionen des Hermeneutischen*“：*Heidegger und Gadamer*，hrsg. von Günter Figal und Hans-Helmut Gander，Frankfurt am Main：Klostermann，2005，S.117-132。

现”乃是现象学与辩证法的共同要求。然而，伽达默尔并不是把现象学的方法直接移植到诠释学之中，他弱化甚至取消了胡塞尔的现象学直观方法，他并不寻求原初的被给予性（Gegebenheit），理解的前结构恰恰表明，事情本身的显现不可能达到那种绝对明见的被给予性，而是一个效果历史事件。“因此具有决定意义的是，存在并不消融于其自行显现之中，与自行显现同样原初的是，它也自我抑制、自我逃逸。”①在这里显现与隐匿、揭蔽与遮蔽同在，理解中始终同时存在着意义的显现和晦暗不明之处。通过诠释展现出来的“事情本身”，既是诠释的方法，又是诠释的内容，在此种意义上可以说，基于现象学基础之上的诠释是一种内在的方法。

综上所述，从表面上看来，伽达默尔的哲学诠释学似乎是“反方法”的，实际上他却在辩证法和现象学的基础上开启了一条内在的诠释学方法论之路。并非伽达默尔“运用”现象学和辩证法建立了哲学诠释学②，毋宁说，他向我们表明，一种真正的诠释学方法就是奠基于现象学和辩证法之上的诠释，可以具体开展为理解、解释和应用三个环节③，这种方法不再是抽象的、外在的，它的目标乃是本体与方法、理论与实践的具体统一之智慧和真理。质言之，诠释作为一种内在的方法，是在如下意义上来讲的：(1)这种方法不是强加于内容之上的偶然的“外在工具”，而是展现内容意义的必要中介，它是一种“内在的工具”；(2)内容不是现成地在方法之前被给予，它的实在性和客观性不在诠释之外，其意义生成于诠释的过程之中，诠释只有渗透于尚“外在”于我们的对象之中，对象才能“内化”为可被理解的内容；(3)方法亦不在内容之前或之

① Gadamer:„Text und Interpretation“, in: GW Bd.2, Tübingen: Mohr, 1993, S.334.

② 何卫平先生指出，伽达默尔在其诠释学理论中突出使用了现象学和辩证法两大方法，这当然是无可厚非的；笔者以为，毋宁说，伽达默尔以其哲学诠释学向我们展现了一种真正的诠释学方法是什么样的，亦即奠基于现象学和辩证法之上的诠释学方法论。参见何卫平：《通向解释学辩证法之途》（上海三联书店 2001 年版）第四章“哲学解释学的两大方法”。

③ 参见《真理与方法》“诠释学的应用问题”一节。对这三个环节，尤其是对“应用”这一环节的研究，参见彭启福：《理解的应用性与伽达默尔的“实践哲学走向”》（《哲学动态》2005 年第 9 期）。

外，毋宁是在探索内容本身的过程中形成的，它本身就是内容的展开。

不过，伽达默尔对诠释的相对性、多样性和开放性的强调，在一定程度上忽视了诠释方法在认识论层面上的规范性要求。诠释作为内在的方法，要求自身具有规范作用，其中包含着合理性、正确性、客观性等认识论的具体要求。只有在恰当的诠释中才能呈现出合理的内容和意义，真理不仅是本体论意义上的，而且也是认识论意义上的。退一步来说，对于具体部门的精神科学、人文社会科学研究而言，所谓的“外在”方法论也仍然在不同程度上和一定范围内适用。这样，我们有必要再次回到理解与方法的问题，结合中国的诠释传统，反思其现代转型的可能途径，在历史考察与现今视角的纵横维度上，思考未来诠释学发展的合理走向。

第二节　理解之路的求索与反思

现在让我们将目光转向中国的诠释传统，中国有悠久的解经传统和诠释实践，这是毋庸置疑的，但对于中国是否有作为一门学科的诠释学，或者说是否有“中国诠释学”，这一问题争论已久，有重建说和创建说等不同看法。与此相关，更为迫切的问题是，中国的诠释传统如何实现现代转型，各家纷纷提出不同的方案。在对以上问题考察反思的基础上，我们尝试探索一种关于理解与诠释的更加综合、普适的界定。

一、中国诠释传统的当下反思

在海外华人学者中，成中英、傅伟勋等人较早地借鉴西方诠释学的思想和方法，对中国古代诠释传统进行了梳理，并试图在此基础上实现中国古代诠释传统的现代转换，相继提出了带有中西合璧意味的“本体诠释学”和“创造的诠释学”理论。但在中国学者中明确提出创建中国诠释学问题的，首推北京大学汤一介先生。1998 年，汤一介率先发表《能否创建中国的“解释学”？》

(《学人》第 13 辑)一文,揭开了中国研讨"中国诠释学"问题的序幕;其后,他又接连发表《再论创建中国解释学问题》(《中国社会科学》2000 年第 1 期)、《三论创建中国解释学问题》(《中国文化研究》2000 年夏之卷)、《关于僧肇注〈道德经〉问题——四论创建中国解释学问题》(《学术月刊》2000 年第 7 期)和《"道始于情"的哲学诠释——五论创建中国解释学问题》(《学术月刊》2001 年第 7 期)等文章,和其他论者一起,把"中国诠释学"研究进一步引向深入。到 2002 年 6 月在安徽芜湖召开的诠释学国际会议,中国诠释学已经成为中外研究者关注的一个热点①。据汤一介说,当初他提出"创建中国诠释学"时,不少中外学者表达了不同意见,认为更妥当的提法应该是"重建中国诠释学"。不容忽视的是,"重建说"似乎获得了不少支持。有相当数量的论文或著作就直接以"诠释学"为题来概括中国古代的诠释传统或诠释理论,比如李兰芝的《朱熹的易学诠释学》(载成中英主编《本体与诠释》,生活 · 读书 · 新知三联书店 2000 年版)、李清良的专著《中国阐释学》(湖南师范大学出版社 2001 年版)等。

"创建说"与"重建说"的分歧主要在于对中国本土诠释传统的认识和定位不同。"创建说"认为,只能说中国有很长的诠释经典历史,或者说中国有很丰富的诠释经典的资源,而不能说中国自古就有"诠释学",因为"诠释""诠释问题"和"诠释学"是有区别的。比如汤一介强调,一种"学"(理论体系)的建立应该是对其研究的对象有了理论和方法上的自觉。依此标准,中国古代最多只能说有丰富的诠释经典的传统。"真正的'中国解释学理论'应是在充分了解西方解释学,并运用西方解释学理论与方法对中国历史上注释经典的问题作系统的研究,又对中国注释经典的历史(丰富的注释经典的资源)进行系统梳理之后,发现与西方解释学理论与方法有重大的甚至是根本性的不同,也许才有可能成为一门有中国特点的解释学理论(即与西方解释学有相当大

① 参见彭启福:《文本的诠释和意义的创生》,《哲学动态》2002 年第 11 期。

的不同的以研究中国对经典问题解释的理论体系)。我们是否能建立起一种与西方解释学有相当大的不同的'中国解释学',或者说有无必要建立一种与西方有相当大不同的'中国解释学'理论与方法,都要经过对上述问题认真研究之后才可以得出合理的结论。"①洪汉鼎也持"创建说",他认为,中国的经学固然是一门解释经典的学问,但还不是现代西方意义上的诠释学,并提出"筹建中国现代诠释学"的任务②。景海峰认为,中国古代只有训诂学,并没有发展成为诠释学,中国传统资源多半只能划归到"前诠释学"的形态,与西方诠释学不可同日而语;且就诠释的资质而言,因与自身传统的疏离化,使得当代中国哲学在寻求诠释系统的建构时,资源并不显得丰裕③。而"重建说"则认为,中国古代固然没有作为学科的诠释学传统,却有其自足的诠释观念和实践,在中国文化有其历代相承的诠释观念和实践的传统意义上说,中国有着自身的诠释学传统。比如周光庆把中国古典解释学界定为关于文化经典解释的根本目的、原则、方法以及文本信息加工程序的学问,认为其特点是较少进行本体论的探讨,而特别重视方法论的建构、变革和完善,其中包含了语言解释方法论、历史解释方法论、心理解释方法论和理路解释方法论等。④

不管"创建说"还是"重建说",都无法回避一个更加重要的问题,亦即中国诠释传统的现代转型问题,这也是文化传承、多元思想碰撞过程中迫切需要解决的问题。中国诠释传统如何完成现代转型,是当下的重大课题,各家纷纷提出不同见解和方案,当前学界比较有影响力的有:成中英提出的本体诠释学、潘德荣提出的德行诠释学,以及洪汉鼎、彭启福、傅永军提出的诠释学中国化路径与中国经典诠释学之建构。

---

① 汤一介:《三论创建中国解释学问题》,《中国文化研究》2000 年夏之卷,第 20 页。

② 参见洪汉鼎、李清良:《如何理解和筹建中国现代诠释学》,《湖南大学学报》2015 年第 5 期。

③ 参见景海峰:《从训诂学走向诠释学》,《天津社会科学》2004 年第 5 期;《中国哲学的诠释学境遇及其维度》,《天津社会科学》2001 年第 6 期。

④ 参见周光庆:《中国古典解释学导论》,中华书局 2002 年版。

1. 本体诠释学

成中英提出本体诠释学(Onto-Hermeneutics)。他将本体区别于西方哲学中的本体论(Ontology)概念,这里的“本体”是中国哲学意义上的,应以 generative being 翻译,指的是“天下大本”“天下大体”。相应地,本体诠释学(Onto-Hermeneutics)区别于西方的本体论诠释学(Ontological Hermeneutics),它“一方面要求博览参观各方面,另一方面又要求能整合成为一种综合的创造,成为一种开放的体系,这是我们进行诠释的最终目的”①。在成中英看来,西方的本体论超验化、对象化、本质化,带来很多问题,应以中国的本体观念改造西方的本体论,让它还原为生活世界的一部分。中国哲学里面的“本”是一个不断发展的力量源泉,“体”是不断扩大的过程,本可以开出体,体可以回到本,“‘本体’就是从本到体、从体到本的整体,‘本体’就是有本有源,能够涵养万物显示生命力存在,涵括天体具有一种持续不断生生不息的生命力,阴阳互补永不停歇的过程。”②本体诠释学的提出,旨在汲取西方诠释学思想的基础上,同时以中国哲学的本体思想克服其弊端,建构有生命力的中国诠释学的现代形态,“我们今天进行哲学的重建,思考中国哲学如何走向世界,与世界结合在一起,同时成为世界哲学的一个主题,这都是本体诠释学的内容”③。

本体诠释学更新了西方诠释学的循环理论,表现为本体诠释(自本体的诠释)和诠释本体(对本体的诠释)的同源性,在这里,对本体的认知与诠释活动互相参与、互相涵摄,与中国传统哲学中体用不二、即体即用的思想相互印证,“本体诠释与诠释本体所构成的本体诠释圆环,代表了人的存在的内在性与外在性的相合之道,也代表了人与天地万物、宇宙历史与未来的互动与交融”④。具体来看,本体诠释学包含四个核心范畴、五个命题。四个核心范畴

---

① 成中英:《本体诠释学三论》,《安徽师范大学学报》2004 年第 4 期。
② 成中英:《本体诠释学三论》,《安徽师范大学学报》2004 年第 4 期。
③ 成中英:《本体诠释学三论》,《安徽师范大学学报》2004 年第 4 期。
④ 成中英:《本体诠释学体系的建立:本体诠释与诠释本体》,《安徽师范大学学报》2002 年第 3 期。

是:内在性、外在性、内在超越性和外在超越性。内在性是指本的发生之根源性和人内在的心灵性,本的发生之结果是体,从内在性出发,经过本体的开放动态发展,就可以得出其他三个范畴。① 本体诠释学的五个命题分别是:(1)人是本体的存在;(2)人的本体存在是一个开放的体系;(3)语言的出现是沟通的需要也是理解与诠释的需要;(4)知识是可能的、客观的,但知识不是独立于存在或者本体之外的;(5)人的本体包含了人文道德和科技知识两个面向,并在超越层面上导向终极价值中真理与智慧的统一。总之,"我们必须认识,只有在一个更深沉及更高远的人与世界的本体思考中,东西方或能找到一条通向人之所同本及人之所同体的本体宇宙与本体真理。这就是沟通中西、借诠释以求同释异的本体致用的意涵,也就是本体诠释学兼具诠释本体与本体诠释的双重思考的功能之所在。"②

2. 德行诠释学

近年来,潘德荣提出"德行诠释学",强调经典诠释要以"立德"作为价值导向,借鉴西方诠释学的同时反思其不足之处,进而从孔子的诠释理念中发展出"德行诠释学"这种新的理论形态,既要求突破西方诠释学的发展瓶颈,又

---

① 这四个范畴之间的关系,成中英用下图表示:

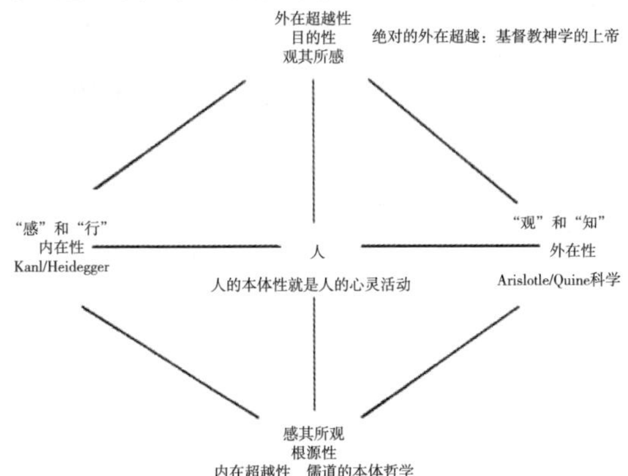

参见成中英:《论本体诠释学的四个核心范畴及其超融性》,《齐鲁学刊》2013年第5期。

② 成中英:《本体诠释学体系的建立:本体诠释与诠释本体》,《安徽师范大学学报》2002年第3期。

力图促进中国诠释传统的现代转型。潘德荣认为,孔子删订六经开启了一种新的诠释路向,即通过经典诠释来阐发儒家思想义理,旨在“立德”“弘道”;而哲学诠释学尽管发展了亚里士多德的实践智慧传统,但没有充分关注诠释的价值向度,也没有充分关注诠释学的方法向度,容易导致认识和实践上的相对主义;德行诠释学的意蕴在于,它能够真正实现诠释活动中理论与实践的互动、互摄和统一。①

首先,以“立德”作为诠释学的任务,作为“中国诠释学”之根本取向。这一概念取自中国诠释传统,孔子“立德”“弘道”的诠释理念使儒家的经典诠释一开始就具有鲜明的价值导向特征。经典文本具有教化作用,诠释旨在“立德”乃是出于对现代西方诠释学与中国诠释传统的反思。其次,基于“德行”的诠释以践行为旨归,知行合一。儒家作为入世之学,志在修身齐家治国平天下以匡时济世,因而特别注重践行。“诠释与理解之要在于‘履德’。在‘德’与‘行’之间表现出一意义的循环,‘德’在‘行’中呈现出来,被主体所领悟;主体的践履复又依德而行。正是在此一循环中,作为整体的‘德行’得以不断地深化、升华,与是偕行。”②最后,“德行诠释学”应当在一个更高的层面上对中西方各种诠释思想资源进行全面的分析与整合,实现诠释的方法论、本体论与德行论之统一。“要而言之,它是一种以‘实践智慧’为基础、以‘德行’为核心、以人文教化为目的的诠释学。它并不排斥诠释学的方法论与本体论探究,而是将其纳入自身之中,并以德行为价值导向来重新铸造它们。在理论层面上,方法论的制订与本体论的构建,均应循着德行所指示的方向展开;在实践层面上,我们的内在修行与见之于外的行为,亦须以德行为鹄的。”③

值得注意的是,潘德荣借鉴吸收了亚里士多德的 arete(德行)概念,其德

---

① 参见潘德荣:《经典诠释与“立德”》,《安徽师范大学学报》2015 年第 1 期;《“德行”与诠释》,《中国社会科学》2017 年第 6 期。

② 潘德荣:《“德行”与诠释》,《中国社会科学》2017 年第 6 期。

③ 潘德荣:《“德行”与诠释》,《中国社会科学》2017 年第 6 期。

行诠释学在很大程度上也试图打通亚里士多德的德行伦理学与中国传统哲学。引入亚里士多德的 arete 概念,以其德行伦理学为参照,有利于接轨中国的诠释传统,为中国诠释学的建构打开新思路。中国传统哲学在很大程度上是一种伦理学形态的诠释哲学,“德”是其中非常的重要概念,在儒、道等各家中均有论述;而后来的哲学发展史可以被看作一种不断对原典进行解读、诠释的“注经史”。“德”的本义为“得”,《管子》曰:“德者道之舍,物得以生,生知得以职道之精。故德者,得也;得也者,其谓所得以然也。”(《管子·心术上》)王弼注《老子》“上德不德,是以有德”:“德者,得也。常得而无丧,利而无害,故以德为名焉。何以得德? 由乎道也。”(《老子注》)朱熹注《论语·述而篇》“志于道,据于德”:“据者,执守之意。德者,得也,得其道于心而不失之谓也。”(《四书章句集注》)综而观之,中国传统哲学中的“德”可以理解为“道”“理”的具体实现;从实现的面向来看,“德”更多是对“天”而言的,而“得”更多是对人、对物而言的,“天道”“天德”使人有德,是谓“得”,故《大学》言“知止而后有定,定而后能静,静而后能安,安而后能虑,虑而后能得”;“德”是“道”的具体实现,但其中包含着形而上的超越,“德”不是僵死的道德伦理教条,而是通达“宇宙—生命”整体的大智慧①。在极端意义上说,对原典的诠释构成了一部中国哲学史,而这种诠释也是以“德”为导向的,具有鲜明的伦理取向和价值导向,亚里士多德的德行伦理学与中国传统哲学有诸多相通之处,很多学者(如余纪元、万白安、黄勇)已经注意到并进行比较研究,虽然难免有人质疑这种比较研究的有效性,但无论如何,使两种哲学传统互为参照、互相启发,有助于促进中西思维方式的沟通与互补,也助于诠释学本身的深化与发展。

3. 诠释学的中国化和中国经典诠释学的建构

西方诠释学引入国内学界至今已四十载,在中西诠释传统的比较、会通和

---

① 参见臧宏:《说〈老子〉中的“德”》,《社会科学战线》2011 年第 10 期。

创造过程中,西方诠释学的中国化提上日程,受到洪汉鼎、彭启福、傅永军、景海峰、李清良等一批学者的高度关注,他们主张通过西方诠释学的中国化促进中国诠释传统的现代转型。

洪汉鼎主张,充分借鉴吸收当代西方诠释学的优秀资源,促使其中国化,走经典诠释学之路,实现中国诠释传统的现代化和中国现代诠释学的理论建构。首先,应当充分借鉴哲学诠释学这一代表西方诠释学最高发展水平的形态,促进中国的诠释传统从方法论到本体论的转向。其次,强调经典诠释及其当下意义,走经典诠释学之路。真正的文本是经典文本,经典文本被人们奉为真理,值得反复研读和诠释。经典文本与经典文本之理解、解释构成不可分割的关系,经典的形成以及经典诠释的意义流动是历史存在本身的一种特殊方式。只有不断地向经典回归,并使之与当下视域融合,才能开启经典的新的意义,中国的经典诠释要遵循这一诠释学的真理,中国哲学的出路就是通过经典诠释来发展中国的哲学思想。最后,立足于中国哲学思想的自主性和优势,筹建具有中国特色、中国风格和中国气派的经典诠释学。它应当是一门既不同于中国传统经学又高于西方诠释学的普遍性的经典诠释学,既具有理论性又具有实践性,既能体现中国文化精神又具有普遍性和现代性,并在多元文化的思想碰撞中自觉地回应我国当前的中西之争和古今之争。真正形态的中国哲学要代表当代理解的最高水平,要以当代最高水平来诠释和发展中国的思想,从具有漫长历史和经验的中国经学这一经典注释路径出发,阐明诠释学作为沟通中外古今思想之桥梁,是开拓和创新中华优秀传统文化的必经之路。①总之,"创建普遍性的经典诠释学是一项重要的学术理论工程,既要深入理解西方诠释学的发展历史以及当代哲学诠释学理论,特别是全面掌握伽达默尔诠释学思想和理论及当代的发展,又要全面整理中国经学的漫长经验与历史及

---

① 参见洪汉鼎:《诠释学与中国经典诠释问题及未来》,《武汉大学学报》2012 年第 4 期;《诠释学的中国化:一种普遍性的经典诠释学构想》,《中国社会科学》2020 年第 1 期;洪汉鼎、李清良:《如何理解和筹建中国现代诠释学》,《湖南大学学报》2015 年第 5 期。

其训诂学、考证学、文字学、文献学、注释学等学问。我们提倡以经学的现代化作为出发点，建立一门既不同于中国传统经学又高于西方诠释学的普遍性的经典诠释学。只有如此，我们才能立足中国，借鉴国外，挖掘历史，把握当代，从而在学科体系、学术体系和话语体系上充分体现中国特色、中国风格和中国气派。”①

彭启福提出从“经学”走向“经典诠释学”的转型方案，致力于发掘中国经典文本中蕴含的当代思想价值，实现中国传统文化的传承与发展。这一方案的核心思想在于，在对西方诠释学批判反思的基础上，结合中国本土文化的特点，建构一种中国式的经典诠释学，从传统的经学走向现代的经典诠释学，具体表现为：首先，在研究对象上，从狭义的“经”拓展成广义的“经典”诠释；其次，在研究立场上，从“宗经”转变为“尊经”；再次，在理解向度上，从“回溯”转变为“延展”；最后，在理解方法上，从“还原的方法”到“对话辩证法”。这种转型既能保持经学文化传承本身的长处，又能克服其活力不足、创新不足和缺乏现实性的弊端，推进中国诠释传统的现代转型。②

傅永军在中国经典诠释传统现代转型的路径选择问题上，提出从“援西入中”转向“化西为中”，从“古今之辨”转向“古今之变”，从经典注释学到经典诠释学。“在外部，面对西方诠释学的刺激，需搭建中西对话平台，引西方诠释学为中国诠释传统完成现代转变的参照镜像，建构问题域并在创造性思维的指导下实现‘化西为中’的对话目的。在内部，因应‘古今之辨’，需搭建由古通今之桥，将中国经典注释学由一个‘古典论题’转变为‘现代论题’，打开从经典注释学转型为经典诠释学的通道。只有对中国经典诠释传统转型的诠释学处境作出准确分析与判断，才能为中国经典诠释传统的古典—现代形态转换找到最佳路径。”③

---

① 洪汉鼎：《诠释学的中国化：一种普遍性的经典诠释学构想》，《中国社会科学》2020 年第 1 期。

② 参见彭启福：《从“经学”走向“经典诠释学”》，《天津社会科学》2016 年第 3 期。

③ 傅永军：《论中国经典诠释传统现代转型的路径选择》，《哲学研究》2020 年第 1 期。

二、理解概念界定的新尝试

不管在西方还是中国的诠释思想传统中,理解作为诠释学的核心概念,包含着诸多面向,但以往不同流派的诠释学往往只侧重于其中某一个维度。因此,有必要尝试探索一种新界定,即:将认知、方法和实践统一于一体的理解概念,以及将公共性、技术性和伦理性统一于一体的诠释理念,以期为未来诠释学的发展提供一种更为合理的进路。

1. 理解:认知、方法与实践的统一

不可否认,理解中包含着认知和方法,它本身可以看作一种"内在的方法",通往理解的真理,我们也不应排斥方法论诠释学家所提出的那些"外在方法"在认知过程中所具有的积极意义,知识的沉淀与传承是诠释学不可回避的任务。理解中同时包含着实践,如前所述,伽达默尔首次将诠释学与实践哲学、伦理学关联起来,完成了诠释学从"技艺学"、方法论到实践哲学、本体论的转换,这是其最为突出的贡献①。相应地,诠释也包含着认知、方法和实践的面向,好的诠释应当是公共性、技术性和伦理性的统一(见下文)。这里我们将深入考察言说、写作、理解、诠释等何以具有实践性,以及实践本身具有怎样的哲学内涵和诠释学的维度,同时要论证认知和方法的面向为什么必须保留在理解之中,这些问题将基于哲学诠释学、兼顾实践哲学传统和言语行为理论等视角予以阐明。

---

① 伽达默尔在《真理与方法》中专门辟出"亚里士多德对诠释学的现实意义"一节,探讨理解与实践智慧(phronesis)的内在关联,之后陆续发表一系列相关论文,涉及价值、理性、技术、德行、伦理等实践哲学的重大议题,一方面彰显理解、诠释的实践维度,另一方面也揭示了实践行为的"理解"特征和实践哲学的诠释学面向。相关论文具体如下:„Über die Möglichkeit einer philosophischen Ethik“(1963),„Das ontologische Problem des Wertes“(1971),„Hermeneutik als praktische Philosophie“(1972),„Theorie,Technik,Praxis“(1972),„Was ist Praxis? Die Bedingungen gesellschaftlicher Vernunft“(1974),„Hermeneutik als theoretische und praktische Aufgabe“(1978),„Probleme der praktischen Vernunft“(1980),„Wertethik und praktische Philosophie“(1982),„Ethos und Ethik(McIntyre u.a.)“(1985),„Vernunft und praktische Philosophie“(1986)。

接续伽达默尔的理论突破，理解与实践、诠释学与实践哲学和行动理论的关系成为学界异常关注的问题。国外学界提出与“文本诠释学”（Texthermeneutik）相对的“行为诠释学”（Handlungshermeneutik），并在此基础上探讨诠释学与教化的关联；或者将诠释学与意识形态批判、交往行为、精神分析等联系起来（哈贝马斯、利科）；亦有学者聚焦于诠释学和伦理学的关系①。在国内学界，相关的讨论始于20世纪末21世纪初，严平、张能为分别提出伽达默尔从哲学诠释学到实践哲学、从理论诠释学到实践诠释学的转向；彭启福则认为不存在所谓的“转向”，毋宁说是一种“走向”，伽达默尔的诠释学从一开始就包含着实践哲学的面向；何卫平亦主张，实践哲学、伦理学贯穿于伽达默尔的整个学术思想之中②。近年来，潘德荣提出“德行诠释学”，把诠释学落脚于以“德行”为核心的实践哲学，作为未来诠释学的发展方向；傅永军致力于儒家经典诠释学，亦带有明显的实践价值取向③。这些研究状况表明国内外学者对这一问题的重视和持续关注。这里我们将不仅基于哲学诠释学，同时兼顾实践哲学传统和言语行为理论等视角，进一步探究：诠释学的诸要素与实践概念的诸要素在何种程度上具有可比性；与诠释学密切相关的言说、写作、理解与诠释等一系列活动在什么意义上亦属于实践行为；实践何以反过来又以观念、认知和理解为前提，对实践行为的理解与对文本的理解有何异同；如何从理解与实践的关系中提炼出一种合理的诠释学理念，为当前诠释学研究所面

---

① Vgl.Günther Buck：*Hermeneutik und Bildung*，München：Wilhelm Fink Verlag，1981；Jürgen Habermas：*Theorie des kommunikativen Handelns*，Bd.1，Bd.2，Frankfurt am Main：Suhrkamp，1982，1988；Gunter Scholz：*Ethik und Hermeneutik*，Frankfurt am Main：Suhrkamp，1995.

② 参见严平：《走向解释学的真理——伽达默尔哲学述评》，东方出版社1998年版。张能为：《理解的实践——伽达默尔实践哲学研究》，人民出版社2002年版。彭启福：《理解的应用性与伽达默尔的“实践哲学走向”》（《哲学动态》2005年第9期）。何卫平：《解释学与伦理学——关于伽达默尔实践哲学的核心》（《哲学研究》2000年第12期）。

③ 参见潘德荣：《“德行”与诠释》（《中国社会科学》2017年第6期）；《经典诠释与“立德”》（《安徽师范大学学报》2015年第1期）。傅永军：《论东亚儒学的经典意识及其诠释学效应》（《孔子研究》2017年第2期）；《作为儒家经典诠释学的东亚儒学》（《中国社会科学评价》2017年第4期）。

临的问题提供解决思路。

(1)诠释学的诸要素和实践概念的诸要素

尽管存在着不同的诠释学流派和立场,但一般而言无可争议的是,诠释学所研究的理解现象主要涉及作者(及其意图)、文本(及其含义/意义)和读者(理解者/诠释者)三个基本要素。结合实践哲学的思想发展史以及伽达默尔的相关论述,我们也可以在“实践/行为”(praxis)①概念中区分出三个要素,即行为主体(及其意图②)、行为结果和行为的评价者。以上两组要素被伽达默尔并置一起进行类比,显示出诠释学与实践概念的相关性;有待追问的是,作为“肇始者”(Urheber)的作者与行为主体、作为“产品”(Produkt)的文本/作品与行为结果,以及作为“接收者”(Rezipient)的读者/理解者与行为评价者在什么程度上具有可比性,这一类比遭遇何种困境。伽达默尔对二者的并置,体现在他对科林伍德的解读与评价中。科林伍德以特拉法加战役③为例,说明历史理解是如何可能的、人们是如何获得历史知识的:纳尔逊(Horatio Nelson)击溃拿破仑的舰队,这一事件意味着前者成功实现了其意图和计划,因此对战斗过程的理解与对纳尔逊意图、计划的理解是一回事④。柯林伍德揭示出精神科学中的理解遵循着“问答逻辑”,伽达默尔对此颇为赞同,“只有重构

---

① 西方哲学中的实践(practice,Praxis)概念来自希腊文的praxis,praxis本义即“行动”“行为”,故而又被翻译为act,action,handeln,Handlung。

② 这里暂时采用一个大而化之的说法,关于行为的目的(Zweck)、故意(Vorsatz)、意图(Absicht)、动机(Triebfeder)、动因(Bewegungsgrund/Bewegungsursache)、意向(Gesinnung)等概念在不同哲学家那里的使用和区分,参见下文。

③ 特拉法加战役(Battle of Trafalgar),即发生在1805年的英法海战。1803年拿破仑统治的法国与以英国为首的第三次反法同盟再次爆发战争,拿破仑计划进军英国本土,为牵制英国海军,拿破仑派海军中将维尔纳夫率领的法国和西班牙联合舰队与英国海军周旋。1805年10月21日,双方舰队在西班牙特拉法加角外海面相遇,英军指挥、战术及训练皆胜一筹,法国联合舰队遭受决定性打击,主帅维尔纳夫被俘,该战役之后法国海军精锐尽丧,从此一蹶不振,拿破仑被迫放弃进攻英国本土的计划,而英国海上霸主的地位得以巩固。英军主帅纳尔逊海军中将也在战斗中阵亡。

④ Cf.R.G.Collingwood:*An Autobiography*,Oxford University Press,1939,“VII.The History of Philosophy”.

出那种问题，人在历史中的行为是其回答，才能理解历史事件”①，不过伽达默尔同时认为，即便行为者的意图和计划得以实现，也不能将这种意图和计划混同于作为行为结果的历史事件及其意义，“历史的解释者在关联中认识意义，他总是处于一种危险之中，即把这种关联当作行为者和计划者的实际意图”，“正如历史事件一般并不表明它与处于历史中的行为者的主观想法相一致，文本的意义趋向一般也远远超出其作者曾经的意图”②。文本意义的敞开、相对于作者而言的“意义溢出”，来自它与理解者的中介运动，正如由历史人物之行为所造就的历史事件，其意义来自它在历史关联中的影响和效果，而不是来自行为者的主观意图，“理解在本质上是一种效果历史事件”③。从以上若干论断可以看出，伽达默尔在诠释学的诸要素与行为/实践的诸要素之间进行了类比，作者的意图对应于行为主体的意图，被言说、被写出的语言即“作品”及其意义对应于行为的结果及其影响，文本的理解者则对应于行为的理解者、评价者。

这一类比的意义在于，将诠释学与实践哲学的核心概念关联起来考察，促使我们从诠释学的角度思考行为/实践概念，并从实践哲学的角度思考诠释学的理解现象；但这其中也产生了理论困难，主要集中在“意愿”“意图”问题上。伽达默尔认为：“我们对文字流传物所作的理解，并不意味着我们能够在我们于其中所认识的意义与作者眼中的意义之间简单地预设一种符合关系。”④理解的任务应该指向文本的意义，而不是重构作者的意图，文本的意义也不等于作者的意图，正如历史人物的行为及其意义并不由行为主体的意图所决定，从而使文本的意义从作者的意图中解放出来。问题在于，由于伽达默尔在一定程度上主张意图“不可知”“不必知”，所导致的极端结果便是，对作者意图的

① Hans-Georg Gadamer: *Wahrheit und Methode*, GW Bd.1, Tübingen: Mohr, 1990, S.376.

② Gadamer: *Wahrheit und Methode*, GW Bd.1, Tübingen: Mohr, 1990, S.377, 378.

③ Gadamer: *Wahrheit und Methode*, GW Bd.1, Tübingen: Mohr, 1990, S.305.

④ Gadamer: *Wahrheit und Methode*, GW Bd.1, Tübingen: Mohr, 1990, S.378.

认识被排除在诠释学的任务之外,对历史人物实践行为之意图的认识也被排除在历史研究之外。然而,不管从实践哲学的传统来看,还是从诠释学本身来看,若回避行为主体的意图和作者的意图在认知上的必要性,都将陷入更大的理论困难。

从实践哲学的传统来看,意图是构成实践行为的根本要素之一,与自由意志、自由选择密切相关,对意图的认识是一个不可回避的重要任务。亚里士多德最早对意愿、责任等实践哲学的重大问题做出富有预见的思考,只有出于意愿的行为才是严格意义上的行为,人们只对出于意愿的(hekousion)①行为负责,"出于意愿"意味着:行为起因于自身之内;行为主体知道自己在做什么;因行为自身而主动选择这种行为②。人们对行为的评价、责任归属显然离不开对行为主体意愿、意图的认识。在康德的实践哲学中,动机(Triebfeder)③是至关重要的概念,动机是意志的主观规定根据,实践理性的真正动机无非是道德法则以及对道德法则的敬重,当人出于义务而遵守道德律,并且"人一向能够处于其中的道德状态就是德行"④,"德行意味着道德上的意志坚强"⑤。实

① 亚里士多德区分了出于意愿(hekousion)、非意愿(oux hekousion)和违反意愿(akousion)。"出于意愿的"行为需要符合三个条件(见正文),"违反意愿的"行为主要是指出于被迫或无知的行为,不过,出于无知的错误行为只有在事后引起痛苦和悔恨时才是"违反意愿的",若没有引起痛苦和悔恨,则是"非意愿的"。参见《尼各马可伦理学》第三卷第一节。

② Cf.Aristotle:*Ethica Nicomachea*,1105a31-1105b3,1109b30-1111b3.

③ 在康德的实践哲学中,动机、意向、动因、目的、意图等概念既互相联系,又各有特定内涵。动机(Triebfeder)是意志的主观规定根据,真正的动机无非就是客观的道德法则,以及对道德法则的敬重,如果行为与道德法则即意志在形式上的规定根据符合一致,那么作为主观根据的动机就成为客观的动因(Bewegungsgrund/Bewegungsursache)。意向(Gesinnung)是指采纳准则的原初主观根据。目的(Zweck)可区分为(1)终极目的(Endzweck,letzter Zweck):处于道德法则下的人、理性存在者本身是终极目的,进一步而言,纯粹的实践理性的终极目的是至善(das höchste Gut);(2)具体的行为目的(Zwecke)、意图(Absichten),它们不是自由意志的规定根据,道德应该不考虑任何目的而只是出于义务,但这些目的和意图又是必要的,因为没有任何"意图—结果"关联的意志规定是不可想象的。

④ Kant:*Kritik der praktischen Vernunft*,Berlin:Verlag von L.Heimann,1869,S.102.

⑤ Kant:*Die Metaphysik der Sitten*, Bd. 2, *Metaphysische Anfangsgründe* der *Tugendlehre*, Königsberg:bei Friedrich Nicolovius,1803,S.46.

践主体是否具有德行，取决于动机，动机在道德判断中起主导作用，“在这里，问题只取决于意志的规定和准则的规定根据——准则乃是作为自由意志之意愿的准则——，而不取决于结果。”①关于善恶的道德判断是就内心的准则（Maxime）和意向（Gesinnung）而言的，不是就显现于外的结果而言的，当我们说一个人恶，“不是因为他做了恶的（非法的）行为，而是因为从这些行为中可以推论出恶的准则”②。值得注意的是，康德认为，关于善恶的道德判断只能被推论出来，因为准则是内在的，不可能被直接认识，不可能在经验观察的基础上被确证，行为主体的意向采纳了善的准则还是恶的准则，这种原初的主观根据是“不可探究的（unerforschlich）”③。这一观点看似“契合”伽达默尔的主张，但实际上，康德并不是要求放弃对内心准则的认识，即使不能直接地也仍然要以“推论”的方式认识，否则道德判断将是不可能的④。黑格尔克服康德义务论的“动机主义”，将目的（Zweck）与结果（Konsequenzen，Folgen）视为行为不可或缺的两个环节，仅仅从其中任何一个方面来判断行为，“二者都是一种抽象知性”⑤。就第一个环节而言，黑格尔进一步区分了故意（Vorsatz）和意图（Absicht），它们是归责的必要条件，“意志的法在于，仅以它在其目的中所知道的行动的前提条件和存在于意志的故意（Vorsatz）之中的东西为限，在意

① Kant：*Kritik der praktischen Vernunft*，Berlin：Verlag von L.Heimann，1869，S.55.

② Kant：*Religion innerhalb der Grenzen der bloßen Vernunft*，Berlin：Verlag von L.Heimann，1869，S.20.

③ Vgl.Kant：*Religion innerhalb der Grenzen der bloßen Vernunft*，Berlin：Verlag von L.Heimann，1869，S.21-22.

④ 康德实践哲学的“动机主义”自身也陷入理论困难，他把实践行为割裂成不可沟通的两个面向，即“本体”和“现象”（行为的内在动机、意向、准则属于前者，而行为的外在显现、结果属于后者），并主张前者是道德判断的依据，然而这种“本体”又不可能直接通过现象和经验被认知，故而只能求助于“推断”。这里的矛盾在于，康德既要求撇开行为的外在显现去判定行为，又要求从行为的结果中推论行为的意向；既要求去认识行为的内在动机，同时又认为我们对它不可能获得可靠的认识。关于这一问题，《纯粹理性界限范围内的宗教》第二篇第一章第三节“这一理念的实在性方面的困难及其解决”有所探讨，康德给出上述“二元论”式的解决方案，并不能完全令人信服。

⑤ Hegel：*Grundlinien der Philosophie des Rechts*，hrsg.von Johannes Hoffmeister，Hamburg：Meiner，1967，S.108.

志的行动(Tat)中仅仅承认这种东西是它的行为(Handlung)并只对其负责。——行动只有作为意志的过错才能归责于我;——这是认识的法。"①当行动者不仅知道自己的行为,而且知道为何做出这种行为以及行为可能引起的后果时,"故意"就成为"意图","由故意向意图的过渡在于,我不但应该知道我的个别行为,而且应该知道与它相关的普遍物。这样出现的普遍物是我希求的东西,就是我的意图。"②从历史角度而言,由于行为的后果、意义和影响需要放在更大的历史关联中才能显现出来,因此它们往往会超出行为主体的主观意图,正如文本的意义会"溢出"作者的意图,就此而言伽达默尔有其道理,但这并不意味着对意图的认识是多余的。在这一问题上,黑格尔的历史哲学提供了一种形而上学目的论的解决方案:历史的终极目的是自由,自由是合乎理性的东西;行为主体带着各自的特殊目的和利益相互争斗、相互影响,所产生的结果和效果未必符合他们各自的意图,反而恰好实现了理性的客观目的;行为者的特殊意图与行为结果的历史意义之间的这种不一致性,黑格尔称之为"理性的狡计"(List der Vernunft)。这种说法很容易被宿命论式地误读,"人们设想有一个飘浮于世界之上的神圣本质、一个出没于世界历史的幽灵、一个潜伏于历史中的'特务'"③;实际上,世界史无非是普遍精神的实践过程和实现过程,而普遍精神、世界精神就是从有限精神的辩证运动中产生出来的,在这种实践过程中,目的和意图不仅对于特殊个体,而且对于精神整体而言都是实践活动的本质因素。

同样,诠释学也无法回避关于作者意图的认识论问题。伽达默尔之所以不太注重这一点,是因为他反对作者中心主义和心理主义,反对通过心理移情等方法重构作者的意图(主要针对施莱尔马赫),转而对文本与读者互动过程

---

① Hegel: *Grundlinien der Philosophie des Rechts*, hrsg. von Johannes Hoffmeister, Hamburg: Meiner, 1967, S.107.

② Hegel: *Grundlinien der Philosophie des Rechts*, Frankfurt am Main: Suhrkamp, 1989, S.223.

③ Klaus Vieweg: *Das Denken der Freiheit: Hegels „Grundlinien der Philosophie des Rechts“*, Paderborn: Fink, 2012, S.504.

中的意义生成进行一种现象学的描述。如赫施所言，在文学发展史上，自20世纪20年代以来，就已出现一种“摆脱作者”的思潮，“在最早的、最关键的抨击浪潮（由艾略特、庞德及其同道发起）中，战场在文学领域：与‘文本的意义不受作者约束’这一命题相关的文学教条是，最好的诗是非个人的、客观的和自主的，它通往自身的后续存在，完全切断了与作者生命的联系。”①如果说新教改革以“唯独圣经”原则把圣经文本从“解释者”那里解放出来，那么这里则要求将文本从作者那里解放出来，不仅作者在解释自己的文本时不具有必然的权威性，而且文本的意义也不取决于作者的意图。伽达默尔的诠释学助长了这种思潮，法国的后结构主义则将之极端化，以至于罗兰·巴特提出“作者之死”②，福柯主张“书写主体消失”③，至今仍有不少国内外学者极力鼓吹这种观点，在具体诠释过程中表现为不顾作者原意，任意发挥。然而，所有以交流（与他人交流、自我交流）为目的的言谈、写作都预设了一个前提：言说者或作者能够或多或少地表达自己的意图。这也就是言语行为理论所主张的“可表达性原则”（the principle of expressibility），“我能准确说出我的意图，这在原则上是可能的”④。语言是“由规则支配的意向行为”⑤，“意向对言语行为具有非常特殊的意义”⑥，写作亦是如此，只要作者进行写作，他总是相信自己能

---

① Eric Donald Hirsch: *Validity in Interpretation*, New Haven and London: Yale University Press, 1967, p.1.

② Vgl. Roland Barthes: „Der Tod des Autors“, in: *Texte zur Theorie der Autorschaft*, hrsg. von Fotis Jannidis, Gerhard Lauer, Matias Martinez und Simone Winko, Stuttgart: Reclam, 2000, S.185–193. 法文标题为“La mort de l'auteur”，最初于1967年以英文在 *Aspen Magazine* 上发表，随后于1968年在 *Manteia* 杂志上发表法文原版。

③ Cf. Michel Foucault: “What Is an Author?” in: *The Critical Tradition: Classic Texts and Contemporary Trends*, edited by David H. Richter, Bedford/St. Martin's, New York, 2007, pp.904–914. 法文标题为“Qu'est-ce qu'un auteur?”，系福柯于1969年在法国哲学协会所做的演讲。

④ John R. Searle: *Speech Acts: An Essay in the Philosophy of Language*, Cambridge University Press, 1999, p.19.

⑤ John R. Searle: *Speech Acts: An Essay in the Philosophy of Language*, Cambridge University Press, 1999, p.16.

⑥ John R. Searle: *Speech Acts: An Essay in the Philosophy of Language*, Cambridge University Press, 1999, p.17.

够在文本中表达自己的意图(至于能表达到何种程度则是另外一回事),在极端"解构主义"的意义上,即便作者的意图就是不表达任何意图,那么这也仍然是一种意图。言语行为理论把语言和意向性关联起来,旨在表明没有意向的语言不是真正的语言,否则语言将无法与自然界的任何一种其他声音区别开来。语言表达中必定包含着表达主体的意向、意图,基于此,完全把作者的意图排除在理解的任务之外,并不具有合理性。在不同的文本类型中,作者以不同的方式展开写作意图,诗歌创作可能带有无意识、跳跃的特征,而说理性的文本更加注重明晰性、逻辑性;在文本形成过程中又存在不同情况,时而作者无法做到在文本中将意图准确地表达出来,以至于文本不足以道出或者超出抑或扭曲地表达着作者的意图,时而是作者有意识地进行"隐微写作"(esoteric writing)。但无论如何,了解作者的意图可以促进对文本的理解,这种经验在理解与诠释的实践中显而易见,对作者的历史处境、写作背景加以研究,对作者的意图进行推断和分析,甚至会对文本理解产生重大影响。把文本的意义仅仅还原为作者的意图固然是不恰当的,但把作者的意图从文本理解驱逐出去同样不合理,基于语言表达的意向性,认识作者的意图应被视为诠释学的合法任务,它是构成文本诠释之客观性的阈限之一,正因为如此,近年来有学者呼吁"作者不能死"①。对意图的认识不仅是必要的,而且是可能的,这不意味着在纯粹的心理意义上实施,这种做法必定导致一种不可知论,因为每个个体的主观心理活动过程是不可重复、不可复制的;但意图并不是不可认知的"自在之物",行为的意图无非体现在行为的情境及其表现之中,而作者的意图无非表达在他的文本和生活关联之中,意图、情境关联以及意图所创造的结果之间互相诠释,通过综合考察、理性分析和循环诠释,我们对意图的理解、认知和评判得以可能。

综上所述,诠释学和实践概念都包含三大要素,伽达默尔的类比使人们注

① 参见张江:《作者能不能死》,《哲学研究》2016年第5期。

意到二者的相关性，有其积极意义；从第一个要素来看，我们对伽达默尔的矫正在于，重新把对意图的理解、认识拉回诠释学和实践哲学的视野，作者的原意和行为者的意图是诠释学和实践哲学不能回避的认识论、方法论问题。现在我们超出横向类比的框架，进一步考察诠释学的诸要素与实践概念的内在关联，亦即作者的言说和写作、理解者的理解和诠释等活动在何种条件下属于实践行为，它们在何种意义上具有实践性。

（2）理解、语言行为与实践

研究言说、写作、理解、诠释等活动与实践行为的关系，首先有必要再次借鉴亚里士多德关于知识、活动类型和学科的划分。众所周知，亚里士多德将知识分为理论知识、实践知识和制作知识，分别命名为科学（episteme）、实践智慧（phronesis）和技艺（techne）；与此相应有三种活动类型，即沉思/思辨（theoria）、实践（praxis）和制作（poiein）；就学科部门来看，分别对应着形而上学、数学、物理学，伦理学、政治学，以及诗学、修辞学、造船术等。亚氏三分法强调，“理智（dianoia）本身不推动任何东西，只有指向某种目的的实践理智才引起运动。实践理智其实也是制作活动的始因。因为，无论谁要制作某物，总是预先有某种目的。制作者所制作的作品本身不是目的，而是为着某人或某物。但实践的所作所为本身就是目的，好的实践/行为是目的，是欲求的对象。”① 根据这种区分，言说和写作（在亚氏那里主要指文学创作）主要属于“制作”而不是“实践”，相应地，被创作/制作的“作品”也就不同于实践行为的“结果”；此外，在这一框架中我们找不到“理解”与“诠释”的位置，联系亚氏《诠释篇》的基本观点以及现代诠释学的开端，似乎也只能把理解、诠释归为“制作”，施莱尔马赫就明确把诠释学界定为关于理解和解释的“技艺”（Kunst），诠释学是一种“技艺学”（Kunstlehre）、一套文本解读的技术和方法。在这一思想脉络中，言说、写作、理解、诠释等活动与实践没有太大关系，毋宁说它们属于制

① Aristotle：*Ethica Nicomachea*，1139a35－1139b4.

作、技艺、方法的范畴。

伽达默尔的贡献在于,以实践智慧概念为范型,揭示出理解的实践性,理解不再仅仅是“制作”(poiein)、技艺(techne,Kunst),而且是实践(praxis),完成了诠释学从技艺学、方法论到实践哲学的转换。如果说海德格尔开启了诠释学的本体论转向,那么伽达默尔不仅完成了这种本体论转向,而且完成了诠释学的实践哲学转向,这并非是说在他思想内部发生了实践转向,而是相对于此前的方法论诠释学而言。伽达默尔的诠释学从一开始就转向了实践哲学,即从技艺学转向实践哲学,他主要在亚里士多德的意义上使用实践概念,“在实践一词中,包含了我们全部的实践事务、一切人类行为和举动,以及人类在这个世界上的自我调整——也包括人类的政治、政治协商和立法。我们的实践——它是我们的生活形式。这种意义上的实践是亚里士多德所创立的实践哲学的主题。”①伽达默尔首次把诠释学与实践哲学关联起来,诚如哈贝马斯所言:“在我看来,伽达默尔的真正成就在于证明,诠释学的理解与行为导向的自我理解有先验必然的关联。”②关于伽达默尔对理解的实践性之阐明,学界已有较多研究和发挥推进③,在此不作赘述,仅扼要概括出一些基本线索和视角:(1)理解的应用性。伽达默尔强调理解、解释和应用的统一,“在理解中总是开展着一种应用[活动],即把被理解的文本应用于诠释者的当前处

① Gadamer:*Hermeneutik*, *Ästhetik*, *praktische Philosophie*: *Hans-Georg Gadamer im Gespräch*, hrsg.von Carsten Dutt, Heidelberg: Winter, 1995, S.65.

② Jürgen Habermas: *Zur Logik der Sozialwissenschaften*, Frankfurt am Main: Suhrkamp Verlag, 1985, S.295.

③ 参见彭启福:《理解的应用性与伽达默尔的“实践哲学走向”》,《哲学动态》2005 年第 9 期;张能为:《理解的实践——伽达默尔实践哲学研究》,人民出版社 2002 年版;潘德荣:《“德行”与诠释》,《中国社会科学》2017 年第 6 期,《理解、解释与实践》《中国社会科学》1994 年第 1 期;何卫平:《解释学与伦理学——关于伽达默尔实践哲学的核心》《哲学研究》2000 年第 12 期;牛文君:《诠释学的教化和教化的诠释学》《哲学研究》2015 年第 11 期,《具体化:关联伽达默尔诠释学和实践哲学的重要概念》《安徽师范大学学报》2008 年第 3 期。Günther Buck: *Hermeneutik und Bildung*, München: Wilhelm Fink Verlag, 1981. Anders Odenstedt: “Hegel and Gadamer on *Bildung*” (in: *The Southern Journal of Philosophy*, XLVI.2008)。

境”①。理解内在地包含着解释和应用，解释和应用不是跟在理解之后，而是发生在理解之中，这一点使得作为实践的理解区别于技术上的应用，在后者那里，往往先有一种“说明书”，即通用的方法、规则、程序，然后在具体操作中应用。理解者则始终已经带着理解的前结构、自身的处境与文本发生“碰撞”，意义在这种自我调整、自我更新的中介运动中生成，它不是对作者“原意”和文本“原义”的复制，而是一种应用和具体化。(2)理解是普遍性的具体化，是去实现“具体的普遍性”。伽达默尔揭示了理解与实践智慧具有相同的逻辑结构，即普遍性与特殊性的统一。实践智慧旨在联结普遍性和特殊性，在具体的情境中选择合乎德行的行为。“如果诠释学问题的真正制高点在于，同一个流传物必定每次都被不同地理解，那么，从逻辑上看，这里牵涉到普遍和特殊的关系问题。”②用黑格尔式的说法，即是实现具体的普遍，伽达默尔坦言：“我最终懂得将其看作诠释学基本经验的东西，正是对普遍的东西具体化这一伟大的主题，这样我又一次与黑格尔走到了一起，他是关于具体的普遍性［这一问题］的伟大导师。”③在黑格尔那里，一切实践行为本身就是普遍性(Allgemeinheit)、特殊性(Besonderheit)和个别性(Einzelheit)的统一，“伦理”(Sittlichkeit)作为抽象法与道德的统一，是善的具体实现，是具体的普遍性，构成客观精神发展的最高阶段。(3)理解的伦理价值取向和教化功能。理解面临的主要对象是流传物，它使精神的客观化物成为流动的意义，使传统中的经典具有现实性，从而承担着化育功能，发挥着价值导向作用。诠释应当基于“德行”，德行诠释学“预示着世界诠释学研究的未来走向：融合中、西的诠释思想，且将诠释的本体论、方法论与德行论融为一体”④。

---

① Gadamer: *Wahrheit und Methode*, GW Bd.1, Tübingen: Mohr, 1990, S.313.

② Gadamer: *Wahrheit und Methode*, GW Bd.1, Tübingen: Mohr, 1990, S.317.

③ Gadamer: „Das Erbe Hegels“, in: GW Bd.4, Tübingen: Mohr, 1987, S.471.

④ 潘德荣：《“德行”与诠释》，《中国社会科学》2017年第6期。

如果说理解的实践性维度在伽达默尔的诠释学中得到彰显,理解不仅仅是一种“技艺”、方法,而且具有实践性,那么言说、写作与实践的关系如何?它们是否仅仅属于制作?亚里士多德的上述分类确实容易导致这种误解。实际上,不管口头的还是书面的,诸如许诺、侮辱、勉励、撒谎、责骂、谣言、抗议、政治宣言等言语行为(speech acts)和语言行为(linguistic acts),都具有明显的实践意义(政治的、道德的或伦理的),亚里士多德也不会否认这一点,它们不再是单纯的制作,而是属于实践行为。在这个问题上,言语行为理论有突出贡献,因为它提出了一种近乎极端的看法:“言即行”“说话就是做事”,这种观点最大程度地摧毁了横亘在“言”与“行”之间的严格界限。其代表人物为奥斯汀,他接续后期维特根斯坦的思想,把语言的语用意义推向极端,“言说就是做事”是他的核心命题,言语不仅仅描述事态,而且同时就是行为本身,命令、道歉、警告、批评等都是意味着改变现实。他区分了言语行为的三个层次,即言内行为/以言表意(locutionary act)、言外行为/以言行事(illocutionary act)和言后行为/以言取效(perlocutionary act),言内行为是指语言表达的指称、含义,言外行为是指语言的力量、说话所实施的行为,而言后行为则是指言语产生的后果和影响。例如,言内行为:他对我说“射击她!”“射击”的意思是射击,“她”指代她;言外行为:他命令我射击她;言后行为:他说服了我射击她。① “一般而言,实施一种言内行为,我们可以说它本身也是在实施一种言外行为”②,在奥斯汀看来,言语行为同时包含着以上三个层次,言语不仅指称、描述、表意,而且同时将这种内容付诸实施并产生实际的效果。塞尔进一步发展了奥斯汀的言语行为理论,主张说话就是完成一系列的语言活动,如陈述、命令、许诺等。塞尔将言语行为区分为四个层次:发声行为(utterance act),即说出语词(词素、句子);述谓行为(propositional act),即指称和陈述;言外行为(illocutionary act),即声明、提问、命令、许

---

① Cf.Austin:*How to Do Things with Words*? Oxford University Press,1962,p.101.

② Cf.John L.Austin:*How to Do Things with Words*? Oxford University Press,1962,p.98.

诺等;言后行为(perlocutionary act),即对听者产生的效果。① 根据言语行为理论,对言语/语言的理解与对言语/语言行为的理解是一回事,其中意向性对语言的意义而言具有决定作用,意向、意图是构成语言行为的必要因素,如前所述,不包含意图的语言不是真正的语言,亦不是语言行为。塞尔强调,意图本身是行为的组成部分,并非首先具有一种意图然后再引起行为,语言理论属于行为理论,并且真正的语言(口头的或书面的),都已经是行为。他抹平了索绪尔关于语言(langue)和言语(parole)、共时性与历时性的区分,并论证"对言语行为的充分研究就是对语言的研究"②。"因此,并没有两种不可约化的截然不同的语义学研究,即对句子含义的研究和对言语行为之表现的研究。"③言语行为理论向我们展示了深刻的一面:语言不仅仅是一套符号系统,语言本身就是行为,具有实践性。语言表达的实践性,不仅仅在于语言产生于交往实践并反过来影响现实世界,而且在于语言直接就实践,是改变现实的力量。在这一点上,作者和读者的差异也被抹平了,实践性贯通了言语、写作、理解和诠释,它们都是语言行为,在语言中发生和展开,同时具有实践意义。

不过,在宽泛的意义上,我们仍然应当保留语言行为的"制作""技艺"面向,因为有些语言活动未必是严格的"实践/行为",至多算得上一般的"行动"。为了更加细致地辨析实践/行为概念,有必要进一步区分"行动"和"行为",黑格尔是明确对此做出区分的第一人,他的实践哲学在三个层次上展开,"(a)行动者、'人格'(*Person*)在形式法意义上的行动(*Tun*),(b)道德主体的行为(*Handeln*)和(c)伦理主体的行为(*Handeln*)"④。黑格尔关于行动和

---

① Cf.Searle:*Speech Acts*:*An Essay in the Philosophy of Language*,Cambridge University Press,1999,pp.24-25.

② Searle:*Speech Acts*:*An Essay in the Philosophy of Language*,Cambridge University Press,1999,p.17.

③ Searle:*Speech Acts*:*An Essay in the Philosophy of Language*,Cambridge University Press,1999,p.17.

④ Klaus Vieweg:*Das Denken der Freiheit*:*Hegels „Grundlinien der Philosophie des Rechts"*,Paderborn:Fink,2012,S.155.

行为的区分有以下几点值得注意:(1)意图是行为的构成要素,如果撇开认知上的意图,那么既不能将德行亦不能将责任归之于行动者。“只有加上意向(故意和意图),区别于从形式法上分析行动(Taten),才能谈得上是行为(Handlungen)。”①在这种界定之下,所谓的本能行为、无意识行为,如“刺激—反应行为”、梦话等都不是严格意义上的实践行为,它们其实也很难称得上是一种行动。行动和行为的区别在于,前者未必有明确的故意和意图,例如在俄狄浦斯的悲剧中,按照黑格尔的解释,俄狄浦斯有杀死老人、娶忒拜王后的行动,但没有弑父娶母的行为,因为他并没有这种意图,俄狄浦斯最终却把所有后果都归因于自己,这种不区分行动与行为的做法被黑格尔称为“英雄的自我意识”。“英雄的自我意识(例如在俄狄浦斯等古代悲剧中),还没有从它的天真中走出而达到反思,以区分行动(*Tat*)和行为(*Handlung*)、外部事件和故意以及对各种情况的认识,也没有达到对种种后果进行分析,而是承担了行动全部范围的责任。”②安提戈涅则不同,她埋葬自己的哥哥,具有明确的意图,“如果伦理意识事先认识到法则和它所反对的势力,它把这种势力视为暴力和非正义、伦理上的偶然性,并像安提戈涅那样明知故犯地(wissentlich)作下罪行,那么,伦理意识就更为完全,其过失也就更纯粹。”③由此看来,言语行为理论强调语言表达的意向性,并把命令、同意、反对等明显具有实践特征的活动归为言语行为,有其合理性;不过从宽泛的意义来看,语言活动(说话、写作、理解、诠释)也可能仅仅是行动和制作,不具有充分的实践意义。(2)与纯粹的行动不同,行为必定具有实践意义,亦即在道德层面上一定是可评价的,能以规范判断界定其或善或恶的性质。亚里士多德尝言:“实践智慧是一种

---

① Klaus Vieweg: *Das Denken der Freiheit*: *Hegels „Grundlinien der Philosophie des Rechts“*, Paderborn: Fink, 2012, S.154.

② Hegel: *Grundlinien der Philosophie des Rechts*, hrsg. von Johannes Hoffmeister, Hamburg: Meiner, 1967, S.108.

③ Hegel: *Phänomenologie des Geistes*, Hamburg: Meiner, 2006, S.309-310.

求真的、合乎逻各斯的行为品质，与善恶（对于人而言）相关。”①他认为，好的实践/行为需要满足一系列的条件：正当性、有意识、主动选择、稳定性。“合乎德行的行为并不仅仅因它以某种方式完成而是公正的或节制的，行为者的行为还必须出于某种状态：首先，他知道那种行为；其次，他是经过选择而那样做，并且是因那行为自身之故而选择它的；第三，他的行为是坚定、稳固的。”②有些行动尽管具有意向性，但不具有充分的实践意义，例如用餐、饮水、购物、一般的说话、写作、艺术创作③、理解、诠释等，只有当它们具有道德或伦理的相关性时，才称得上是实践/行为，例如食用受法律保护的野生动物、制造核武器或克隆人、政治宣言、关涉实践问题的文本、艺术作品以及对它们的理解与解释。（3）道德（moralisch）实践有待于向伦理（sittlich）实践提升。黑格尔的实践哲学并不停留于关注道德意义上的善，他批评康德的“道德世界观”，这里所谓的善还只是抽象的“良心”，道德上的“善”只有在伦理中才能真正实现。从黑格尔逻辑学的视角来看，实践行为是普遍性、特殊性和个别性的统一，它要实现具体的普遍，道德“判断”（Urteil）须过渡到伦理“推理”（Schluss），前者是一种“区分”，后者是一种“结合”、统一。“这条道路必然由善通往活生生的善（伦理），由零碎片面的生活形式通往多样性统一的现代生活形式、现代生活世界。”④

结合以上分析，我们可以把人的各种活动区分为五个层次：（1）生命的营养、发育、感觉活动。主要就生物器官功能而言，为人和动物所共有。（2）具有心理学、社会学意义的刺激—反应行为（behavior），即行为主义（behaviorism）

① Aristotle：*Ethica Nicomachea*，1140b4-6.

② Aristotle：*Ethica Nicomachea*，1105a28-33.

③ 艺术创作在亚里士多德和黑格尔那里具有不同的地位，在前者那里属于制作的技艺，不同于科学（episteme）和实践（praxis），在后者那里则是以直观的方式把握绝对，属于绝对精神，而实践属于客观精神。

④ Klaus Vieweg：*Das Denken der Freiheit*：*Hegels „Grundlinien der Philosophie des Rechts“*，Paderborn：Fink，2012，S.228.

意义上的行为。(3)行动(Tun/Tat/Aktion)或制作(poiein)。(4)行为艺术(performance art,action art),介于行动和行为之间,兼具制作和实践特征①。(5)实践、作为实践的行为(Handeln/Handlung als Praxis)。如前所述,这个领域已然十分广袤,包含了我们全部的实践事务以及人类在这个世界上的自我调整,这是实践哲学的主题。基于此,我们更加清楚地界定了实践/行为概念,并澄清理解、语言行为和实践之间错综复杂的关系。当然,需要指出的是,有时候制作与实践、行动与行为的界限没有那么清晰,甚或互相影响,例如,技术的研发本身是一种制作,但它的产生和应用往往受到实践旨趣和社会价值规范的引导,从而具有实践性,同时新技术的发明和应用又会反作用于实践生活。上文已表明,理解和语言行为在何种意义上具有实践性,下文将反向考察实践行为中如何也包含着认知和理解的要素,实践何以具有诠释学的维度。

(3)实践的语言性、认知面向和理解面向

首先,从主体来看,实践行为以主体的认知、理解和语言为前提。即使一般的行动,也需要语言性的认知。"几乎所有的人类行为,……都被语言所渗透"②。塞尔和德雷福斯(Dreyfus)之间有过一场争论,后者主张存在着一种"前语言"的"熟悉应对"(skillful coping),前者则认为这是不可能的,以打篮球为例,"篮球运动员必须知道得分,必须知道他属于哪个球队,必须知道他们是在进行区域防守还是盯人防守,计时器上还剩多少时间,比赛还剩多少时间,暂停时间还剩多少,等等。所有这些知识都构成了运动员'熟悉应对'的一部分,并且它们都以不同的方式具有语言性"③。人类的行动以有意识、有

---

① 例如,《赫尔之海》(Sea of Hull)不仅是以"行动"为媒介创作/制作出来的艺术作品,而且同时是实践("游行"),以此表达对环境、气候变化的担忧。

② Searle:"The Limits of Phenomenology", in: *Heidegger, Coping, and Cognitive Science: Essays in Honor of Hubert L.Dreyfus*, Vol.2, edited by Mark A.Wrathall and Jeff Malpas, The MIT Press, 2000, p.78.

③ Searle:"The Limits of Phenomenology", in: *Heidegger, Coping, and Cognitive Science: Essays in Honor of Hubert L.Dreyfus*, Vol.2, edited by Mark A.Wrathall and Jeff Malpas, The MIT Press, 2000, p.79.

目的为特征,从而区别于盲目的机械运动和生化运动,人类的实践行为都直接或间接地与语言相关,内在地包含着认知和理解,亚里士多德宣称,实践离不开逻各斯之“知”,实践的逻各斯是出于意愿的行为的必要条件,真正意义上的行为/实践总是包含“知”的要素。按照黑格尔的看法,实践性的意愿(Wollen)和理论性的思维(Denken)不应被割裂对待,好像它们是两种不同的能力,意志本身就是一种特殊的思维方式,即“把自身转变为定在(Dasein)的那种思维”,“精神就是思维一般,人之异于动物就在于思维。但是一定不要认为,人一方面思维着,另一方面意愿着,他一个口袋装着思维,另一个口袋装着意志,因为这是一种空洞的想法。思维和意志的区别只是理论态度和实践态度的区别,而不是说有两种能力(Vermögen)”①,这一观点克服了康德把知、情、意视为三种能力的严格区分,以及对知识与实践的严格划界,实践是一种特殊的“知”,即把思维之知外化为现实中的定在。伽达默尔则强调,实践中包含着理解和诠释,这也实践哲学的诠释学面向。实践总是与具体的情境相关,在特殊的处境中,“什么是合理的,什么是在正当的意义上应当去做的,恰恰并没有在您获得的关于善恶的普遍导向中被给出,就像技术性的使用说明给出工具操作方法那样,而是您必须自己决定去做什么。为此您就得理解您的处境,您必须诠释它。这就是伦理学和实践理性的诠释学维度。”②实践行为处理的是特殊的事务,既没有统一的“说明书”可循,也不应以“专家统治”(Expertokratie)“技术统治”(Technokratie)取代自己的抉择,行为主体必须运用自己的意志自由,自己思考、权衡各种因素,自己决定如何行动,将抽象的善转化为具体的善,实践所完成的乃是个别、具体的普遍性,在此过程中需要理解和诠释,它们是权衡和选择的必要条件。实践同时与语言性密切相关,我们

---

① Hegel:*Grundlinien der Philosophie des Rechts*,Frankfurt am Main:Suhrkamp,1989,S.46-47.

② Gadamer:*Hermeneutik*,*Ästhetik*,*praktische Philosophie*:*Hans-Georg Gadamer im Gespräch*,hrsg.von Carsten Dutt,Heidelberg:Winter,1995,S.66.

对世界的全部经验渗透在语言之中,“能被理解的存在是语言”①,与言语行为理论的“以言行事”和海德格尔独白式的语言观不同,伽达默尔主要在“对话”的意义上探讨语言性,揭示出实践中包含着理解的面向,理解具有对话的结构,是理解者的“前理解”和被理解对象之间的中介运动,以及在这种中介运动中达成的视域融合。“关于我们的实践处境以及在这种处境中应当如何做,这种相互理解不是一件独白的事务,而是具有对话的特性。人与人相互关联!我们的生活形式具有‘我—你’特性、‘我—我们’特性和‘我们—我们’特性。在我们的实践事务中,我们被相互理解所指引。而相互理解发生于对话之中。”②

其次,从过程来看,实践行为本身就是一种“表达”“翻译/转化”(Übersetzen),从而具有语言性。实践行为的语言性不仅在于它总是已经受到某种语言性的认知和理解之引导,而且它本身就是一种具有语言性的表达。表达的本义是“外化”“走出来”(Aus-druck,ex-pression),实践行为的过程无非就是把主体的内在目的带向客观现实的过程。黑格尔在《法哲学原理》中的相关论证值得借鉴,他分析了意志的各环节,就意志的特殊化(Besonderung)过程而言,行为勾连着目的与结果,并将二者囊括于自身之内,“通过活动与手段的中介把主观目的转化为客观性”③,完整的行为包括目的、手段和结果等环节,它的生成过程就是通过一定的手段和中介由内在走向外在,把内在的目的、意图“表达出来”,生成客观的定在(行为结果)。在《精神现象学》中黑格尔阐明了“实践理性”对“观察理性”的扬弃,其关键在于,观察理性阶段的“意识之内”与“意识之外”的绝对差别被实践行为破除了。“只为使自在的/潜在的(an sich)成为为着意识的(für es),意识必须行为,或者说,行为正是作为意识的

① Gadamer:*Wahrheit und Methode*,GW Bd.1,Tübingen:Mohr,1990,S.478.

② Gadamer:*Hermeneutik,Ästhetik,praktische Philosophie:Hans-Georg Gadamer im Gespräch*,a.a.O.,1995,S.66.

③ Hegel:*Grundlinien der Philosophie des Rechts*,hrsg.von Johannes Hoffmeister,Hamburg:Meiner,1967,S.33.

精神生成过程。”[1]意识不再仅仅是一种内在的东西，而是从内在性中走出来，将潜在的东西“表达”出来，生成现实的精神客观化物，这是理性由“静观”走向实践行动的关捩点。进一步来看，实践行为绝非只是个人之事，它必然处于与他人的关联之中，植根于伦理生活共同体、社会交往共同体，从而具有主体间性和社会性，这也是实践行为作为一种“表达”之所以能被理解的意义场域，而这种意义空间属于诠释学的阈限。

最后，从结果来看，实践行为产生的乃是精神的客观化物、意义的客观化物（Sinnobjektivation），就此而言，对行为的理解与对文本的理解具有相似性。缺乏意义的东西不可能被理解，实践行为的结果作为外化出来的意义之客观定在进一步成为认知、理解、诠释和评价的对象。“若认为诠释学局限于语言的有声表达、文本或类似于文本的东西等实存，在此前提之下考察行为诠释学（Handlungshermeneutik）的可能性，那么它可能就毫无希望。相反，诠释学的理论有充分理由表明，对于行为和行为情境的理解，**意义的客观化物**（也包括语言的有声表达等）这一范畴已足够。行为、一般的人类实践，完全充分地展现给理解，即使它在语言发声的意义上是无声的或者只是不充分的表达。”[2]布克（Günther Buck）进而将“行为诠释学”普遍化：由于实践行为总已经是一种自我展示/表达（Darstellung），被称为“文本”的语言构成物不过是一种特殊的展示/表达，是一种特殊的行为样式，因此文本诠释学只是行为诠释学的一个特例。我们承认，行为的结果和文本作品都是意义的客观化物，对行为的理解与对文本的理解具有相似性，同时理解过程中也都包含着视域融合和效果历史运动；但如同前文已论证的，文本、作品有可能主要属于“制作”层面，制作的作品本身不是目的，而是为着某人或某物，但实践的所作所为自身就是目的。严格说来，对于制作的作品只能进行优劣评价，而不能进行善恶评价，在

---

① Hegel：*Phänomenologie des Geistes*，Hamburg：Meiner，2006，S.263-264.

② Günther Buck：*Hermeneutik und Bildung*，München：Wilhelm Fink Verlag，1981，S.25.

人的诸多活动层次中只有实践的所作所为才具有道德伦理上的相关性①,准此,不宜简化处理文本诠释学与行为诠释学以及实践哲学的关系,即把前者归结为后者的一个特例。

2. 诠释:公共性、技术性与伦理性的统一

基于以上考察,我们试图进一步提炼出一种更为合理的诠释理念:在理解、诠释、认知、方法与实践的互摄、互动中生成既有客观性,又具开放性、公共性和价值导向的意义空间,概而言之,一种集公共性、技术性和伦理性于一体的诠释理念,以期为当前诠释学研究面临的困境开拓思路。

从哲学诠释学出发,结合实践哲学的传统以及言语行为理论等视角,我们分析了"理解"的不同维度及其与"实践"的亲缘关系。纵观诠释学发展史,从"前诠释学"、方法论诠释学到本体论诠释学,当代诠释学的发展在某种程度上遇到瓶颈,要么在本体论诠释学中停滞不前,要么走向后现代的相对主义和虚无主义。针对这一困境,学界利用中西诠释思想资源,提出不同的解决思路,潘德荣提出德行诠释学,张江提出公共阐释理论,何卫平提出以哈贝马斯、利科为代表的诠释学第三次转向②,对上述偏颇起到一定的矫正作用。在这种研究背景下,我们认为,有必要重新返回到实践哲学,厘清诠释学和实践哲学的关系,强调理解与实践的互摄、互动和统一,同时不抛弃诠释学的认知技艺、方法之维,倡导一种既具客观性又具开放性和实践价

---

① 举例来说,蹩脚的鞋匠制作出既不美观也不实用的鞋子,在他没有道德上的恶意动机这一前提下,对他的"作品"只能进行优劣评价,而不能把这种技艺不精评价为"恶"。但所有的实践行为都具有道德、伦理上的相关性,与善恶密切相关。尽管亚里士多德伦理学区分了制作和实践,并强调实践智慧与善恶相关,但他的"功能论证"却又抹平了"善""恶"("好""坏")的使用语境,agaton(好、善)既被用于描述人的实践行为,也被用于其他"非实践"的领域(例如一座好的建筑、一匹好马)。以康德道德哲学之后的视野来看,这样的表述(尽管日常生活仍然常见)实际上已经不准确了,至少是不严格的。

② 参见潘德荣:《"德行"与诠释》,《中国社会科学》2017 年第 6 期;张江:《公共阐释论纲》,《学术研究》2017 年第 6 期;何卫平:《西方解释学的第三次转向——从哈贝马斯到利科》,《中国社会科学》2019 年第 6 期。

值导向的公共诠释。

实践生活、伦理生活的共同体和公共诠释互相促进。理解和自我理解以共同生活的伦理世界为基础，人们是在公共领域中实现互相理解和自我理解的。哈贝马斯认为，“反思的生活经验，……必定始终已经在同其他主体的相互理解之媒介中运转。我只是在‘共同性的领域’（Sphäre von Gemeinsamkeit）中理解我自己，在这个‘共同性的领域’中，我同时在他人的客体化（Objektivationen）中理解他人”①。狄尔泰借用黑格尔的术语，将这种公共领域称之为客观精神，并以此说明公共诠释何以可能，“在这种客观精神的王国里，任何单个的生活表现都代表着一个共同的东西。每一个词，每一句话，每一个表情或者礼节形式，每一件艺术品和每一种历史活动之所以是可以理解的，是因为一种共同性把在它们中表现出来的东西同理解者连在一起；单个的人始终是在共同性的领域中生活、思想和活动，并且只能在这种共同性中理解。”②质言之，“理解最初产生于对实践生活的兴趣，在这里人们依赖于相互之间的交往。他们必须相互理解，一个人必须知道另一个人想要什么。理解的基本形式最初就是这样形成的。”③

理解具有语言性，具有对话的逻辑结构，在理解的对话中产生意义的共享与交换，从而也使世界经验、生活经验具有了语言性。语言是公共的媒介，意义的普遍可传达性依赖于此，诚如维特根斯坦所论证的，一种绝对的“私人语言”是不可能的，语言总是已经具有公共性。对于诠释学而言，即使面对非语言形式的理解对象，例如古迹、行动、事件等，它们之所以能被理解最终也是基于语言，按照伽达默尔的看法，这是因为它们向我们“诉说”，我们与之对话，在理解者与被理解者之间进行着一种公共性的转换。当然，

① Jürgen Habermas：*Erkenntnis und Interesse*，Frankfurt am Main：Suhrkamp，1991，S.197.

② Dilthey：*Der Aufbau der geschichtlichen Welt in den Geisteswissenschaften*，GS Bd.7，Göttingen [u.a.]：Vandenhoeck & Ruprecht，S.146-147.

③ Dilthey：*Der Aufbau der geschichtlichen Welt in den Geisteswissenschaften*，GS Bd.7，Göttingen [u.a.]：Vandenhoeck & Ruprecht，S.207.

直接采取语言形式的言说、文本是公共理解与公共诠释最为充分的例证。对于实践生活而言,交往行为是重要的组成部分,语言与交往相互作用,一方面交往促进语言的产生,另一方面语言的公共性又使交往成为可能。如前所述,哈贝马斯区分了工具行为、策略行为和交往行为,并致力于交往行为的合理化。“我把这样一些以语言为中介的互动视为交往行为,在这些互动中,所有的参与者通过其言语行为来追求以言行事的目标,而且只追求这样的目标”①,这一界定吸收了言语行为理论的思想,并使交往、语言、实践关联成一体,交往行为以语言为媒介,旨在通过对话、协商,达到人与人之间的相互理解与协调②。交往行为的合理化意味着人的解放,交往者遵循主体间的相应规范,这些规范表现了主体之间对对方的期待,交往行为的参与者所提出的相互认可的合理要求,使共同行为取得一致成为可能,这也是一种公共理解与公共诠释之效果。在哈贝马斯看来,交往行为本质上属于言语行为,通过语言言说的三种不同方式(断言式、调节式和表达式),言语行为者与世界建立了不同的关系,每个行为者都会明确或不明确地提出相应的有效性要求,换言之,合理交往、公共理解与公共诠释包含以下指标:论及客观世界时,应当具有陈述的真实性/真理性(propositionale Wahrheit);论及社会世界时,应当合乎规范的正当性/正确性(normative Richtigkeit);论及主观世界时,应当遵循表达在主观上的真诚性(subjektive Wahrhaftigkeit)。凡是语言行为受阻或被歪曲的地方,便不会有合理的交往,交往行为反思地同客观世界、社会世界和主观世界相关联,只有当真实性、正当性、真诚性三个指标同时满足,才有可能

① Jürgen Habermas:*Theorie des kommunikativen Handelns*,Bd.1,Frankfurt am Main:Suhrkamp,1982,S.396.

② 当然,哈贝马斯并没有否认其他类型的行为往往也需要以语言为媒介。“反之,如果互动中至少有一个参与者试图通过他的言语行为在对方身上唤起以言取效的效果,那么,我把这种互动视为以语言为中介的策略行为。”(Jürgen Habermas:*Theorie des kommunikativen Handelns*,Bd.1,Frankfurt am Main:Suhrkamp,1982,S.396)哈贝马斯强调,以言行事是交往行为的唯一目的,他主张用交往行为代替策略行为,以使交往合理化。

实现交往的合理化。这种合理化显然也包含着实践的价值取向之要求，即制定并遵守交往共同体成员所认可的价值规范体系，创造理想的话语环境，充分发挥商谈在社会领域中的作用，建立公正的程序，促成有效、真实的共识，这正是其商谈伦理学（Diskursethik）致力于实现的目标。

主体与实践生活之间存在着辩证张力，这为时代精神的自我更新提供动力。理解与实践的互动所达成的一致不是一劳永逸的，它始终包含着面向未来、更新传统的要求，“谁若想完全进入到现代，谁就必须如此驾驭现代，以便在任何情况下都能够制造现代之物；同时他必须这样来理解古代，即不仅仅能够模仿它，而且任何时候都能够再创造（wiederschaffen）”①。生活实践不断变迁，理解与诠释不可能一劳永逸地穷尽真理，诠释活动在于遵循善的价值导向，在古代文本与当下实践生活的张力中起到中介、调节作用。公共诠释不是封闭不变的“一致性”，而是一场朝向合乎时代精神之发展潮流的自我调节运动，原先达成的一致性被突破，新的理解与共识不断凝成，意义的开放与更新，其动力正是来自理解与实践生活之间的张力。

综上所述，诠释首先要求知识的正确性和意义的可传达性、可分享性，不可避免地涉及认知论问题。其次，诠释与技术、方法密切联系，从“外在方法”的层次来看，认知的客观性、可靠性需要一定的方法论工具提供保障，而且这种“技术”并非机械的操作程序，它同时具有“艺术性”，解释者的个别性、特殊性和创造性始终参与其中，使得诠释过程成为多元开放的意义流动；从“内在方法”的层次来看，诠释作为内在的思想批判，是朝向“事情本身”、朝向真理的思想进程，因而它不仅是“认识论的”“方法论的”，而且同时是“本体论的”“现象学的”和“辩证法的”。最后，诠释的最终归宿是达到“知行合一”，应以实践上的价值为导向，追求一种合乎伦理德行要求的、具有普遍适用性的诠释。

---

① F.Schlegel:„Zur Philologie II“, in: *Kritische Schriften und Fragmente*[1794–1818], Bd.5, hrsg.von Ernst Behler und Hans Eichner, Paderborn: Ferdinand Schöningh, 1988, S.179.

参考文献

一、中文参考文献

[意]贝蒂:《作为精神科学一般方法论的诠释学》,载《理解与解释》,洪汉鼎主编,上海:东方出版社,2001 年。

[古希腊]柏拉图:《美诺篇》。

[德]狄尔泰:《精神科学引论》,艾彦译,北京联合出版公司,2014 年。

[德]狄尔泰:《精神科学中历史世界的建构》,安延明译,中国人民大学出版社,2010 年。

[法]费尔南·布罗代尔:《论历史》,刘北成,周立红译,北京大学出版社,2008 年。

[德]哈贝马斯:《包容他者》,曹卫东译,上海人民出版社,2002 年。

[德]哈贝马斯:《交往行为理论》第一卷,曹卫东译,上海人民出版社,2004 年。

[德]哈贝马斯:《诠释学的普遍性要求》,载《理解与解释》,洪汉鼎主编,上海:东方出版社,2001 年。

[德]哈贝马斯:《认识与兴趣》,郭官义,李黎译,学术出版社,1999 年。

[德]海德格尔:《在通向语言的途中》,孙周兴译,北京:商务印书馆,2004 年。

[德]海德格尔:《语言的本质》,载孙周兴编,《海德格尔选集》下卷,上海:上海三联书店,1996 年。

[美]赫施:《解释的有效性》,王才勇译,三联书店,1991 年。

[德]黑格尔:《逻辑学》,杨一之译,商务印书馆,2013 年。

[德]黑格尔:《美学》第一卷,朱光潜译,北京:商务印书馆,2013 年。

[德]黑格尔:《小逻辑》,贺麟译,商务印书馆,2003 年。

[德]黑格尔:《哲学史讲演录》第四卷,贺麟,王太庆译,商务印书馆,1997 年。

[德]伽达默尔、杜特:《解释学・美学・实践哲学:伽达默尔与杜特对谈录》,金惠敏译,北京:商务印书馆,2005 年。

[德]伽达默尔:《科学时代的理性》,薛华等译,北京:国际文化出版公司,1988 年。

[德]伽达默尔:《美的现实性——作为游戏、象征、节日的艺术》,张志扬等译,三联书店,1991 年。

[德]伽达默尔:《赞美理论》,夏镇平译,上海:上海三联书店,1988 年。

[德]伽达默尔:《哲学解释学》,夏镇平,宋建平译,上海:上海译文出版社,2004 年。

[德]伽达默尔:《真理与方法》,洪汉鼎译,上海译文出版社,2004 年。

[德]康德:《纯粹理性批判》,邓晓芒译,人民出版社,2004 年。

[德]康德:《实践理性批判》,邓晓芒译,人民出版社,2003 年。

[德]康德:《道德形而上学奠基》,李秋零译,《康德著作全集》第 4 卷,中国人民大学出版社,2005 年。

[德]马丁・路德:《论意志的捆绑》,见《路德文集》第二卷,上海三联书店,2005 年。

[奥]马赫:《感觉的分析》,洪谦,唐钺,梁志学译,商务印书馆,1986 年。

[奥]马赫:《力学及其发展的批判历史概论》,李醒民译,商务印书馆,2014 年。

[德]施莱尔马赫:《诠释学箴言》,载洪汉鼎主编,《理解与解释——诠释学经典文选》,东方出版社 2001 年版。

[荷]斯宾诺莎:《知性改进论》,贺麟译,商务印书馆,1986 年。

[荷]斯宾诺莎:《神学政治论》,温锡增译,商务印书馆,2013 年。

[德]文德尔班:《历史与自然科学》,王太庆译,载《现代西方哲学论著选辑》,洪谦主编,商务印书馆,1993 年。

[意]维柯:《新科学》,朱光潜译,商务印书馆,1989 年。

[意]维柯:《大学开学典礼演讲集:维柯论人文教育》,张小勇译,上海人民出版社,2012 年。

[德]席勒:《审美教育书简》,张玉能译,南京:译林出版社,2012 年。

[古希腊]亚里士多德:《解释篇》。

[古希腊]亚里士多德:《尼各马可伦理学》。

[德]李凯尔特:《文化科学和自然科学》,涂纪亮译,北京:商务印书馆,1991 年。

[德]李凯尔特:《李凯尔特的历史哲学》,涂纪亮译,北京:北京大学出版社,

2007 年。

[美]布鲁斯·马兹利什:《文明及其内涵》,汪辉译,刘文明校,北京:商务印书馆,2017 年。

[德]爱克曼:《歌德谈话录》,北京:人民文学出版社,1982 年。

[美]奥尔森:《基督教神学思想史》,吴瑞诚,徐成德译,北京:北京大学出版社,2003 年。

[美]伯格:《尼各马可伦理学义疏:亚里士多德与苏格拉底的对话》,柯小刚译,北京:华夏出版社,2011 年。

[德]克劳斯·费维克:《黑格尔的艺术哲学》,北京:商务印书馆,2018 年。

[法]雷比瑟:《自然科学史与玫瑰》,朱亚栋译,华夏出版社,2019 年。

[英]里克曼:《狄尔泰》,殷晓蓉,吴晓明译,中国社会科学出版社,1989 年。

[美]鲁道夫·马克瑞尔:《狄尔泰传——精神科学的哲学家》,李超杰译,商务印书馆,2003 年。

[英]罗宾斯:《简明语言学史》,许德宝等译,中国社会科学出版社,1997 年。

[美]乔治娅·沃恩克:《伽达默尔——诠释学、传统和理性》,洪汉鼎译,商务印书馆,2009 年。

[美]魏因斯海默:《哲学诠释学与文学理论》,郑鹏译,北京:中国人民大学出版社,2011 年。

[英]亚·沃尔夫:《十六、十七世纪科学、技术和哲学史》,周昌忠等译,商务印书馆,1991 年。

[荷]约斯·德·穆尔:《有限性的悲剧——狄尔泰的生命释义学》,吕和应译,上海三联书店。

邓安庆:《启蒙伦理与现代社会的公序良俗—德国古典哲学的道德事业之重审》,人民出版社,2014 年。

邓晓芒:《康德〈纯粹理性批判〉句读》,人民出版社,2010 年。

何卫平:《通向解释学辩证法之途》,上海三联书店,2001 年。

黄洋,晏绍祥:《希腊史研究入门》,北京大学出版社,2009 年。

李清良:《中国阐释学》,湖南师范大学出版社,2001 年。

潘德荣:《西方诠释学史》,北京大学出版社,2016 年。

彭启福:《理解、解释与文化——诠释学方法论及其应用研究》,人民出版社,2017 年。

彭启福:《理解之思——诠释学初论》,合肥:安徽人民出版社,2005年。

孙义文:《从方法到方法论意识的觉醒》,合肥工业大学出版社,2018年。

谢地坤:《走向精神科学之路》,南京:江苏人民出版社,2008年。

薛华:《黑格尔与艺术难题》,北京:中国法制出版社,2008年。

严平:《走向解释学的真理——伽达默尔哲学述评》,东方出版社,1998年。

张能为:《理解的实践——伽达默尔实践哲学研究》,人民出版社,2002年。

张汝伦:《〈存在与时间〉释义》,上海人民出版社,2012年。

张世英:《自我实现的历程》,山东人民出版社,2001年。

周光庆:《中国古典解释学导论》,北京:中华书局,2002年。

[美]罗伯特·哈里曼:《实践智慧在二十一世纪(下)》,《现代哲学》2007年第2期。

[美]帕尔默:《哲学诠释学的实用性》,《安徽师范大学学报》2006年第3期。

成中英:《本体诠释学三论》,《安徽师范大学学报》2004年第4期;《论本体诠释学的四个核心范畴及其超融性》,《齐鲁学刊》2013年第5期;《本体诠释学体系的建立:本体诠释与诠释本体》,《安徽师范大学学报》2002年第3期。

丁来先:《知识论与诠释学:导向差异对精神体验的影响》,《广西师范大学学报》2013年第2期。

傅永军:《论东亚儒学的经典意识及其诠释学效应》,《孔子研究》2017年第2期;《作为儒家经典诠释学的东亚儒学》,《中国社会科学评价》2017年第4期;《超克技术化时代个体行动的实践困境——对伽达默尔哲学诠释学伦理学的反思性讨论》,《道德与文明》2019年第6期;《论中国经典诠释传统现代转型的路径选择》,《哲学研究》2020年第1期。

何卫平:《解释学与伦理学——关于伽达默尔实践哲学的核心》,《哲学研究》2000年第12期;《哲学解释学的伦理学之维——伽达默尔对柏拉图和亚里士多德"善"观念的解读》,《道德与文明》2019年第6期;《西方解释学的第三次转向——从哈贝马斯到利科》,《中国社会科学》2019年第6期。

洪汉鼎:《论实践智慧》,《北京社会科学》1997年第3期;《诠释学与中国经典诠释问题及未来》,《武汉大学学报》2012年第4期。

洪汉鼎,李清良:《如何理解和筹建中国现代诠释学》,《湖南大学学报》2015年第5期。

景海峰:《从训诂学走向诠释学》,《天津社会科学》2004年第5期;《中国哲学的诠释学境遇及其维度》,《天津社会科学》2001年第6期。

李红:《对话与融合:当代西方分析哲学与诠释学的发展趋向》,《哲学堂》第一辑,2004年;《当代西方分析哲学与诠释学的融合:方法论维度》,《科学技术与辩证法》2004年第3期。

李兰芝:《朱熹的易学诠释学》,载《本体与诠释》,成中英主编,北京:三联书店,2000年。

林安梧:《"道"、"经典"与"诠释"——"经典诠释"的存有学探源》,《学术月刊》2014年第6期。

潘德荣:《认知与诠释》,《中国社会科学》2005年第4期;《理解方法论视野中的读者与文本——加达默尔与方法论诠释学》,《中国社会科学》2008年第2期;《诠释方法论意识的觉醒——从新教神学到浪漫主义诠释学》,《中国社会科学》2011年第2期;《"德行"与诠释》,《中国社会科学》2017年第6期;《经典诠释与"立德"》,《安徽师范大学学报》2015年第1期。

彭启福:《理解的应用性与伽达默尔的"实践哲学走向"》,《哲学动态》2005年第9期;《从"经学"走向"经典诠释学"》,《天津社会科学》2016年第3期;《论经典诠释的定位、性质和任务》,《学术研究》2018年第2期;《论经典诠释中的权责问题》,《学术界》2019年第5期;《文本的诠释和意义的创生》,《哲学动态》2002年第11期。

汤一介:《能否创建中国的"解释学"?》,《学人》第13辑,1998年;《再论创建中国解释学问题》,《中国社会科学》2000年第1期;《三论创建中国解释学问题》,《中国文化研究》2000年夏之卷;《关于僧肇注〈道德经〉问题——四论创建中国解释学问题》,《学术月刊》2000年第7期;《"道始于情"的哲学诠释——五论创建中国解释学问题》,《学术月刊》2001年第7期。

章国锋:《哈贝马斯访谈录》,《外国文学评论》2000年第1期。

张江:《作者能不能死》(《哲学研究》,2016年第5期);《公共阐释论纲》(《学术研究》,2017年第6期);《"阐""诠"辨》(《哲学研究》,2017年第12期);《关于公共阐释若干问题的再讨论(之一)》(《求是学刊》,2019年第1期)。

张能为:《实践就是伦理学实践——伽达默尔哲学伦理学的理论构想与意义理解》,《道德与文明》2019年第6期。

二、外文参考文献

Apel, Karl-Otto: *Die Idee der Sprache in der Tradition des Humanismus von Dante bis Vico*, Bonn: Bouvier Verlag Herbert Grundmann, 1975.

Aristoteles: *Aristotelis opera*, Vol.1, Berlin [u.a.]: de Gruyter, 1970.

Aristoteles: *Die Nikomachische Ethik*, griechisch – deutsch, übers. von Olof Gigon, neu hrsg. von Rainer Nickel, Düsseldorf [u.a.]: Artemis & Winkler, 2001.

Ast, Friedrich: *Grundlinien der Grammatik, Hermeneutik und Kritik*, Landshut: Thomann, 1808.

Austin, John L.: *How to Do Things with Words?* Oxford University Press, 1962.

Bacon, Francis: *The New Organon*, edited by Lisa Jardine and Michael Silverthorne, Cambridge: Cambridge University Press, 2000.

Behler, Ernst: *Derrida–Nietzsche, Nietzsche–Derrida*, München [u.a.]: Schöningh, 1988.

Behler, Ernst: *Frühromantik*, Berlin, New York: de Gruyter, 1992.

Beiser, Frederick C.: *The Genesis of Neo–Kantianism*, 1796–1880, Oxford: Oxford University Press, 2014.

Berlin, Isaiah: *Three Critics of the Enlightenment*, Princeton University Press, 2013.

Bernstein, Richard: *Beyond Objectivism and Relativism: Science, Hermeneutics, and Praxis*, Philadelphia: University of Pennsylvania Press, 1983.

Betti, Emilio: *Allgemeine Auslegungslehre als Methodik der Geisteswissenschaften*, Tübingen: Mohr, 1967.

Betti, Emilio: *Die Hermeneutik als allgemeine Methodik der Geisteswissenschaften*, Tübingen: Mohr, 1972.

Beuthan, Ralf: „Erfahrung und spekulatives Denken“ (unveröffentl. Manuskript).

Boeckh, August: *Encyklopädie und Methodologie der philologischen Wissenschaften*, hrsg. von Ernst Bratuschek, Leipzig: Teubner, 1886.

Bormann, Claus v.: „Die Zweideutigkeit der hermeneutischen Erfahrung“, in: *Hermeneutik und Ideologiekritik*, Frankfurt am Main: Suhrkamp, 1971, S.83–119.

Brandom, Robert: „Selbstbewusstsein und Selbst – Konstitution. Die Struktur von Wünschen und Anerkennung“, in: *Hegels Erbe*, hrsg. von Christoph Halbig, Michael Quante und Ludwig Siep, Frankfurt am Main: Suhrkamp, 2004, S.46–77.

Bubner, Rüdiger: *Dialektik und Wissenschaft*, Frankfurt am Main: Suhrkamp, 1974.

Bubner, Rüdiger: *Essays in hermeneutics and critical theory*, translated by Eric Matthews, New York: Columbia University Press, 1988.

Buck, Günther: *Hermeneutik und Bildung*, München: Wilhelm Fink Verlag, 1981.

Cassirer, Ernst: *Zur Logik der Kulturwissenschaften*, Göteborg: Elanders boktryckeri aktiebolag, 1942.

Crescenzi, Luca: „Fragwürdigkeit der romantischen Hermeneutik und ihrer Anwendung auf die Historik", in: *Hans-Georg Gadamer: Wahrheit und Methode*, hrsg. von Günter Figal, Berlin: Akademie Verlag, 2007, S.75-86.

Grondin, Jean: *Der Sinn für Hermeneutik*, Darmstadt: Wiss.Buchges., 1994.

Grondin, Jean: *Hermeneutische Wahrheit? Zum Wahrheitsbegriff Hans-Georg Gadamers*, Weinheim: Beltz Athenäum, 1994.

Derrida, Jacques: „Guter Wille zur Macht (I). Drei Fragen an Hans-Georg Gadamer", in: *Text und Interpretation: deutsch-französische Debatte*, hrsg. von Philippe Forget, München: Fink, 1984, S.56-58.

Dilthey, Wilhelm: *Der Aufbau der geschichtlichen Welt in den Geisteswissenschaften*, GS Bd.7, Leipzig [u.a.]: Teubner, 1992.

Dilthey: „Die Entstehung der Hermeneutik", in: GS Bd.5, Stuttgart [u.a.]: Teubner, 1990, S.317-338.

Dilthey: *Die geistige Welt: Einleitung in die Philosophie des Lebens. Erste Hälfte: Abhandlungen zur Grundlegung der Geisteswissenschaften*, GS Bd.5, Stuttgart [u.a.]: Teubner, 1990.

Dilthey: *Einleitung in die Geisteswissenschaften: Versuch einer Grundlegung für das Studium der Gesellschaft und der Geschichte*, GS Bd.1, Leipzig [u.a.]: Teubner, 1990.

Dilthey: *Grundlegung der Wissenschaften vom Menschen, der Gesellschaft und der Geschichte*, GS Bd.19, Göttingen: Vandenhoeck und Ruprecht, 1997.

Dilthey: „[Über vergleichende Psychologie] Beiträge zum Studium der Individualität", in: GS Bd.5, Stuttgart: Teubner, 1990.

Disselbeck, Klaus: *Geschmack und Kunst*, Opladen: Westdeutscher Verlag, 1987.

Elm, Ralf: „Schenkung, Entzug und die Kunst schöpferischen Fragens. Zum Phänomen der Geschichtlichkeit des Verstehens in Gadamers ‚Analyse des wirkungsgeschichtlichen Bewußtseins'", in: *Hans-Georg Gadamer: Wahrheit und Methode*, hrsg. von Günter Figal, Berlin: Akademie Verlag, 2007, S.151-176.

Fichte, Johann Gottlieb: *Zur theoretischen Philosophie I*, Fichtes Werke Bd. 1, hrsg. von Immanuel Hermann Fichte, Berlin: de Gruyter, 1971.

Figal, Günter: „Das Tun der Sache selbst", in: *Verstehensfragen: Studien zur phänomenologisch-hermeneutischen Philosophie*, Tübingen: Mohr Siebeck, 2009, S.63-85.

Figal: *Der Sinn des Verstehens: Beiträge zur hermeneutischen Philosophie*, Stuttgart: Reclam, 1996.

Figal: „ Gadamer alsPhänomenologe “, in: *Verstehensfragen: Studien zur phänomenologisch-hermeneutischen Philosophie*, Tübingen: Mohr Siebeck, 2009, S.277-290.

Figal: *Gegenständlichkeit: das Hermeneutische und die Philosophie*, Tübingen: Mohr Siebeck, 2006.

Figal: „ Verstehen - Verdacht - Kritik “, in: *Verstehensfragen: Studien zur phänomenologisch-hermeneutischen Philosophie*, Tübingen: Mohr Siebeck, 2009, S.211-222.

Frank, Manfred: *Das individuelle Allgemeine: Textstrukturierung und Textinterpretation nach Schleiermacher*, Frankfurt am Main: Suhrkamp, 1985.

Frege, Gottlob: „Über Sinn und Bedeutung“, in: *Kleine Schriften*, hrsg. von Ignacio Angelelli, Hildesheim [u.a.]: Olms, 1990, S.143-162.

Gadamer, Hans-Georg: „Ästhetik und Hermeneutik“, in: GW Bd.8, Tübingen: J.C.B. Mohr, 1993, S.1-8.

Gadamer: „Das Erbe Hegels“, in: GW Bd.4, Tübingen: Mohr, 1987, S.463-483.

Gadamer: „Das Problem der Sprache bei Schleiermacher“, in: GW Bd.4, Tübingen: Mohr, 1987, S.361-373.

Gadamer: *Das Problem des historischen Bewußtseins*, Tübingen: Mohr Siebeck, 2001.

Gadamer: „Das Problem Diltheys. Zwischen Romantik und Positivismus“, in: GW Bd.4, Tübingen: Mohr, 1987, S.406-424.

Gadamer: „Das Spiel der Kunst“, in: GW Bd.8, Tübingen: Mohr, 1993, S.86-93.

Gadamer: „Dekonstruktion und Hermeneutik“, in: GW Bd.10, Tübingen: Mohr, 1995, S. 138-147.

Gadamer: *Der Anfang der Philosophie*, Stuttgart: Reclam, 2000.

Gadamer: *Die Aktualität des Schönen: Kunst als Spiel, Symbol und Fest*, Stuttgart: Reclam, 1989.

Gadamer: „Die Grenzen der historischen Vernunft“, in: GW Bd.10, Tübingen: Mohr, 1995, S.175-178.

Gadamer: „Die Kontinuität der Geschichte und der Augenblick der Existenz“, in: GW Bd.2, Tübingen: Mohr, 1993, S.133-145.

Gadamer: *Erziehung ist sich erziehen*, Heidelberg: Kurpfälzischer Verlag, 2000.

Gadamer: „Frühromantik, Hermeneutik, Dekonstruktivismus“, in: GW Bd.10, Tübingen: Mohr, 1995, S.125-137.

Gadamer: „Hegels Philosophie und ihre Nachwirkungen bis heute“, in: *Vernunft im Zeit-*

alter der Wissenschaft, Frankfurt am Main: Suhrkamp, 1976, S.32-53.

Gadamer: „Hermeneutik als praktische Philosophie", in: *Vernunft im Zeitalter der Wissenschaft*, Frankfurt am Main: Suhrkamp, 1976, S.78-109.

Gadamer: „Hermeneutik als theoretische und praktische Aufgabe", in: GW Bd. 2, Tübingen: Mohr, 1993.S.301-318.

Gadamer: *Hermeneutik, Ästhetik, praktische Philosophie: Hans - Georg Gadamer im Gespräch*, hrsg.von Carsten Dutt, Heidelberg: Winter, 1995.

Gadamer: „Hermeneutik und Historismus", in: GW Bd. 2, Tübingen: Mohr, 1993, S. 387-424.

Gadamer: „Kant und die hermeneutische Wendung", in: GW Bd. 3, Tübingen: Mohr, 1987, S.213-222.

Gadamer: „Klassische und philosophische Hermeneutik", in: GW Bd. 2, Tübingen: Mohr, 1993, S.92-117.

Gadamer: Lob der Theorie: Reden und Aufsätze. Frankfurt am Main: Suhrkamp, 1983.

Gadamer: „Mythos und Logos", in: GW Bd.8, Tübingen: Mohr, 1993, S.170-173.

Gadamer: „Mythos und Vernunft", in: GW Bd.8, Tübingen: Mohr, 1993, S.163-169.

Gadamer: „Nachwort zur 3. Auflage", in: GW Bd.2, Tübingen: Mohr, 1993, S.449-478.

Gadamer: „Phänomenologie, Hermeneutik, Metaphysik", in: GW Bd. 10, Tübingen: Mohr, 1995, S.100-109.

Gadamer: „Philosophie und Hermeneutik", in: *Kleine Schriften IV*, Tübingen: Mohr, 1977, S.256-261.

Gadamer: „Replik", in: *Hermeneutik und Ideologiekritik*, Frankfurt am Main: Suhrkamp, 1971, S.283-317.

Gadamer: „Rhetorik, Hermeneutik und Ideologiekritik. Metakritische Erörterungen zu ‚Wahrheit und Methode'", in: *Hermeneutik und Ideologiekritik*, Frankfurt am Main: Suhrkamp, 1971, S.57-82.

Gadamer: „Selbstdarstellung Hans - Georg Gadamer", in: GW Bd. 2, Tübingen: Mohr, 1993, S.479-508.

Gadamer: „Sprache und Verstehen", in: GW Bd.2, Tübingen: Mohr, 1993, S.184-198.

Gadamer: „Text und Interpretation", in: GW Bd.2, Tübingen: Mohr, 1993, S.330-360.

Gadamer: „Vorwort zur 2. Auflage", in: GW Bd.2, Tübingen: Mohr, 1993, S.437-448.

Gadamer: *Wahrheit und Methode: Grundzüge einer philosophischen Hermeneutik*, GW Bd.

1, Tübingen: Mohr, 1990.

Gadamer: „Was ist Praxis? Die Bedingungen gesellschaftlicher Vernunft“, in: GW Bd. 4, Tübingen: Mohr, 1987, S.216–228.

Gadamer: „Was ist Wahrheit? “, in: GW Bd.2, Tübingen: Mohr, 1993, S.44–56.

Gadamer: „Zwischen Phänomenologie und Dialektik. Versuch einer Selbstkritik“, in: GW Bd.2, Tübingen: Mohr, 1993, S.3–23.

Gadamer, Palmer: Gadamer in Conversation: Reflections and Commentary, New Haven & London: Yale University Press, 2001.

Gneiting, Ulrich: *Erfahrung und Dialektik: die Identität des Bedeutungs–und des Verifikationsproblems als Schlüssel zu einem nicht–idealistischen Verständnis der dialektischen Philosophie*, Frankfurt am Main [u.a.]: Lang, 1990.

Grondin, Jean: *Der Sinn für Hermeneutik*, Darmstadt: Wiss.Buchges., 1994.

Grondin: *Hermeneutische Wahrheit? Zum Wahrheitsbegriff Hans–Georg Gadamers*, Weinheim: Beltz Athenäum, 1994.

Gundlach, Horst: *Wilhelm Windelband und die Psychologie*, Heidelberg: University Publishing, 2017.

Habermas, Jürgen: *Erkenntnis und Interesse*, Frankfurt am Main: Suhrkamp, 1991

Habermas: *Theorie des kommunikativen Handelns*, Bd. 1, Frankfurt am Main: Suhrkamp, 1982.

Habermas: „Zu Gadamers ‚Wahrheit und Methode‘“, in: *Hermeneutik und Ideologiekritik*, Frankfurt am Main: Suhrkamp, 1971, S.45–56.

Habermas: *Zur Logik der Sozialwissenschaften*, Frankfurt am Main: Suhrkamp Verlag, 1985.

Hegel, Georg Wilhelm Friedrich: *Enzyklopädie der philosophischen Wissenschaften im Grundrisse: 1830. Erster Teil. Die Wissenschaft der Logik: mit den mündlichen Zusätzen*, Werke 8, Frankfurt am Main: Suhrkamp, 1992.

Hegel: *Grundlinien der Philosophie des Rechts*, hrsg. von Johannes Hoffmeister, Hamburg: Meiner, 1967.

Hegel: *Grundlinien der Philosophie des Rechts oder Naturrecht und Staatswissenschaft im Grundrisse: mit Hegels eigenhändigen Notizen und den mündlichen Zusätzen*, Werke 7, Frankfurt am Main: Suhrkamp, 1993.

Hegel: *Jenenser Realphilosophie I: Die Vorlesungen von* 1803/04 *aus dem Manuskript*, hrsg. von Johannes Hoffmeister, Leipzig: Meiner, 1932.

Hegel: *Phänomenologie des Geistes*, Hamburg: Meiner, 2006.

Hegel: „Rechts-, Pflichten-, und Religionslehre für die Unterklasse", in: *Nürnberger und Heidelberger Schriften*, Werke 4, Frankfurt am Main: Suhrkamp, 1970.

Hegel: *Vorlesungen über die Ästhetik I.*, Frankfurt am Main: Suhrkamp, 1970.

Hegel: *Vorlesungen über die Ästhetik II.*, Frankfurt am Main: Suhrkamp, 1970.

Hegel: *Vorlesungen über die Geschichte der Philosophie II*, Werke 19, Frankfurt am Main: Suhrkamp, 1986.

Hegel: *Vorlesungen über die Philosophie der Weltgeschichte. Erste Hälfte, Band I: Die Vernunft in der Geschichte*, hrsg. von Johannes Hoffmeister, Hamburg: Meiner, 1994.

Hegel: *Wissenschaft der Logik I. Erster Teil. Die objektive Logik. Erstes Buch*, Werke 5, Frankfurt am Main: Suhrkamp, 1990.

Hegel: *Wissenschaft der Logik II. Erster Teil. Die objektive Logik. Zweites Buch. Zweiter Teil. Die subjektive Logik*, Werke 6, Frankfurt am Main: Suhrkamp, 1990.

Heidegger, Martin: *Der Satz vom Grund*, Pfullingen: Neske, 1992.

Heidegger: „Der Ursprung des Kunstwerkes", in: *Holzwege*, GA Bd. 5, Frankfurt am Main: Vittorio Klostermann, 1977, S. 1–74.

Heidegger: „Hegels Begriff der Erfahrung", in: *Holzwege*, GA Bd. 5, Frankfurt am Main: Vittorio Klostermann, 1977, S. 115–208.

Heidegger: *Ontologie (Hermeneutik der Faktizität)*, GABd. 63, Frankfurt am Main: Vittorio Klostermann, 1988.

Heidegger: *Phänomenologische Interpretationen ausgewählter Abhandlungen des Aristoteles zur Ontologie und Logik: Anhang: Phänomenologische Interpretationen zu Aristoteles (Anzeige der hermeneutischen Situation), Ausarbeitung für die Marburger und die Göttinger Philosophische Fakultät. Gesamtausgabe*, GA Bd. 62, Frankfurt am Main: Klostermann, 2005.

Heidegger: *Sein und Zeit*, Tübingen: Niemeyer, 1967.

Henrich, Dieter: „Selbstbewusstsein. Kritische Einleitung in eine Theorie", in: *Hermeneutik und Dialektik*, Bd. 1, hrsg. von Rüdiger Bubner [u. a.] Tübingen: Mohr, 1970, S. 257–284.

Hirsch, Eric Donald: *Validity in Interpretation*, New Haven and London: Yale University Press, 1967.

Houlgate, Stephen: *An Introduction to Hegel. Freedom, Truth and History*, Oxford: Blackwell, 2005.

Huizinga, Johan: *Homo ludens: vom Ursprung der Kultur im Spiel*, Reinbek bei Hamburg: Rowohlt, 1987.

Hume, David: *An Enquiry concerning Human Understanding*, edited by Stephen Buckle, Cambridge: Cambridge University Press, 2007.

Hume, David: *A Treatise of Human Nature*, Volume 1, Oxford: Clarendon Press, 2007.

Husserl, Edmund: *Die Krisis der europäischen Wissenschaften und die transzendentale Phänomenologie: eine Einleitung in die phänomenologische Philosophie*, GW Bd. 6, hrsg. von Walter Biemel, Den Haag: Nijhoff, 1954.

Jaffa, Harry V.: *Thomism and Aristotelianism*, the University of Chicago Press, 1952.

James, David: *Art, Myth and Society in Hegel's Aesthetics*, London: Continuum, 2009.

Kant, Immanuel: *Kritik der reinen Vernunft*, hrsg. von Jens Timmermann, Hamburg: Meiner, 1998.

Kant: *Kritik der Urteilskraft*, hrsg. von Heiner F. Klemme, Hamburg: Meiner, 2006.

Köhnke, Klaus Christian: *The Rise of Neo-Kantianism*, translated by R. J. Hollingdale, Cambridge University Press, 1991.

Krahl, Hans-Jürgen: *Erfahrung des Bewußtseins: Kommentare zu Hegels Einleitung der Phänomenologie des Geistes und Exkurse zur materialistischen Erkenntnistheorie*, Frankfurt am Main: Materialis-Verl., 1979.

Krämer, Hans: *Kritik der Hermeneutik: Interpretationsphilosophie und Realismus*, München: Beck, 2007.

Kreß, Angelika: *Reflexion als Erfahrung: Hegels Phänomenologie der Subjektivität*, Würzburg: Königshausen & Neumann, 1996.

Lau, Viktor: Erzählen und Verstehen, Königshausen & Neumann, 1999.

Lembeck, Karl-Heinz: „Kantianismus oder Neukantianismus in DILTHEYS Psychologie?", in: *Dilthey-Jahrbuch*, Bd. 10, Göttingen: Vandenhoeck & Ruprecht, 1996.

Levine, Joseph M.: "Giambattista Vico and the Quarrel between the Ancients and the Moderns", in: *Journal of the History of Ideas*, Vol. 52, No. 1 (Jan.-Mar., 1991), University of Pennsylvania Press.

Madison, G. B.: „Eine Kritik an Hirschs Begriff der ‚Richtigkeit'", in: *Seminar: Die Hermeneutik und die Wissenschaften*, hrsg. von Hans-Georg Gadamer und Gottfried Boehm, Frankfurt am Main: Suhrkamp-Taschenbuch-Verl., 1985, S. 393-425.

Makkreel, Rudolf A.: "Wilhelm Dilthey and the Neo-Kantians: On the Conceptual Distinctions between *Geisteswissenschaften* und *Kulturwissenschaften*", in: *Neo-Kantianism in Contemporary Philosophy*, Bloomington: Indiana University Press, 2010.

Mill, John Stuart: *A system of logic, ratiocinative and inductive, being a connected view of the principles of evidence and the methods of scientific investigation*, Vol.2, London: John W. Parker and Son, West Strand, 1856.

Mul, Jos de: *The Tragedy of Finitude. Dilthey's Hermeneutics of Life*, translated by Tony Burrett, New Haven & London: Yale University Press, 2004.

Palmer, Richard: *Gadamer in Conversation: Reflections and Commentary*, New Haven & London: Yale University Press, 2001.

Pannenberg, Wolfhart: „Hermeneutik und Universalgeschichte", in: *Seminar: Die Hermeneutik und die Wissenschaften*, hrsg. von Hans-Georg Gadamer und Gottfried Boehm, Frankfurt am Main: Suhrkamp-Taschenbuch-Verl., 1985, S.283-319.

Richter, Leonhard G.: *Hegels begreifende Naturbetrachtung als Versöhnung der Spekulation mit der Erfahrung*, Würzburg u.a.: Königshausen [u.] Neumann u.a., 1985.

Rickert, Heinrich: *Die Grenzen der naturwissenschaftlichen Begriffsbildung*, Tübingen und Leipzig: Mohr, 1902.

Ricoeur, Paul: *An den Grenzen der Hermeneutik: philosophische Reflexionen über die Religion*, hrsg., übers. und mit einem Nachw. vers. von Veronika Hoffmann, Freiburg [u. a.]: Alber, 2008.

Ricoeur: „Der Text als Modell: hermeneutisches Verstehen", in: *Seminar: Die Hermeneutik und die Wissenschaften*, hrsg. von Hans-Georg Gadamer und Gottfried Boehm, Frankfurt am Main: Suhrkamp, 1985, S.83-117.

Ritter, Joachim, et al. (hrsg.): *Historisches Wörterbuch der Philosophie*, Bd.1, Basel [u. a.]: Schwabe, 1971.

Ritter, Joachim, et al. (hrsg.): *Historisches Wörterbuch der Philosophie*, Bd.9, Basel [u. a.]: Schwabe, 1995.

Ritter, Joachim, et al. (hrsg.): Historisches Wörterbuch der Philosophie, Bd.10, Basel: Schwabe, 1998.

Sainte-Beuve, Charles-Augustin: "What is a Classic?", in: *Literary and Philosophical Essays: French, German, and Italian*, 沈阳:万卷出版公司, 2006 年。

Schlegel, Friedrich: *Kritische Schriften und Fragmente*, in 6 Bänden, Paderborn:

Ferdinand Schöningh, 1988.

Schleiermacher, Friedrich: *Der christliche Glaube*, Bd. 1, hrsg. von Martin Redeker, Berlin: Walter de Gruyter & Co., 1960.

Schleiermacher: *Ästhetik*, hrsg. von Rudolf Odebrecht, Berlin und Leipzig: Walter de Gruyter & Co., 1931.

Schleiermacher: *Dialektik*, hrsg. von Rudolf Odebrecht, Darmstadt: Wissenschaftliche Buchgesellschaft, 1988.

Schleiermacher: *Hermeneutik*, nach den Handschriften neu hrsg. und eingeleitet von Heinz Kimmerle, Heidelberg: Carl Winter Universitätsverlag, 1959.

Schleiermacher: *Hermeneutik und Kritik: mit einem Anhang sprachphilosophischer Texte Schleiermachers*, hrsg. und eingeleitet von Manfred Frank, Frankfurt am Main: Suhrkamp, 1995.

Scholz, Gunter: *Ethik und Hermeneutik*, Frankfurt am Main: Suhrkamp, 1995.

Searle, John R.: *Speech Acts: An Essay in the Philosophy of Language*, Cambridge University Press, 1999.

Searle, John R.: "The Limits of Phenomenology", in: *Heidegger, Coping, and Cognitive Science: Essays in Honor of Hubert L. Dreyfus*, Vol. 2, edited by Mark A. Wrathall and Jeff Malpas, The MIT Press, 2000.

Seebohm, Thomas M.: *Hermeneutics: method and methodology*, Dordrecht [u. a.]: Kluwer, 2004.

Seebohm: *Zur Kritik der hermeneutischen Vernunft*, Bonn: Bouvier, 1972.

Sonderegger, Ruth: *Für eine Ästhetik des Spiels: Hermeneutik, Dekonstruktion und der Eigensinn der Kunst*, Frankfurt am Main: Suhrkamp, 2000.

Spahn, Andreas: *Hermeneutik zwischen Rationalismus und Traditionalismus: Gadamers Wahrheitsbegriff vor dem Hintergrund zentraler Paradigmen der Hermeneutikgeschichte*, Würzburg: Königshausen & Neumann, 2009.

Tholen, Toni: *Erfahrung und Interpretation: der Streit zwischen Hermeneutik und Dekonstruktion*, Heidelberg: Univ.-Verl. Winter, 1999.

Thomas von Aquin, St.: *Gottes Dasein und Wesen*, in: *Summa Theologica*, Bd. 1, hrsg. vom Kath. Akademikerverband, Salzburg: Pustet, 1933.

Touber, Jetze: *Spinoza and Biblical Philology in the Dutch Republic* 1660–1710, Oxford University Press, 2018.

Vahan S. Hovhanessian (ed.): *The School of Antioch*, edited by Vahan S. Hovhanessian,

Peter Lang Publishing,2016.

Vico,Giambattista:*The New Science*,translated by Thomas Goddard Bergin and Max Harold Fisch,Ithaca,New York:Cornell University Press,1948.

Vico,Giambattista:*On the Study Methods of Our Time*,translated,with an introduction and notes,by Elio Gianturco,Ithaca and London:Cornell University Press,1990.

Vieweg,Klaus:*Das Denken der Freiheit:Hegels „Grundlinien der Philosophie des Rechts“*,Paderborn:Fink,2012.

Vieweg:„Gegen eine ,inPuncte zersprungene Geschichte ‘. Zur Debatte um das Verständnis des Historischen in den ,Jahrbüchern für wissenschaftliche Kritik‘(1827-1832)“,in:*Die „Jahrbücher für wissenschaftliche Kritik“:Hegels Berliner Gegenakademie*,hrsg. von Christoph Jamme,Stuttgart-Bad Cannstatt:Frommann-Holzboog,1994,S.489-504.

Vieweg:*Philosophie des Remis:der junge Hegel und das „Gespenst des Skepticismus“*,München:Fink,1999.

Vieweg:*Skepsis und Freiheit:Hegel über den Skeptizismus zwischen Philosophie und Literatur*,Paderborn:Fink,2007.

Weisser-Lohmann:„Gestalten nicht des Bewußtseins,sondern einer Welt-Überlegungen zum Geist-Kapitel der Phänomenologie des Geistes“,in:*Klassiker Auslegen:Phänomenologie des Geistes*,hrsg.von Dietmar Köhler und Otto Pöggeler,Berlin:Akademie Verlag,2006.

Wellmer,Albrecht:„Zur Kritik der hermeneutischen Vernunft“,in:Zeitschrift *Lingua ac Communitas*,Vol.5,hrsg.von A.Przylebski u.N.Lesniewski,Warszawa-Poznan 1995,S.7-30.

Welsch,Wolfgang:*Homo mundanus:Jenseits der anthropischen Denkform der Moderne*,Weilerswist:Velbrück Wissenschaft,2012.

Wiehl,Reiner:„Gadamers hermeneutischer Erfahrungsbegriff“,in:Zeitschrift*Lingua ac Communitas*,Vol.2,1992,S.21-33.

Woidich,Stefanie:Vico und die Hermeneutik,Würzburg:Königshausen & Neumann,2007.

Wolf,Friedrich August:*Fr.Aug. Wolf' s Vorlesung über die Encyclopädie der Alterthumswissenschaft*,hrsg.von J.D.Gürtler,Leipzig:Lehnhold,1831.

Wood,A.W.:“Hegel on Education”,in:*Philosophers on Education:New Historical Perspectives*,London:Routledge,1998.

后　　记

诠释学的领域深邃浩瀚,令人神往。呈现在读者面前的这本书是本人近年来的一点研习心得,从着手准备出版事宜以来便一直诚惶诚恐,努力修改完善,但仍然难免有粗糙浅陋之处。退一步想,学问无止境,况且诠释学的基本精神就是强调理解的无限性和诠释的无限性,姑且就把它当作前行之路上的一个脚印,作为一种阶段性的回顾总结,为下一步的研究提供动力。

这里要特别感谢的是,使我接触到诠释学并逐渐对之产生浓厚兴趣的引路人和恩师:潘德荣老师和彭启福老师。有幸认识他们,使我与诠释学结缘。他们对我的谆谆教诲和关怀始终铭记在心,不仅在专业知识的启蒙、传授上使我受益良多,而且他们践履着诠释学的宽容、对话、说理之精神,更是我的榜样。两位恩师都是温柔敦厚的谦谦君子,无论在为人还是为学方面,都是我人生中的指路明灯。

同样要感谢的是德国耶拿大学哲学系的 Klaus Vieweg 老师,国际上知名的德国古典哲学专家,他是我的博士导师。在耶拿学习的四年,他给我很多指导和帮助,使我加深了对德国古典哲学特别是黑格尔哲学的理解。我们知道,哲学诠释学与黑格尔哲学有深厚的渊源关系,研习诠释学,无疑需要德国古典哲学的知识基础。经 Vieweg 教授推荐,我以博士学位论文为基础的诠释学专著(*Hermeneutik gegen Methode? Probleme und Perspektiven*, Königshausen & Neumann, 2015)得以面世。

如今,距离这部德文专著的出版已有七年之久,近年来的诠释学思考有了一定的深化和拓展,这也得益于入职华东师范大学以来哲学系在科研、教学上给予的大力支持。在此期间我承担完成了国家社科基金青年项目“哲学诠释学视野下的方法论问题及其当代意义研究”(项目号:15CZX043),本书的部分内容便来自该项目的成果。

此外,需要说明的是,本书的某些章节包含有学术合作,在维柯诠释学的撰写过程中,曾多次请教我的同事张小勇老师,浪漫派诠释学的内容包含与彭启福老师、王骏博士的合作,另外还有在学术会议、交流过程中给予我指导、点拨的前辈和同行,限于篇幅在此不一一列举,对他们表示由衷的感谢。

如前所述,本书是前一阶段诠释学思考的回顾总结,其中很多论证和论断可能还不够成熟,有待进一步探索。疏漏之处,敬请读者不吝指正。

牛文君

2022 年 7 月于上海

责任编辑:武丛伟
封面设计:王欢欢

图书在版编目(CIP)数据

理解与方法:诠释学视域中的方法论之辨/牛文君 著. —北京:人民出版社,
2022.9

ISBN 978 - 7 - 01 - 024965 - 0

Ⅰ.①理… Ⅱ.①牛… Ⅲ.①阐释学-研究 Ⅳ.①B089.2

中国版本图书馆 CIP 数据核字(2022)第 142005 号

理解与方法:诠释学视域中的方法论之辨

LIJIE YU FANGFA QUANSHIXUE SHIYU ZHONG DE FANGFALUN ZHI BIAN

牛文君 著

人民出版社 出版发行
(100706 北京市东城区隆福寺街 99 号)

天津文林印务有限公司印刷 新华书店经销

2022 年 9 月第 1 版 2022 年 9 月北京第 1 次印刷
开本:710 毫米×1000 毫米 1/16 印张:19.25
字数:262 千字

ISBN 978 - 7 - 01 - 024965 - 0 定价:78.00 元

邮购地址 100706 北京市东城区隆福寺街 99 号
人民东方图书销售中心 电话 (010)65250042 65289539